社会实践思政育人教学成果

全媒体报道实践
思政教育导向下的卓越新闻传播人才培养

王凯山 ◎ 主编

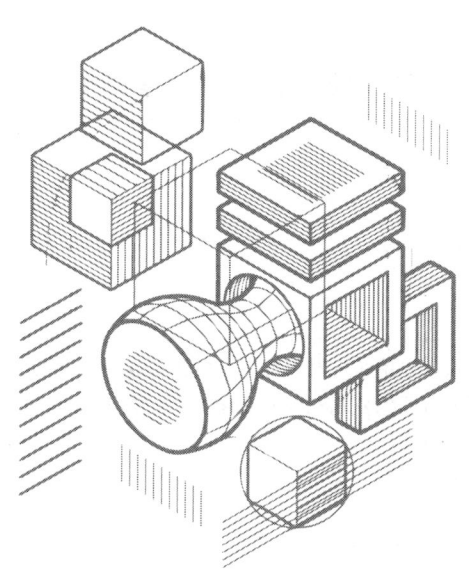

中国国际广播出版社

图书在版编目（CIP）数据

全媒体报道实践：思政教育导向下的卓越新闻传播人才培养 / 王凯山主编. —北京：中国国际广播出版社，2021.12
ISBN 978-7-5078-5055-0

Ⅰ.①全… Ⅱ.①王… Ⅲ.①高等学校－新闻学－传播学－人才培养－研究－中国 Ⅳ.①G210

中国版本图书馆CIP数据核字（2021）第233544号

全媒体报道实践：思政教育导向下的卓越新闻传播人才培养

主　　编	王凯山
责任编辑	刘　丽
校　　对	张　娜
版式设计	邢秀娟
封面设计	赵冰波

出版发行	中国国际广播出版社有限公司 ［010-89508207（传真）］
社　　址	北京市丰台区榴乡路88号石榴中心2号楼1701
	邮编：100079
印　　刷	天津市新科印刷有限公司
开　　本	710×1000　1/16
字　　数	440千字
印　　张	30.5
版　　次	2022年6月 北京第一版
印　　次	2022年6月 第一次印刷
定　　价	98.00元

版权所有　　盗版必究

编委会

主　编　王凯山

副主编　薛　亮　张薇薇

编委会　刘朝霞　张　威

指导委员会

主　任　张树辉

副主任　唐绪军

委　员　王　华　刘文瑞　漆亚林　彭　冰　黄楚新
　　　　　殷　乐　杜智涛　曹　征　罗自文

献给我的母亲李军女士*

---

* 这是本人王凯山作为主编的第一本书。我的母亲李军女士,一直鼓励我带好学生、多出好成果。虽然本书作为教学科研成果还存在着种种的不足和遗憾,但是即使果实再生涩,也浸润着教学的辛勤汗水并体现师生的赤诚之心。谨以本书献给我的母亲,并将之作为鼓励我及团队前行的最好奖赏。

序

建设性行动：卓越新闻传播人才培养的"铸魂"之旅

作者：漆亚林 *

21世纪初期，网络化、市场化、民主化、全球化浪潮，在很大程度上改变了国内外新闻传播业界的格局，新媒体赋权与新闻失范给新闻传播教育带来巨大挑战。2013年教育部与中宣部联合发布的《关于加强高校新闻传播院系师资队伍建设、实施卓越新闻传播人才教育培养计划的意见》强化政治立场和职业道德，协同育人与队伍建设。2018年教育部与中宣部又颁布了关于提高高校新闻传播人才培养能力实施卓越新闻传播人才教育培养计划2.0的意见，随后出台了本学科人才培养的国家标准：建设一流新闻传播专业，全面落实立德树人根本任务，坚持马克思主义新闻观，用中国特色社会主义新闻理论教书育人，培养造就一大批具有家国情怀、国际视野的高素质全媒化复合型专家型新闻传播后备人才。长期以来，实践教学与课程教学较为疏离，专业教育与思政教育彼此分离，马克思主义新闻观难以"落地生根"，学生实践缺乏统一指导与定制化培养。新闻传播教育改革势在必行。经过多年实践，社科大新闻传播学院通过课程教学、校媒指导、基地建设、服务社会等建设性理念的一体化设计与实践活动，培养学生的家国情怀、主流价值观以及用积极的心理解决面临的问题，建构美好社会，逐渐形成"立德树人，培根铸魂"的常态教学机制和定制培养

---

* 漆亚林，中国社会科学院大学新闻传播学院常务副院长、教授、博导，创意传播研究中心主任。

模式，并通过建设性活动打造卓越人才培养的支撑体系和新文科建设实践教学改革试验田。

我们将培养眼里有光的人作为卓越新闻传播人才培养"铸魂"工程的落脚点，因为只有心里有爱，才会眼里有光，只有眼里有光，才能看见光亮的世界，而不是空洞和灰暗的世界；只有通过建构光亮的世界和正向的认知，才可能拓展社会的亮度和温度；在信息超载和后真相时代，只有培养的对象眼里有光，并能通过提高新闻传播素养和能力来传递理想之光、道德之光、文明之光，才能担当民族复兴大任，促进"人类命运共同体"，也才有利于成就学科的主体性、合法性和有效性。

为此，我们尝试搭建具有可见性的支撑体系和可供性的实训基地，探索基于科教融合顶层设计的行走的教学模式，将培养学生的社会主义核心价值观、家国情怀、责任担当、专业精进等培根铸魂思想融入建设性实践教学行动之中。学院与中青网等媒体共建建设性新闻工作坊，与中国人民大学、浙江传媒学院共同主办，科技日报、中国青年报等媒体支持的"卓越新闻传播人才培养见习营"，以及中科协项目拍摄《共和国学人》《红色特工冷少农》等纪录片，让同学们深切感受到马克思主义新闻观和文艺思想在新闻报道和视听艺术创作实践中的重要性，并自觉运用它来指导新闻与影视艺术的生产与传播。通过系列建设性实践教学行动，学生能够借助主流媒体探索创新主流话语体系，生产具有年轻态和传播力的融媒体作品，提高媒介素养，激发新闻和纪实作品生产的研发能力和创新能力。

多年以来，我们以课程、校媒和实习实践基地为依托，探索卓越新闻传播人才培养机制，通过到人民日报、光明日报等主流媒体实地考察、评报、做电子报等方式培养学生的主流价值观和建设性思维。2018年成立融媒体采访团并组织策划10位师生赴四川、重庆基层农村采访，发布了70多件融媒体产品，提升了学生融媒体采写与传播能力。为了促进高校的跨域融合，还策划组织了与中国人民大学新闻学院、浙江传媒学院共同打造的"卓越新闻传播人才培养见习营"，赴浙江杭州举办了第一届见习营，采用实战的方式，对入营的30名学生进行建设性新闻的实践指导，采写制作主流融媒体产品，引领大学生通过走入革命圣地、基层农村，深刻感受今天国家强盛、人民安居乐业的来之不易，通过国情调研了解地方政治、经济和社会文化基本情况，感受新农村建设、经济发展和生态文明建设的巨大变化及其存在的问题，让建设性行动在大地上回响。这次活动共有42位师生参与，组成6支队伍，同时奔赴多地进行实地走访活动。在短短10天时间里，创作了60余件高质量的图文及视频新闻作品，并在新蓝网、中国青年网、科技日报、天目新闻、浙江在线和嘉兴晚报等媒体公开发表。学生们在短时间内迅速成长，相互配合，鼓励提高，极大地提升了新闻素养和生产技能。我们不仅要培养大学生的新闻生产能力和传播能力，还要提升大学生的思考能力和学术能力。因此，通过行走的建设性行动和田野调查、深度访谈等方式促进大学生将新闻传播实践与学术研究相结合，将基础理论研究与应用性研究相结合，并实现教学成果与科研成果的互相转化。师生通过培根铸魂的建设性实践教学活动还撰写了20多篇论文，沉淀实践教学的学术之思，探索人才培养的创新路向。

当然，这些探索还在路上，远未到总结经验的时间关口，因王凯山博士在建设性新闻实践教学行动中克服了多种困难，带领师生将新闻书写在祖国的大地上，欣闻他的实践教学成果即将付梓，是以为记，谨表祝贺。

2021年12月30日

目 录

第一部分　2018年赴四川融媒体采访团文字报道汇编

报道汇编

黄浩伟"站起来了"	003
黄老汉脱贫记	006
贫困户的一个"富贵梦"	011
小小柑橘苗的枯与荣：万亩柑橘产业破题乡村振兴	013
与副镇长对话：大学生为乡村旅游支着	015
四川普润镇的新"业主"	021
四方村的徽派风	023
"能人"杨连忠的"5A景区"梦	025
我不想做贫困户	027

团队调研心得

从行到悟　脚下的每一步都算数	029
"新时代融媒体采访团"暑期社会实践个人总结	037
记一次难忘的川渝调研之旅	045
社科大"新时代融媒体采访团"暑期社会实践个人总结	053

四川基层调研回忆录　061

内江市扶贫调研札记：新"三化一改"助力乡村振兴　069

汗水与泪水记得
　　——2018社科大融媒体采访团手记　078

做能照亮世界的成年人
　　——暑期赴内江调研采访手记　086

知行合一：中国社会科学院大学融媒体采访团顺利完成调研活动　095

第二部分　2020年首届"卓越新闻传播人才培养见习营"文字报道汇编

浙沪两山塘：一体化的畅与阻　103

一座江南小城与猪的"爱恨情仇"　108

吴建林：一时军人，一世军魂　114

新春走基层｜淡季不淡！红色旅游成春节出游新亮点　121

出租车司机周勇：疫情前坚守一线，为民服务　124

"美丽乡村"的官方摄影师：高家堂村村主任潘小众　129

全国劳模何贝："枫桥经验"成就了我　135

新春走基层｜实地探寻"枫桥经验"领略基层治理的时代变迁　141

望道故居悟信仰　七一村里学先进　三校学子传承红色基因　145

新春走基层｜义乌"改革体验官"也是营商环境"体检官"　149

外来青年的"义乌精神"
　　——敢拼敢闯，新疆女孩的"义乌加速度"　153

周东亮："青岩刘是我们梦想启航的地方"　156

"网红直播第一村"遍地网红？
　　——浅谈义乌北下朱村发展过程与现状　161

从义乌到世界　165

当"枫桥经验"遇上人民调解，相逢一笑泯恩仇 170

每当风起时

  ——一个女人的创业史，也是一个小城的发家史 174

种田：一辈子的热爱 180

从张贴画到艺术品 义乌画业走在中国智造前沿 186

"枫桥经验"的变与不变：服务群众是关键 191

何德兴：砥砺奋进，一心为民 196

黄昌潮：我是义乌四十年变化的见证者、亲历者和受益者 201

劳模记者康伟：不忘初心，让生命远行 207

联通世界：从计算器到"义新欧" 211

老外为啥爱来义乌 215

不怕吃苦，青岩刘村里的"斜杠青年" 218

王凌飞："劳模"只是一个代表 223

百折不挠：竹林村的故事 225

竹编：一次传统手艺的新生 230

嘉兴生态环境成效显著，环境好了百姓也幸福了 235

探绿色竹林，访先进劳模 241

第三部分 全国抗击新冠肺炎疫情期间文字报道汇编

中国人的故事|防疫战场，普通人点亮"平凡之光" 245

中国人的故事|守护者日记：他们挺身而出，用生命守护生命 258

中国人的故事|守护者日记：守家为国，疫情中的心愿 264

中国人的故事|守护者日记：所有坚守，都奔向团圆 269

中国人的故事|【榜样家书】新冠疫苗志愿者莫诗琦：我是

  "探路者" 281

一堂特殊的"感恩课" 289

中国人的故事｜不怕难，我是中国青年　　　　　　　　　　　292

学子战"疫"｜父母奋战疫情一线，社科大是我温暖的家　　312

第四部分　　全媒体报道的理论总结

中国新闻传播教育革新的两大路径　　　　　　　　　　　317
"融"与"融"

　　——基于"卓越新闻传播人才培养见习营"的全媒体教学

　　　实践样本剖析　　　　　　　　　　　　　　　　　327

论数字交互叙事结构中故事空间的拓展

　　——以"卓越新闻传播人才培养见习营"中参与式非虚构影像

　　　的创制为例　　　　　　　　　　　　　　　　　337

马克思主义新闻观助推高校课程思政建设的创新模式探究　　352

建设性新闻的中国实践

　　——以《中国青年报》"中国人的故事"为个案　　　362

融媒体实验平台在全媒体实践教学中的应用机制与功能　　374

媒介融合背景下的卓越新闻传播人才培养机制探析

　　——以首届"卓越新闻传播人才培养见习营"为例　　386

媒体深度融合视域下科技新闻人才的协同创新培养路径探析

　　——基于"卓越新闻传播人才培养见习营"的实践探索　394

全媒体报道实践

　　——思政教育导向下的"卓越新闻传播人才培养见习营"活动　403

全媒体时代大学生记者团的思政教育与媒介素养培养　　412

建设性新闻视域下高校全媒报道的创新实践

　　——以中国社会科学院大学校园媒体为例　　　　　418

全媒体报道实践

　　——思政教育导向下的卓越新闻传播人才培养路径探析　425

建设性新闻的媒体融合路径探索

　　——以"中国青年网—中国社会科学院大学建设性新闻工作坊"为例　　436

建设性新闻如何做"出彩"

　　——以"卓越新闻传播人才培养见习营"实践为例　　449

全媒体报道实践

　　——"卓越新闻传播人才培养见习营"随团所感　　462

第一部分

2018年赴四川融媒体采访团
文字报道汇编

报道汇编

黄浩伟"站起来了"

作者：支慧媛　王美华　王　凯　尚俊旭

"多少钱？"

"小的一共60包，大的一共17包，总共110块钱……"

在四川内江资中县金紫铺村农村电商体验店，店主黄浩伟正在跟前来买东西的村民交谈。如果不是亲眼所见，很难想象这个爱笑、健谈的男人已经坐了12年轮椅。黄浩伟12岁辍学去开货车，18岁出车祸导致双腿残疾，经过漫长的康复训练，如今黄浩伟终于可以借助器材站起来了。

黄浩伟，资中县银山镇金紫铺村人。2006年，黄浩伟在一次出车中遭遇车祸，伤到了脊柱神经，被诊断为下肢二级残疾。为了治疗，家里花光了所有积蓄，还欠了十几万元外债，原本还算殷实的家境变得一贫如洗。黄浩伟的母亲身患多种慢性疾病，需要长期服药治疗，家里只能靠父亲黄书平一人外出打工维持生计。2014年，黄浩伟一家被列为金紫铺村建档立卡贫困户。

2015年9月，来自内江市委组织部的凌威成为金紫铺村驻村第一书记，他的到来，为黄浩伟的生活带来了新变化。考虑到黄浩伟家的实际情况，凌威决定让他管理村里的农村电商体验店，村里不收电费，不收租金。店里经营多种日常生活用品，包括卫生纸、调味料、饮料、特产等，均由黄浩伟进货，营业所得收入都归其所有。

后来，凌威又让黄浩伟参加了电商培训班，在培训班上，黄浩伟见到了一位与自己情况相似的残疾人，这位残疾人把他拉到了一个近500人的微信群,这里会聚着众多与黄浩伟情况相近的残疾人。在群里,大家互相交流康复训练的经验,分享各自的酸甜苦辣。黄浩伟认识到"原来我们也是可以做一些事情的",于是逐渐振作起来。"出车祸后,有十年的时间我都待在家里,不怎么跟人接触。"黄浩伟说,跟与自己有相似遭遇的人交流,让他逐渐开朗起来。在前第一书记凌威的大力支持下,黄浩伟在网上开网店、做电商,开了一家属于自己的微店。如今,黄浩伟通过微店和电商体验店以及担任村里的益农社信息员,每月约有1800元收入。

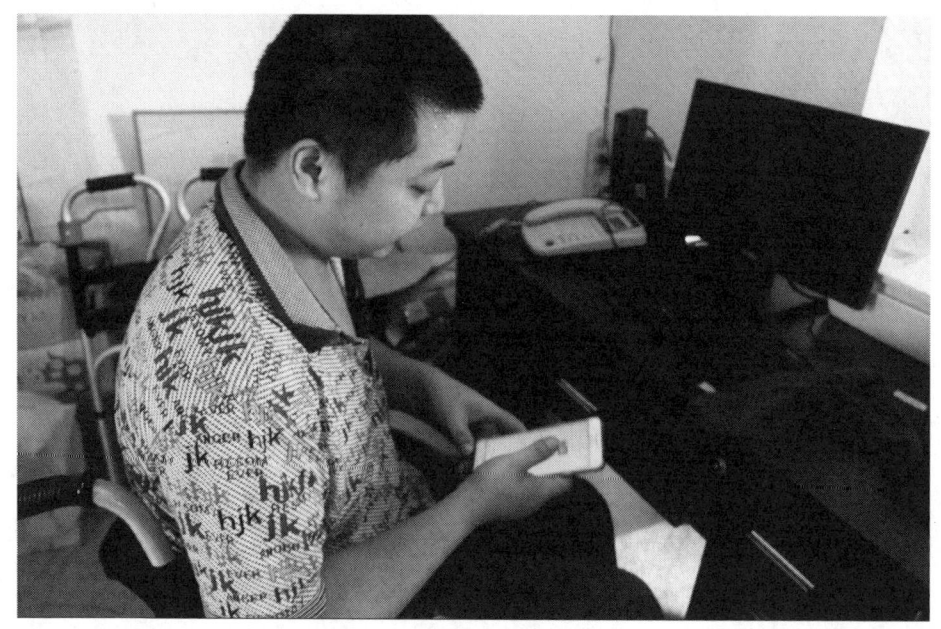

黄浩伟展示微店(尚俊旭 摄)

2017年2月,银山镇民政部门还出资2500元为黄浩伟购置了一部新轮椅。原来的旧轮椅重30公斤,只能在平地上活动,新轮椅重10公斤,十分轻便。有了新轮椅的帮助,黄浩伟不仅能走出家门,还可以自己通过一个30多度的斜坡,去离家1公里左右的电商体验店上班。

"我现在每天都坚持锻炼,因为我的脊柱损伤比较轻,不是完全断裂,还有站起来的希望。"说到这里,黄浩伟脸上洋溢着笑容,他拿过放在身边的四脚助行器,在四脚助行器的帮助下从轮椅上站了起来,走了好几步。据黄浩伟介绍,车祸发生两年半后,因为不甘心这样一辈子坐在轮椅上,他开始了恢复锻炼。黄浩伟先是每天在自制的双杠上锻炼,后来政府给他买了一个四脚助行器,他也用四脚助行器进行锻炼,甚至把那个四脚助行器都用坏了。通过自己的不懈努力,黄浩伟现在能从轮椅上站起来了,还能在四脚助行器的帮助下走几步路。"我希望通过自己的努力,能够恢复得更好,将来能去更远的地方。"黄浩伟说。

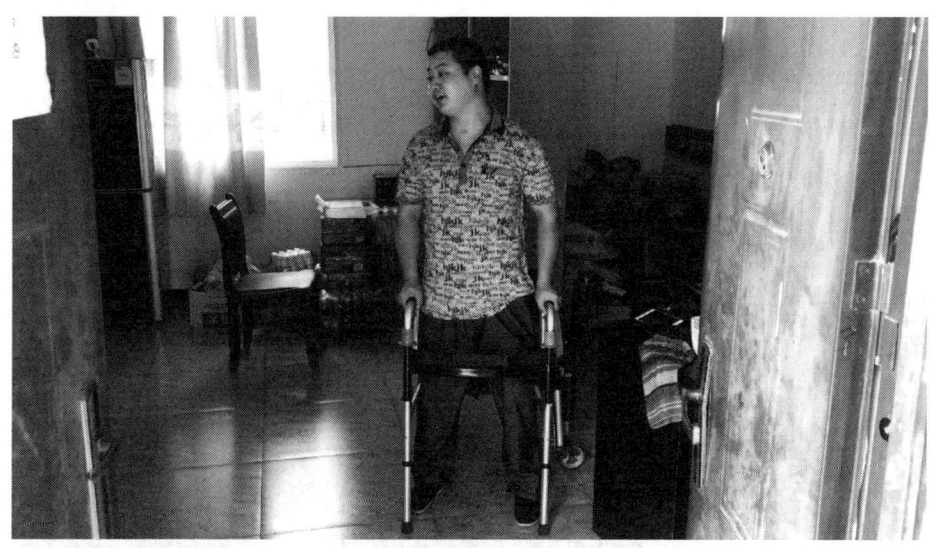

黄浩伟"站起来了"(王凯 摄)

黄浩伟"站起来了",借助四脚助行器,他的双腿可以短时间站立、行走;得益于"精准扶贫"政策,他可以出来做事,自己养活自己。在金紫铺村,在资中县,在内江市,一路走来,我们发现这样的故事还有很多很多,"精准扶贫"政策正给广阔的中国大地带来巨大而深刻的变化……

黄老汉脱贫记

作者：王美华　王　凯　支慧媛

2018年8月14日，四川内江，虽已立秋，天气仍十分炎热。

隆昌市界市镇柏树村村民黄碧贵家中，虽然有两台风扇，但是他仍然热得满头大汗——原来他养了20多头猪，天气太热，怕猪中暑，就把风扇全搬到了猪圈。

猪圈的风扇（作者供图）

黄碧贵今年55岁，是柏树村土生土长的村民，年轻时家境贫困，没能娶上媳妇，一直和母亲一起生活。由于身患多种慢性疾病，劳动能力较弱，加上需要照顾母亲，黄大爷收入十分微薄，2014年被精准识别为贫困户。

2016年，村里精准扶贫干部经过商议，建议黄碧贵养猪来增收。由他自己选购母猪，买猪费用从精准扶贫款里出。当年5月，黄老汉买了两头母猪，专门用来繁殖。在他的悉心照料下，3年来，这两头母猪下了不少小猪崽儿。如今的20多头猪，都是这两头母猪生的。在黄碧贵的灶屋里，记者见到灶台上正烧着猪食，旁边的4个桶里已盛满了猪食，其中一桶是白米饭。黄老汉说自己不给猪喂饲料，而是给它们吃各种粮食。所以"我养的猪长得最好"——附近很多人家也养了猪，却都没超过黄老汉家的。由于猪养得好，黄碧贵于2017年获得了"科技示范户"称号，2018年被评为"农村家庭能人示范户"。

黄碧贵说，两头母猪和他感情特别深。他去田里干活，猪会跟着他一起。他曾经想卖掉一头母猪，但根本"卖不掉"——前脚把猪卖到别人家，后脚猪就自己回来了，黄碧贵笑着说："它认得路，自己就回来了，我卖都不得卖咯。"为了证实自己与猪很亲，黄老汉把手伸进猪圈，猪哼哼着，亲昵地迎上来蹭他的手。

"卖不掉"的猪（作者供图）

全媒体报道实践

"守得住"的鱼（作者供图）

成功脱贫（作者供图）

除了养猪，黄碧贵还有一亩鱼塘，里面养了常见的鲤鱼、草鱼、鲢鱼、鲫鱼等。他介绍，今年六月初一夜里下大暴雨，黄老汉担心鱼被冲走，于是就守在鱼塘的排水口，疏通排水网格，防止它被水草等杂物堵住。暴雨下了大半夜，最高峰时鱼塘的水几乎没到他的胸口。他忙了整整一个晚上，疏通了排水口，增高了鱼塘堤坝，终于保住了鱼塘里所有的鱼。

经过两年时间，通过养猪、养鸡、养鱼，种植玉米、雷竹等作物，再加上流转土地，在雷竹园区务工，黄碧贵每年的收入突破1万元。除此之外，村里还为他提供了公益性岗位——打扫村里的马路，这样他全年还另有6000元的收入。2016年，村里进行危房改造工程，政府资助了黄碧贵3.2万元，黄大爷自己出了1.8万元，盖了三间新房。通过精准帮扶，黄大爷的收入明显提高，2017年，黄大爷的各项指标都超过了《四川省贫困县贫困村贫困户退出实施方案》中贫困户退出标准，成功脱贫。

第一书记说：脱贫不脱政策

像黄碧贵这样成功脱贫的案例，在柏树村还有很多。两年前，从隆昌市住建局派到柏树村的第一书记肖月平告诉记者，两年多的时间，柏树村新建、改建公路约10公里，新建渠道约3.2公里，蓄水池、砖田坎等基础设施得到极大改善；柏树村还引进了雷竹产业，整村推进发展1300亩雷竹园区建设，发展了稻鳅养殖，建成了200余亩柑橘标准园、150余亩生态甲鱼基地；并按照短期是稻鳅养殖，中期是雷竹，远期是乡村旅游的发展思路发展。村里原有贫困户134人，2017年末脱贫户降至43人，2018年计划整村退出贫困村。他说，我们还将奉行"脱贫不脱政策"的做法。

为了打消贫困户退出的顾虑，根据《四川省贫困县贫困村贫困户退出实施方案》，全省625万建档立卡贫困人口到2020年享受的扶贫政策总体不变，对已脱贫对象继续给予适当支持，脱贫不脱政策，促进巩固提升扶贫工作成效，确保实现稳定脱贫。

肖月平考察贫困户情况（作者供图）

贫困户的一个"富贵梦"

作者：余程程　刘　杰　冯　南

8月14日下午，隆昌市界市镇柏树村贫困户——75岁的张中琼婆婆，面对进村采访的社科大融媒体记者团，跟我们畅谈起了她的"富贵梦"。

刚进门，张婆婆热情地搬出了大红色的凳子，凳子上的"富贵"图案十分醒目。她热情招呼我们喝水，饮水机上"富贵花开"的图案极为醒目。

2016年，张婆婆被明确列为建档贫困户。她家里一共三口人，除了她自己，还有一个儿子、一个孙子。儿子今年50多岁，在山东济宁打工，极少回家看望，也很少给张婆婆钱，他的妻子当年因为难产而离世；婆婆的孙子在隆昌市打工，目前在一家保险公司工作，平均一个月回来看望张婆婆两次，留给张婆婆二三百块钱；婆婆的女儿，嫁到了红星社区，虽然每年会来看她一次，只留下一些东西，却从未留钱给张婆婆。

在"精准扶贫"政策下，今年春节，张婆婆搬进了新房子，总计花费8万元。她家出了7500元，剩余的7.25万元全部由政府承担；屋外的猪圈正在垒砌，政府承担15平方米3500元，剩余的面积由张婆婆自己承担。她给记者算了一笔账：平均每年会得到1000元的政府补贴。政府每年还会给出300元的粮食补贴以及小家禽补贴；在政府的帮助下，张婆婆买了18只小鸡仔，半年后卖出了8只，收入400元。

陪同的柏树村村长周育全介绍，张婆婆还将家里的土地承包给私人，每亩有230元的收入。她还拥有老年保险，每个月会有75元的养老保险费。平时，张婆婆会做麻线，通过村里帮忙统一卖给收购的人，因此张婆婆被村里评为"当得好家"的典型代表。

谈到未来的打算，张婆婆表示，虽然近几年养猪的效益不够景气，但是她还是打算喂养几头猪，张婆婆浑浊的双眼中满是笑意："虽然猪已经不赚钱了，但养猪招财啊，富贵，能给我们带来好运气。"

小小柑橘苗的枯与荣：
万亩柑橘产业破题乡村振兴

作者：刘 杰 冯 南

2018年8月15日，社科大融媒体采访团看到了这样一幅景象：一列又一列柑橘苗整齐地"站"在印坝村地头，小小的柑橘苗不惧烈日，伴着些许湿润的风纷纷摇起了头。

据了解，围绕培育特色产业，为努力建设川南丘区现代农业名镇，四川省隆昌市普润镇大力培植柑橘基地，柑橘产业发展至今已经初具规模。

柑橘产业初具规模

普润镇是典型的农业小镇，印坝村是普润镇三大拳头产业之一——万亩柑橘的一个主要阵地。2017年11月，普润镇人民政府印发了《普润镇发展稻渔产业和万亩柑橘园的实施意见》，柑橘产业至今已栽植柑橘3000亩，预计年底柑橘栽植面积将达到9500亩。

普润镇镇长罗永新表示，普润镇采取"公司+合作社+基地+农户"的经营模式，探索产权变股权、农民变股民、资金变股金的"三变"模式，推动了万亩优品柑橘的发展。

 全媒体报道实践

重燃柑橘热

普润镇副镇长钟汉杰告诉社科大融媒体采访团成员。20世纪90年代后,劳动力南下发展造成种植人员短缺;加之各种历史原因,技术和品种没有进一步提升,这个(柑橘)产业就戛然而止。

他介绍:"柑橘在中国是种植面积第一的水果,目前全中国柑橘产业4000万亩左右。温州蜜柑2000万亩左右,树林已经到了老化的阶段,广东、广西和福建由于今年比较严重的黄龙病会砍伐掉将近1000万亩。"

"剩下的柑橘就要有新的品种、新的血液输入进来,"四川隆昌馥巍农业科技开发有限公司负责人罗刚说,"我们四川提出柑橘产业发展正当其时,不管承接产业转移也好,新兴发展也好,这个时候切入都是比较好的。"

四川省气候相对温和、湿润。"四川的杂柑,像耙耙柑(学名春见柑橘),不知火在外省是没有办法种植的。只有在四川才能种植出很好的产品。所以未来四川的柑橘产业发展,会有一个很好的上升态势。"提及四川柑橘产业发展,负责人罗刚笑意甚浓。

万亩柑橘特色产业 破题"乡村振兴"

普润镇镇长罗永新告诉社科大融媒体采访团,"柑橘市场价在6元至8元,我们能卖8元"。

"1亩柑橘从种植到收成需要3年时间,每亩地每年投入4000元左右,目前集团公司在隆昌有1.1万亩。行情好的话,5年就能回本。"罗刚表示对此很有信心。

在四川隆昌,在普润,在印坝,不论是罗刚,还是当地的农户,都在乡村振兴中尝到了甜头,这也是隆昌市乡村建设的一个缩影。

与副镇长对话：大学生为乡村旅游支着

作者：刘 杰 冯 南

2018年8月16日，社科大融媒体采访团一行10人来到了四川省内江市资中县鱼溪镇。在鱼溪镇响水滩生态农业休闲体验区完成了上午调研任务后，采访团师生在午饭间隙和副镇长闵厚兴围绕"乡村振兴""生态保护与美丽乡村"等主题进行了对话。

一路走下来，从内江到隆昌再到资中，社科大融媒体采访团师生看到了贫穷，更看到了希望。鱼溪镇之行，更是让采访团师生看到了美丽乡村、乡村发展的新风貌，对"乡村振兴"有了更深入的理解和新的认知。

资中县鱼溪镇崔建明于2016年返乡创业，为带动农民就业致富，创办了鱼溪镇响水滩生态农业休闲体验区。其中景观"甲于天下"更是传说为道家传人张三丰修炼太极拳的福地，而誉满川内外的"鱼溪鲶鱼"更是饮食文化一道亮丽的风景线。

对话副镇长闵厚兴

一上午的调研活动后，采访团成员余程程（社科大16级本科生）对鱼溪镇的人文、环境和经济发展都有了一个大致的印象。来自重庆丰都，同样出身乡村的她感慨道："鱼溪这个地方真的做得特别好，真的让这个地方富了起来，家家户户都有自己的收入、分红，大家一起带动致富。我没有听说我们家那边有土地流转等相关政策，我觉得这对我们来说是一种启示。"

副镇长闵厚兴听后连连点头,对此表示充分的肯定。

对于采访团成员尚俊旭(社科大16级本科生)提到的如将"甲鱼文化"等文化特色更显著地进行标识、维护和开发峡谷的水源等问题。

副镇长闵厚兴回答道:"我们这个地方的水是从麻柳河(沱江支流)来的,涨大水后成都的河水流下来,从沱江倒灌进入麻柳河,我们搞旅游开发坚持绿色环保的原则,所以没用化学物质进行处理,保持纯天然的(样子),所以水比较浑浊。"提到"甲鱼文化",闵厚兴表示将来会修建一个文化墙给游客普及相关知识,还会在特色景观处修建一个观景区供游客拍照。

采访团成员冯南(社科大16级研究生)提出,加强湿滑路面防护措施、建立长期的调查机制增强景区和游客之间的黏度等建议。

副镇长闵厚兴表示会进一步和企业进行沟通,完善同学们提出的建议。

无论是小的建议还是宏观上的发展问题,对于采访团同学们提出的意见和疑惑,副镇长闵厚兴都一一进行了详细回应。

尚俊旭向副镇长提出问题和建议(视频截图)

资中县鱼溪镇副镇长闵厚兴回应尚俊旭提出的问题及建议（视频截图）

美丽乡村　乡村发展新面貌

据了解目前鱼溪镇全镇总人口4.5万人，包括14个村、2个社区，辖区内拥有大量旅游资源，打造鱼溪镇"一鱼一橙一村一区"的旅游名片。

其中，"一鱼"指的是鱼溪鲶鱼，"一橙"指的是塔罗科血橙，"一村"指的是鲶鱼新村，"一区"就是响水滩生态农业休闲体验区，目前正有序推进鱼溪镇多个生态旅游项目建设。

鱼溪镇响水滩生态农业休闲体验区（刘杰　摄）

鱼溪镇响水滩接待中心（刘杰 摄）

"太有文化底蕴了"

张薇薇老师（社科大媒体学院①教师，博士，此次采访团带队老师之一）表示，"咱们鱼溪镇现代农业、传统农业、立体农业，都发展得特别多元，非常全面，但是我们现在讲乡村振兴，乡村经济的发展，如果能嵌入人文的、文化的元素在里面会更好"。她还感慨道："我觉得咱们在嵌入文化元素方面可以更深入一点，因为咱们太有文化底蕴了！"

---

① 本书中的中国社会科学院大学媒体学院，2020年9月，由中国社会科学院新闻与传播研究所牵头，以中国社会科学院研究生院新闻学与传播学系为基础，整合中国社会科学院大学媒体学院的教学资源，成立了"本—硕—博一体化"的科教融合学院。即2020年9月前，称为媒体学院，2020年9月后，称为新闻传播学院。本书后续相关内容请参照此注释。

对话全文如下：

采访团成员冯南（社科大16级研究生）："第一，就是路标，我觉得可能需要一些指引；第二，能适当建立一些保护措施，比如在路面上凿几个坑，增加摩擦力；第三，我觉得可以增加一些像'湿身节'那种特色活动，来吸引周边的游客，增加与游客之间的黏度；第四，建立长期的反馈效果机制，深入游客当中去调查，了解游客到底需要什么。这就是我的一点想法。"

鱼溪镇副镇长闵厚兴："谢谢你给我们提出的宝贵意见，我们这个项目建设时间还很短，旅游开发还没到位，针对你们提出的宝贵意见我们下一步会跟企业进行商谈，把这个旅游项目做得更好、更大、更强，谢谢你。"

采访团成员尚俊旭（社科大16级本科生）："第一个是我们景区有一些文化特色，像'甲鱼文化'是不是应该更显著地把它标识出来，第二个就是维护和开发好峡谷的水源，咱们有句话叫山清水秀，而我看到这里的山确实很'清'很美，但是水有一点浑浊，不是太'秀'。"

鱼溪镇副镇长闵厚兴："我们这个地方的水是从麻柳河（沱江支流）来的，涨大水后成都的水流下来，从沱江倒灌进入麻柳河，所以水比较浑浊。我们搞这个旅游开发，坚持着一个绿色环保（的原则），所以这个水没用化学物质去处理它，保持着一种纯天然（的样子），所以水有点浑浊。关于甲鱼开发，刚才看的那个地方，我们将来要在那里建一个文化墙，沿着公路里面建一个'屏风'，给大家介绍一下甲鱼的一些相关的文化知识。同时，在两个甲鱼头那将来还要人工做一个梯子上去，供游客在那拍照，谢谢。"

采访团成员支慧媛（社科大17级研究生）："在游客和景区互动的过程中，能留住他们，引发他们的二次消费或者说二次宣传，目前来讲这样的力度可能还有发展的空间。增加游客与景区的互动之后，他们在朋友圈、微博上或者跟自己的好友进行二次宣传的力度和效果可能要比我们正式向外推广的效果更强。"

鱼溪镇副镇长闵厚兴："讲得很好，实际上在广场的右边有这么一个项目，我们有一个亲子采摘园，在天池的左边还有个亲子厨房，可以供家庭在游玩的时候做亲子体验。谢谢你给我们提出了很好的建议，感谢各位同学！"

采访团带队老师张薇薇（社科大媒体学院教师，博士，此次采访团带队老师之一）："文化很重要。我觉得在嵌入文化元素方面可以深入一点，因为咱们太有文化底蕴了。但并不是游客唯一的选择，要想成为游客的唯一选择，就要抛离高大上的定位，我觉得普通大众这块，现在休闲娱乐的诉求很高，可以从这方面入手把他们吸引过来。还是要多方想办法，因为我们不是特别了解当地的情况，我们说的一些建议是比较空的，但是有这种想法，可能就代表我这一类的人有这样的诉求。"

四川普润镇的新"业主"

作者：郝 源　尚俊旭

8月14日上午，"花漫水乡"农业产业融合园内，总经理罗刚正在细致地查看花木的生长情况。作为四川内江·隆昌市普润镇重点引进的"业主"，他深度参与到普润镇的乡村振兴建设中，仅"花漫水乡"现代农业项目计划总投入就达3亿元，同时他还投资建设了面积达1.1万亩的柑橘生产基地。普润镇有10多个，像罗刚这样的"业主"，分布在柑橘业、稻渔业和乡村旅游业三大领域，有力地推进了普润镇精准扶贫和乡村振兴战略的实施。

据罗刚介绍，普润镇属于丘陵地形，每10亩地的柑橘需要2.6个劳动力来维护，因此仅他的柑橘生产基地每年就能带来上万人次的就业机会，而普润镇有8个柑橘业主基地，加上稻渔业和乡村旅游业的业主基地，每年吸收当地劳动力数量十分可观，对解决村民就业问题、增加村民收入起到了显著作用。

"栽下梧桐树，引得凤凰来"，正是普润镇引进业主建基地模式这一"梧桐树"，才引来了罗刚这样的"金凤凰"。2013年，针对本镇产业实际发展情况，普润镇创新地引进了业主建基地这一新模式，即引进具有雄厚实力的业主，利用资金和技术优势，建立专业化生产基地和产业融合园，对当地特色农产品进行大规模专业化生产。到目前为止，普润镇已引进业主10多名，分布在多个领域，镇上特色产业建设初成规模。

主管农业的副镇长钟汉杰介绍，普润镇推行业主建基地模式，并非无的放矢。普润镇具有吸引业主的三大优势：普润镇距隆昌市区仅七公里，内隆公路和隆界快速通道穿境而过，区位优势显著；普润镇自然环境优美，基础设施较完善，文化底蕴深厚，具有良好的环境优势；普润镇党委、政府对本地产业发展抱着很大的决心，积极吸引业主投资落地，具有吸引业主的政策优势。这些优势使得普润镇颇受投资者的青睐，有意向的业主们纷至沓来。

在做好已有业主对接落地工作的同时，普润镇也在大力进行新业主引进工作。前不久普润镇政府和一名业主达成了引进协议，该业主将在普润镇印坝村投资建设小龙虾生产基地，计划投资1亿元。普润镇还在建设围绕全镇的10公里柑橘产业大环线，预计能吸引柑橘业主投资额3000万元以上。

四方村的徽派风

作者：支慧媛　王　凯　王美华

在四川内江，有这样一个村子，地处四川，却到处是徽派建筑风——这就是威远县四方村。

四方新村（作者供图）

进入四方村，映入眼帘的是一个个徽派风格的农家小院，白墙青瓦，屋宇飞檐翘角，整齐地排列在道路两边，小院前花木繁盛。据威远县宣传部副部长唐勇介绍，四方村按照徽派民居建筑风格，突出"白墙、青瓦、飞檐、翘角、马头墙"等重点元素，吸收"婆城民居"的亮点元素。在装饰方面，采用砖、木、石雕工艺，使整个建筑精美别致、典雅大方，展现出了"整体美、自然美、朴素美、智慧美"的新村农房风貌。

为什么四方村刮起了徽派建筑风呢？对此，村上的党支部书记余文祥说，当时县上做了好几套方案，让大家投票选择自己最喜欢的建筑风格，政府引导加群众参与,再加上村上自我管理、自我决策,最终大家选择了这样的建筑风格。唐勇进一步解释说,徽派建筑的风格体现了四方人的精神品质和内涵,白墙青瓦代表当地人心情的宁静,而且很多建筑材料都是就地取材,十分方便。

四方村(作者供图)

我们随机采访了村里的一位甘大娘,甘大娘说现在的房子比以前的房子好,"多时兴啊,现在外面都成了这种新房,很美的"。

甘大娘(作者供图)

漫步在四方村,白墙青瓦,砖雕门楼,飞檐、翘角、马头墙,整个犹如一幅幅水墨画,古朴典雅、韵味无穷,让人沉醉其中,流连忘返。

"能人"杨连忠的"5A景区"梦

作者：王　凯　支慧媛　尚俊旭

"能人"们的到来，让全村85%适龄劳力就地解决就业。

2018年8月13日，四川省隆昌市古湖街道古宇村的"能人"杨连忠，一见到中国社会科学院大学媒体学院融媒体采访团，毫不掩饰自己的迫切期待："我就是希望咱们的古宇湖景区，早日加个'A'，将'4A景区'变成'5A景区'，从而把整个村子的游客数量提上去。"

2014年，古宇村被列为四川省土地流转改革试点地区。正在成都做石英表、打火机生意的老杨得知消息后，有了回乡承包土地、开办企业的念头。在看到古宇村未来发展旅游业的规划大纲后，杨连忠抱着"试试看"的态度，拿出了20余万元"土地流转费"，承包了土地流转后村委集中管理的190亩土地。"试水"之后，他发现回报的效果比预期要好，就逐渐加大了投资力度，先后追加投资2000余万元，用于基础设施及休闲观光产业建设。如今4年过去了，老杨的产业保持了良性发展的态势。而老杨的"5A景区"梦并不遥远，隆昌市市委宣传部常务副部长蓝发彬说："隆昌市政府在规划建设古宇村时，就是按照'5A'标准打造的。到2020年，古宇湖及周边村落，将联合隆昌闻名遐迩的石牌坊群景区，共同申请'5A景区'资质。申请成功后，不仅古宇村顺利实现振兴，更可以推动周围九个村、十多个社区的基础设施建设，达到农村区域的整体发展水平。"

古宇村党支部书记洪家友介绍，目前在古宇村，像杨连忠这样的"能人"有很多。有的在淘宝上销售古宇湖鱼、柑橘等本村特色农渔产品,创出了古宇村商标,销售业绩喜人;有的在发展民宿方面做出了有益的探索,已建成的六栋集观光、餐饮为一体的别墅,一到周末供不应求;即将开业的"集装箱餐厅"正在安装调试过程中……

洪家友透露,"能人们"的到来,产生了一个可喜的结果:全村1599口人中,除去老弱病残等无劳动能力或常年定居村外的情况,将近85%的村民就业可在当地解决。

当着古湖街道党工委书记张弩的面,洪家友算了一笔"人口账",全村渔产养殖业拥有50艘渔船,每艘船轮班需要4个渔民,可解决200个就业岗位;景区建成后,陆续建立的20余家农家乐,可以解决100多人就业问题。加上商店、纪念品、餐饮等相关配套产业,可以实现85%的村民就近就业。

中国人民大学农业与农村发展学院兼职教授张红宇认为,像杨连忠这样的返乡创业能人,追求实现"5A景区"梦,充分表明其对地方政府所提供服务的认可。在"加A"梦想实现的过程中,不仅村民实现增收,更重要的可以真正带动本地农村地区实体经济的发展。留住人口,避免"留守儿童、孤寡老人"等社会问题,真正实现农村地区的协调发展,达到"乡村振兴"的目标。

我不想做贫困户

作者：刘 杰 冯 南 郝 源

"我不想做贫困户。"

资中县银山镇金紫铺村，26岁的李全莉坚定地告诉记者。

90后的李全莉已嫁为人妇，有一个8岁的女儿、5岁的儿子。2014年李全莉的丈夫出了一场车祸，家里的顶梁柱倒了，一家人被列为贫困户。

2014年，李全莉的丈夫谢龙刚买了一辆摩托车，还没来得及上保险，就出了车祸。丈夫在医院躺了近一年，右腿至今行动不便，并且右眼失明。当时，家里的积蓄都用来修建新房子，没有剩余的钱给丈夫付医疗费；由于没有车保险，家里也没有得到保险赔偿；村里因此将她家列为贫困户，可是因为有第三方当事人，贫困户的90%医疗报销也不可用，家里借钱给丈夫治病，前前后后花了十几万元。

成为贫困户的两年里，"精准扶贫"政策首先在精神上给了李全莉一家支持。物质上，当地政府给李全莉的丈夫办理了残疾补贴，一个月有50元；每年过年会有1398元补贴。其次，过年村里领导来看望，带来米、油、洗衣液等家用物品；2015年，村里给贫困户分发了羊、鸡、鸭，李全莉通过抽签得到了两只公羊，成年之后卖得1200元；土地流转之后，家里庄稼不多，鸡、鸭长大后也陆续卖掉，补贴家用。

在丈夫生病住院的一年里，李全莉带着小儿子在保险公司卖保险，她说："我其实不太会交际，一般都是别人来找我，经过我丈夫这件事，我真的觉得保险很重要。"李全莉每天带着小儿子出去卖保险，又要照顾生病的丈夫，大女儿就交给幼儿园照顾。在保险公司工作的时候，情况好的话，一月能有4000元的工资，业绩不好的时候也很困难。

2015年下半年，丈夫出院后，跟着他叔叔外出做建筑工作，李全莉在家照顾儿女，年收入能有3万元。2016年，李全莉一家脱贫。

2018年年初，李全莉加入村委会，做计划生育工作，每个月能有900元收入，政府还补贴60%的保险费用。"当时我丈夫出车祸，家里没钱，村里也是借了钱给我们的，我也想为他们做一些事嘛"。这就是她主动加入村委会的原因。也是在今年，李全莉家按揭买了一辆轿车，首付5万元，几乎用了家里近两年的积蓄，李全莉解释说，"他做建筑，开车比较方便，轿车总比摩托车安全吧，而且也是给自己一些压力，没有压力就没有动力！"

因病致贫，却能两年脱贫，李全莉告诉记者："我不想做贫困户，没有人想做贫困户的，现在有人说我是贫困户的话，我也会不高兴的。"

团队调研心得

从行到悟　脚下的每一步都算数

作者：郝　源*

2018年8月9日，我们社科大融媒体采访团一行10人奔赴四川，开启了12天的调研之旅。在此次调研中，我们聚焦"新时代"背景下的"精准扶贫"，足迹遍及隆昌市古宇村、印坝村、柏树村，资中县金紫铺村、鱼溪镇，威远县四方村、兴家村等，跟着各村第一书记、镇长等相关负责人，行走在田间地头，深入多户村民家中，围绕"精准扶贫""生态文明与美丽乡村"等主题，边采访边记录，最终成果以融媒体形式呈现出来。

此次调研活动是为了落实习近平总书记在党的十九大报告中提出的"扶贫攻坚""生态保护""美丽乡村"等一系列的乡村振兴政策；同时，今年适逢伟大的革命导师马克思诞辰200周年，为了更好地开展"马克思主义新闻观教育"系列宣传活动，社科大媒体学院组织了本次采访活动。一路走来，看到每个贫困户身上不同的脱贫梦，在奔波与沉思中感受到基层干部的那一份坚守与执着，行走在一线，记录在一线，领悟在一线，从行到悟，脚下的每一步都算数。

一、能够让人思考的问题才是好问题

出发前，小组每个人针对要调研的地方做了一些资料收集，从基本情

---

* 郝源，中国社会科学院大学媒体学院2016级新闻学研究生。

况、旅游、扶贫等多个方面进行了解。初到内江，有一场会议是与内江市不同单位（环保局、教育局、农工委等）进行对话，每个人要针对不同的单位进行提问，对方进行解答。我当时负责提问教育局，在前期搜集资料的时候我看到一则新闻，当地针对留守儿童现象，开展了一系列"爱心妈妈"活动，即不同岗位的人员义务兼职照顾留守儿童。我觉得这个新闻点很好，于是着重开始搜索关于当地"爱心妈妈"的新闻，形成几个采访问题，比如当地义务报名"爱心妈妈"的人数有多少，目前发展规模如何？这一系列活动会对留守儿童带来什么帮助等问题。

　　在会议现场，每个同学都针对不同职能部门进行了提问，引发了对方的思考和讨论，双方在一问一答中彼此了解。会议结束后，对方不断称赞同学们提出的问题比较深刻，特别能够引发思考。我认为，无论任何形式的采访，都要充分了解被采访者的信息。其次，针对信息中有价值的东西要深入挖掘，找寻事件、人物、故事点，在一字一句中探寻，在一言一语中碰撞，不断培养自身的新闻敏感度。新闻除了事实性报道外，深入挖掘故事的能力也是重中之重，能够引人深入思考的问题才是好问题，有了思考，对话才会更有深度。此外，思考也会带来更多的对话交流，对话又会变得更有温度。温度与深度的融合，才是酝酿好故事的基础。

二、街采——消除陌生拉近距离

　　此次行程中，我们参观了范长江纪念馆及其故居。范长江先生是中国杰出的新闻家、新闻记者，生前写过大量出色的新闻报道，为新闻事业做出了很大贡献。我们在参观的同时也是在学习，从新闻前辈的一生了解中国新闻业的发展，从"大公报"记者到"西安事变"，从"西北之行"到"竟夜之谈"，深深感受到"长江精神"。正如周恩来同志为其写的一首打油诗，"斗篷诚可贵，帽子价更高，若为抢新闻，两者皆可抛"。采访团也通过新浪微博"社科大融媒体采访团"表示，青年新闻学子们要学习长江精神，了解范长江先生的经历，决不忘记新闻先行者们披荆斩棘、追寻新闻理想的初心。今后，他们将践行"长江精神"，真诚对待手中的笔和受众。

随后，我们针对此次参观的游客做了一个街采视频，从三个问题着手——您是如何了解范长江先生的？这是您第几次来参观？范长江先生最触动您的是什么？但是，我们在街采的时候遇到了一些问题，比如参观游客看到我们一拥而上就会产生一种心理戒备，或者我们临场准备不充分，导致采访对象没耐心而离开。随后，我们经过简单商讨，分成3个小组分头采访。我发现，在街采的过程中，不要一上去就说您好，我是××，进行一长串的介绍，这样会导致两个问题：其一，被采访者没有十足的耐心，随后离开；其二，受访者被陌生人追问，会有很强烈的抗拒感。于是，我跟小组成员商量，我去采访，他们两个担当摄影摄像。在碰到一个年纪稍大的长者时，我追上去问了一下："大爷，您今天参观完感受如何？"从最细微的地方拉近距离，消除陌生感，再娓娓道来，表明自己的身份，采访目的等。采用这种采访方式，会很快与被采访者搭建一个临时的舒适区，被拒绝的概率也会小很多，也会逐渐消除采访对象的陌生感，更有可能采访到更有价值的内容。

街边采访更像是一场对话，将采访融入这种对话中，我们除了了解到他们对范长江先生的看法，也从侧面了解到他们对纪念馆、对内江市方方面面的认知。

三、心中有框架——平行交叉蒙太奇

我们白天出去采访的一些内容，晚上要整理成稿件、视频、博文等其他形式，尤其在整理视频材料的时候，会容易没有头绪，甚至有一种混乱感。在这种情况下，你要想清楚视频呈现出来的内容分为几部分，每部分都放什么内容，如何交叉利用素材，在时间线上如何突出被采访者或者是故事背景。

我觉得应该分为三个步骤：其一，采访前的准备。在出发前行的路上，心中明白采访的任务内容，比如采访的主题（脱贫、返贫、留守儿童）等，内心一边构思着如何通过视频呈现出来，有个大致的思维框架。其二，在采访中，采访者一边听被采访者讲述一边引导他，你想要什么方面的内容，以及想要探寻的背后故事。在采访中，采访者心中的框架跟随着被采访者慢慢塑造，抓寻故事新闻点——也就是你的视频中最想要呈现给大家的内容。其三，采访结束后，你要在脑海中大致回顾一下今天的采访内容，顺便看一下自己记录的视频和笔记，强化心中的视频框架，如何将几部分内容呈现出来。目前，新媒体技术不断驱动各类App的蓬勃发展，以视觉冲击为主的短视频和Vlog更是成为打开流量的新方式。在这种背景下，我们做新闻类视频也要抓寻好新闻点，如何利用各类蒙太奇手法，突出主人公或者背后的小故事。就像王凯山老师提到的，梨视频这一类的社会媒介化视频App，它在做视频的时候，会抓到其中的一个点，不断地强化、放大、突出这个点，让人们看完这个视频，能够对视频中的某个人物、事件记忆犹新。

综上三点，做视频的时候，心中有框架，就像采访的时候，准备一支笔。在后期的工作中，也会游刃有余。无论做什么事情，前期的准备，进行时的认真，后期的回顾与整理，都离不开一个明确的目标。

四、熬夜剪片——高效工作离不开简化流程

我们第一次熬夜是做范长江纪念馆的街拍视频，8个人一直做到凌晨3点多，因为每个人都拍摄了大量的图片、视频，在不同的电脑上进行剪辑，后期还要合并到一起，还有格式等问题，所以效率很低。最后分成若干块内容，我和刘杰同学负责剪辑，其余同学负责找相关的视频材料、粗剪等工作。经历了这次深夜工作，我们开始讨论如何更好地提升工作效

率，我和冯南同学一起去找王凯山老师聊了这件事情，最后在老师的建议下，我们简化了流程，分成3个小组，每到一个地方，3个小组分头行动，寻找新闻人物，挖掘新闻故事，采写新闻、拍摄等。其次，诸如微博等即时通讯工具，在车上，在田间地头，在采访进行中，都可以进行发送。不必等到晚上回来再编辑推送，那样既缺少受众又没有流量。最后，采访前每个小组有一个主题，围绕主题进行采写，一人采访，一人拍摄，一人录一些空镜记录内容等。

经过这次探讨后，每到一个地方，3个小组分头行动，去挖掘不同的新闻故事，从所有人围着一个主题的纷乱复杂到形成3个小组的处理方式，效率明显提升。在实践的过程中，不断调整团队的工作模式，找到适合所有人的频率和节奏。

五、田间地头——从对话中挖掘故事

记忆犹新的一个采访对象是隆昌市的"猪大爷"——黄碧贵，当时我们分头采访成功脱贫的案例，于是走进了黄碧贵大爷家里。当时正值酷暑盛夏，第一书记跟我们都热得不停地流汗，于是我们就问大爷："天气这么热，您都脱贫了，怎么不买个电扇用？"没想到，大爷说："我有电扇啊，给我的猪娃儿吹着呢，我怕它们中暑。"于是我们特别好奇："您不怕中暑吗？"黄碧贵大爷说："我中暑没什么，关键是我的猪儿别中暑就行。"于是我们就让大爷带着我们去看了他的两个猪圈。虽然条件不好，但是作为采访记者，作为摄影摄像师，一定要冲在前面。我们共同记录、拍摄，在猪圈旁采访黄大爷："您为什么对您的猪儿这么有感情？"于是黄大爷娓娓道来。

黄碧贵大爷今年55岁，是隆昌市柏树村土生土长的村民，2014年被认定为贫困户。2016年，村里精准扶贫干部经过商议，建议黄碧贵通过养猪来增收。当年5月，黄老汉买了两头母猪，专门用来繁殖。在他的悉心照料下，3年来，这两头母猪生下了20多头猪。在黄碧贵的灶屋里，记者见到灶台上正烧着猪食。黄老汉说自己不给猪喂饲料，而是给它们吃各种粮食。他曾想卖掉其中一头母猪，但是根本"卖不掉"，"它认得路，自己就回来了"。可见他跟猪儿关系多么好。后来，黄大爷又拉着我们去看他的鱼塘，前一段时间，四川这边下暴雨，黄大爷的鱼塘也遭了殃，水不断地涨，池塘里的鱼也跟着游了出来，黄大爷被暴雨惊醒，凌晨两点拿着渔网到池塘边，站在池塘下游，用渔网收鱼，然后再把鱼放进池塘。他疏通了排水口，增高了鱼塘堤坝，忙了整整一个晚上，终于保住了鱼塘里所有的鱼。这是黄大爷的故事，这也是每一个脱贫户的奋斗精神，一种向贫困宣战，通过自身努力去改变自己的故事。

六、扎根基层——一份坚守与执着

除了与采访对象交流外，我还关注到了这些真正埋头苦干的基层干部。他们为村民着想，为所有的贫困户着想，为村子更好地发展着想。人手不够亲自上，基层干部更像是一颗螺丝钉，哪里需要就扎根哪里。对我印象最深的是隆昌市柏树村第一书记肖月平，见他第一面时，他穿着一件浅蓝色的短袖衬衫，汗水早已浸湿前胸后背，可是胸前依旧佩戴着党徽，经过交流了解到，肖书记也是下派来柏树村的，任务是帮助柏树村所有的贫困户都脱贫，慢慢走上致富的道路，一路上，不时有村民跟他打招呼，他说："虽然基层工作很辛苦，比如要了解每一户贫困户的家庭背景、收入来源、目前现状，还要给他们安排农民夜校学习国家的政策路线、中共十九大精神等，但是，看到贫困户越来越少，我们就觉得所有的付出都是值得的。"

肖书记的故事，也是诸多贫困村众多基层干部的缩影，正是有了他们的一份坚守和执着，诸多的贫困户才会顺利脱贫。也正是有了他们，基层工作才能顺利开展，在我看来，所有的经历和付出都有缘由，做好本职工作就是最好的回报，不辜负党和国家的希望。

七、我不想当贫困户

在我们的采访过程中，资中县金紫铺村的李全莉给我们印象很深刻，2014年家庭突遭变故，因病致贫两年后脱贫，经历过人生的跌宕起伏，她说："我不想做贫困户，也没有人愿意做贫困户，大家都想要把生活过得越来越好。"

隆昌市柏树村的张中琼老人今年75岁了，也是一个典型的贫困户，但记者到她家中的时候，发现墙上，桌凳上都贴满了"富贵"字样的贴画，心中怀着一个"富贵梦"，在政府的帮扶下她搬进了新房子，还打算喂养几头猪并计划于2018年脱贫。

那个把电扇给猪吹风的黄碧贵大爷，还承包了几亩竹林，养了几十只鸡，此外还帮村里扫街道，脱贫后的黄大爷却依旧不舍得用冰箱。

这一个个典型的案例，也正是一户户贫困者的缩影，他们在政府的帮助下，用自己的双手创造财富，脱贫甚至致富，他们也是新时代乡村振兴与精准扶贫现状的缩影。

没有谁愿意当贫困户，看到他们脱贫后日子越来越好，银行卡里有余额，可以自给自足，抱着对未来的希望和憧憬，努力地生活着。

结语

这一路上，鲜活的故事不断浮现，等待我们挖掘的故事太多太多，每一个采访对象都给了我们很大的触动，就像张薇薇老师说的，"脚步丈量世界，实践方出真知。要博学多才，更要德才兼备"，这是她对调研团成员们提出的要求，更是对广大青年学子的期许。王凯山老师在整个行程中不断帮同学们改稿件，联系采访对象，时时刻刻关心着同学们，两位老师都为此次调研活动付出了很多。作为一名新闻学研究生，依我看来，在新闻理论中摸索，在实践中检验，细细体会每一份苦与乐，在行走中记录，在采访沟通中学会聆听，在结束后学会思考和领悟，人生何尝不是这样，不断前行，不断收获，心中怀着一个目标，就没有什么能够阻碍前行的脚步。常回头看，才能更好地向前走，短短12天，带给我们的不仅是一篇篇新闻稿件，更是一份沉甸甸的收获和深刻的感悟。

在行走中感悟，在感悟中前行，黄碧贵大爷那种乐观积极的精神时刻打动着我，肖书记行走在田间地头，那个被汗水浸湿的背影更触动我。跟随着他们的脚印，我们用笔和镜头呈现出一个个客观真实的形象，他们乐观、坚持、勇敢，那种不服输的永远向前的精神值得我们学习。志存高远，脚踏实地，从小事做起，从细处着手，秉持着一份谦虚，用你的脚步去丈量整个世界。

"新时代融媒体采访团"暑期社会实践个人总结

作者：余程程[*]

2018年8月9日晚上，我坐高铁到了四川内江站。令我印象深刻的是四川的蚊子以及留下的"大红包"，这伴随了我接下来的整段旅程。

7月底，我实习结束后就回到了家乡重庆。在家闲了几天后实在待不住，打算去本地电视台试试能不能再实习一段时间。恰好在我准备拨打电视台电话的时候，看到班级微信群里凯山老师发的召集书。凯山老师和薇薇老师都是我非常喜欢并且尊敬的老师，当看到由他们带队时就决定要报名参加。召集书上写着："这段时间里老师们将会以职业记者的素质来要求我们，我们可能会很苦很累，但成果一定是值得的。"

其实在大一的时候，我就曾跟凯山老师谈过关于我专业的问题。学新闻专业并不是我的初衷，我甚至在那个时候不喜欢自己的专业。因为自己不善与人交往，总是否定自己在这个专业的价值和可能性。后来自己尝试着去采访陌生人，跟陌生人交谈，加入校媒。但总觉得自己还欠缺些东西，所以我想这趟旅程会是一个转折点。

一开始会担心自己不够优秀，达不到老师的要求，但抱着大不了我接着拨打本地电视台电话的想法。事实证明，首先得自信，敢于跨出第一步才有接下来的可能。凯山老师当时就跟我说："没关系，我都可以教你啊！"当时真的很感动，班里优秀的人好多好多，老师愿意带上并不怎么

---

[*] 余程程，中国社会科学院大学媒体学院2016级新闻学本科生。

全媒体报道实践

优秀的我，愿意教我，我想我一定要尽力去做好。

确定好参与的人员之后，我们组建了一个微信群。在准备阶段，让我感到非常抱歉的事就是，由于我当时在重庆，离内江非常近，所以我没有去北京跟队友们见面，而是在8月9日晚上才跟他们会合。这也就是说，整个准备工作我都缺席了，尽管自己有在群里跟队友们交谈，自己在家里有提前准备关于调研的内容，但是像采买装备之类的都是北京的师兄师姐们在忙。更遗憾的是，调研团队的出征仪式也没能参加，真希望能把我P进照片里。

8月9日晚，我提前抵达了内江站，在站外等候其他成员。其实当时心里挺忐忑的，除了跟我一个班的同学比较熟悉，我即将面对的是尊敬的老师和已经是研究生的师兄师姐们。不过，老师和师兄师姐们都很亲切，根本没有我预想的高冷或者是疏离感。

没有丝毫停留，我们到了住宿的酒店，分配好房间后，就一起聚集到凯山老师的房间，为这次的调研做了一个大致的计划。第二天早上，早饭过后，再一次聚集到凯山老师的房间，开了一个差不多3个小时的会。具体内容就是分配这十天每个人的任务，分组轮流负责摄像、采访、后期以及我们的官方微博，现在说起来可以几笔寥寥带过，但当时我们真的是实践了很多种方法又几经调整。因为我们人手有限、设备有限，要怎么在有限资源里发挥最大的效用，是我们在调研过程中很关键的一点。

当天下午，我们和包括宣传部、农业农村部、教育局、扶贫办、农工委等当地与精准扶贫密切相关的部门进行了座谈。午饭后，大家没有闲着，为了下午的座谈会，每个人又针对某些部门查阅资料，准备好自己想了解的问题，以便更深入地了解当地实况，也为接下来的调研行动铺路。座谈结束后，当天晚上每个人根据手里的资料和座谈的内容进行调整，虽然来之前都有做准备，但根据座谈内容还是要做出实况调整。然后圈出调研采访时可能会涉及的地方，以便到时候重点考察。

在正式去往下乡调研之前，我们采访团一行先去了内江市著名的范长江生平事迹馆。

范长江是新中国新闻事业的奠基者，也是无数新闻人的精神偶像。其实在来这之前，我也只是在新闻史的课上听过范长江的名字，对这位新闻巨子并没有很深入的了解。此次来到他的生平事迹馆，他一生的历程都被详细记载。馆内摆放了他生前用过的记事本、钢笔，他穿过的大衣、戴过的帽子等。当我们一一参观后，心里确实很震撼，对这位新闻巨子有了更深刻的了解。我们并没有参观完就立马走人，我们希望把范长江的这种精神发扬出去，传递出去。于是，我们临时萌生了采访游客的想法。大家立马准备好手里的器材，但我们的器材确实有限，只有两台自备的相机和一个三脚架。当我们分头行动的时候，各自都拿出手机进行拍摄。当时自己其实是挺胆怯的，不太敢跟陌生人交流，是薇薇老师鼓励我，让我和美华师姐一起去采访在馆内的游客，真的很感谢薇薇老师的鼓舞，让我迈出了第一步。在采访完游客后，我们打算把这次采访做成一个纪录片，我也在大家的鼓励下首次出镜担任纪录片的主持人。其实就几句话，但拍了十几遍才过，在这里很感谢刘杰师兄耐心地为我拍摄这一段，还教我怎么调整情绪，大家都陪着我在炎炎烈日下，重复了十几遍，终于把我的那部分拍好了。

当时拍了好几遍都不行，我就越来越着急，更加容易出错，我害怕大家因为我的错失忍受着烈日，也害怕大家觉得我拖后腿。但是都没有，无论是凯山老师、薇薇老师，还是各位师兄师姐，他们都是在鼓励我，甚至是教我怎么记台词，怎么调整好心态。真的非常感谢老师和师兄师姐们，他们给了我很多感动，成为2018年珍贵的回忆。

当天晚上，大家吃过晚饭后，就开始就着手里的素材做后期。那是我们第一次合作，在工作分配及流程上略有不熟悉，所以面对琐碎的素材，我们的工作效率显得比较低。直到凌晨三点多，才剪出令人满意的成果。令我们没想到的是，两位老师并没有休息，而是陪着我们熬夜，一直到我们工作完成才休息。我们一把成果发给老师，就立马收到了老师的反馈和称赞，老师说，在等我们的成果，确保能第一时间提出建议来修改。两位老师的这种精神真的很感动我，能和两位老师如此近距离接触，得到他们的教导，确实是我不可多得的幸运。

到内江的第三天，我们也正式开始了下乡调研的工作。第一个村子是内江市隆昌市古宇村，真的让我大开眼界。我们走进村口的办事大厅，发现办事大厅整洁明亮，最让人亮眼的是，他们并没有设置玻璃窗隔离办公人员和办事群众。这种无窗办公方式拉近了干部与群众的距离，把自己融入群众才是好干部的作风。

当我们走进村里，让人惊叹，平坦宽敞的道路，整洁漂亮的特色民宿，走在时尚前列的集装箱式餐厅，还有规模较大的足球场和游泳池！古宇村简直把自己打造成了度假村，干净、整洁、美丽并且现代化，根本不像我想象中的农村，确实颠覆了我原本对农村的认知。根据我们提前准备的资料，古宇村的发展得益于旁边美丽的古宇湖，很早之前就申请了"4A"级景区，村民得以脱贫，古宇村接下来打算建设成为"5A"级景区，充分发挥自己的资源优势，来建造乡村，确实是一种值得学习的方式。

第二站我们来到了普润镇的印坝村——一个古朴美丽的小村庄。或者说是我想象中的农村的样子。满眼望去是一大片稻田，却又有些不一样，由稻田组成了"美丽乡村"四个醒目的大字。村庄里，稻田和池塘相间，小桥流水，似乎能看到秋天丰收的景象。印坝村主要发展特色农业，种植柑橘、稻渔产业、小龙虾养殖业等，并且建立"业主建基地"模式来实现脱贫致富。印坝村发展自身特色农业来脱贫，是精准扶贫政策因地制宜的典型例子。

调研过程中，最有趣的莫属柏树村的黄大爷。隆昌市界市镇柏树村的精准扶贫政策特色在于体现到了每家每户，对个人的意义非常重大。当时我们分头采访了一位未脱贫的张婆婆和已脱贫的黄大爷。张婆婆虽然还未脱贫，但是家里的摆设都是"富贵花""富贵吉祥"的字样，心里一直有个富贵梦。张婆婆的手工非常好，还被村里评为"当得好家"的典型代表，我相信，张婆婆一定会实现她的富贵梦。

另一边的黄大爷，至今未婚，虽然脱贫了却出人意料地一直住在十分破旧的土房里。2016年，黄大爷被列为贫困户，村里出资3.2万元，帮助黄大爷盖了三间新房，还给他免费提供了一些猪崽和鸡仔，他还得到了打扫村里公路的工作，一个月有600元收入。我们的成员去采访时，两头猪崽已经长大了，还生了20多头小猪崽。黄大爷家里共有两台风扇，可是我们的采访同伴和黄大爷都在屋里被热得汗水直流。后来黄大爷带着我们的队友去看猪崽的时候才发现，风扇在猪圈里给猪降温呢，真是让人忍俊不禁。黄大爷说，怕他的猪热坏了，但是自己却在炎炎夏日大汗淋漓。借助政府和精准扶贫的帮助，黄大爷通过自己的努力成功脱贫。

整个调研下来，我们遇到了很多人很多故事，给我带来了很多感动，让我真切地认识到了精准扶贫不是说说而已，不是虚无的政策，而是踏踏实实地落实到了中国的每个村庄，每个人身上。残疾人黄浩伟在政府政策的帮助下做起了电商，他明亮的笑容打败了身体的缺陷；退休后依然带领村民奋斗致富的老书记，不在其位却谋其政；在外打工主动回到家乡，办起服装厂帮助家乡致富的企业家等。

我很荣幸，见证了精准扶贫的切实落实，见证了很多人的脱贫努力和成果，给我带来心灵的震撼和感动。我深刻地认识到，"精准扶贫"不是简简单单的四个字，它是一项适应中国国情的系统性的脱贫工程，它是一项伟大的国民政策。

这次调研有苦有乐，就像人生起起伏伏，这也正是美妙之处。作为一个团队，我们在实践中不断去修改完善我们的工作模式，以求最高效率的方式。我们毕竟是第一届社科大融媒体采访团，作为创纪元的第一届，挺自豪的，同时，我们也在开创新的模式，发现缺点以便后来的团队借鉴。凯山老师说，希望我们的这个团队，能作为社科大的一个品牌来做，当作一个社科大的招牌，每年都带着同学们去实践，毕竟实践出真知。确实是这样，就像我以前在校媒工作，跟这次调研截然不同，我需要在有限的时间完成自己的工作，高效率地完成任务，而且是必须完成，因为这不是学校社团。

一开始，由于我们之前并没有合作过，调研工作会有些生疏，而且我以前从来没有参加过调研工作，一切对我来说都是全新的、陌生的。但是在凯山老师和薇薇老师的指导下，我们迅速调整了状态，在师兄师姐的提醒和教导下，我也跟上了大家的步伐，所幸没有拖后腿。凯山老师用他的专业素养、耐心细心教导我们，言传身教告诉我们真正的新闻人是什么样的，他不只是在我们身后指导，而是在我们面前为我们示范，凯山老师的采访技巧和对新闻点的敏感让我钦佩不已，受益匪浅。张薇薇老师则是细致入微地照顾我们，她会在我们采访的时候，悄悄地提醒我们一些细节，鼓励每个人发挥自己的特长，挖掘每个人潜在的能力；薇薇老师每天都背着一个大包，包里不全是她的私人物品，而是准备好了解暑药、驱蚊水、纸巾、遮阳伞等，以防突发情况。

我是团队里能力最欠缺的一个，相对而言，我也是此次调研中受益最多的人。对新闻专业有了更深刻的了解，对实践操作有了深入的认识，从基本的采写能力到新闻摄影，再到拍摄剪辑能力，都有很大的提升。

印象最深的是，当时我负责张婆婆的稿件，把初稿发给凯山老师后，凯山老师对我的稿件提出建议，并且要我带着稿件去他的房间，他面对面地教我如何写出更好的稿子。当时时间很晚了，当我到凯山老师房间的时候，发现王凯师兄和我的同班同学尚俊旭都在，原来凯山老师真的是对每个人的稿件都亲自修改，并且面对面地教授怎么修改。后来，以我的名字发出的那篇稿件，是凯山老师带着我一字一句修改来的，在我写稿的路上画上重要的一笔。

现在回想起来，那十天过得真的很充实。每天早早起床，前往当天的村子，一整天在烈日下采访，回到酒店，马不停蹄地剪辑素材，做后期写稿子，半夜入睡，第二天又如此重复。但我们乐在其中，整个团队如此团结友爱，老师以及比我年长几岁的师兄师姐，就像朋友和知己一样交流谈心，一起合作，这样的机会真的很难得。

大学两年，我从来没有这样的经历，我想以后的日子中这样的经历也不多，这段记忆真的无比美好，我学到了宝贵的知识和专业技能，更重要的是，与老师的亲切接触，与几位可爱的师兄师姐结下了亲密的友谊，真的此生难忘。

当然，我们的调研也出现了一些以供后来人完善的问题。

一是，我们的设备问题。由于当时是暑假期间，设备管理人员不上班，所以我们的相机是队员自备的两台，三脚架也只有一个。在采访过程中，难免出现设备不够的窘境，虽然我们各自用手机来拍摄，像素也还可以，但是在后期剪辑过程中，噪音太大，给后期剪辑造成了比较大的困难。因此，也建议后来的团队在设备上要提前准备好，并且要专业的设备会更好。

二是，建议以老师带队，高年级师兄师姐带领低年级同学的模式，以低年级同学为主，这样社会实践会更有意义、更有价值。

三是，一定要做好前期宣传活动。我们是在整个调研开始时才建立官方微博，所以宣传力度和热度根本不够，作品的浏览量也不够，这就使我们作品的影响力大打折扣。尽管凯山老师和薇薇老师有丰富的资源和人脉，但是学院老师几乎都是使用微信。我们当然也想过创办微信公众号，却因为媒体账号的敏感性，迟迟没能通过审核，错过了最佳时间。

四是，应该有一个时间充裕的前期培训期。比如，我只会基本的ps、pr操作，要完全去操作后期是不太可能的，而且我的写稿能力也欠缺。如果能有一个前期培训的话，相信在采访中会更加高效。

记忆有时是个很奇怪的东西，就好像我已经记不得是哪个晚上了，却清楚地记得，那天晚上，我们忙里偷闲晚饭后溜达在内江市的街头。其实是因为刘杰师兄在拍摄时不小心把眼镜摔坏了，我们一起陪他出来配眼镜。当时，我们站在内江市夜晚的街头，凯山老师和薇薇老师跟我们讲起了他们大学时的事情。我清楚记得，薇薇老师说，等到调研结束那天，我们回到北京西站，各自分头离去时，你会很怀念这十天，会很难忘，很难忘，这是你一生都会记得的画面。是的，我一生都会记得那个画面。

2018年8月某日，内江市街头，夏夜，炎热中微风习习，我们10个人站在街头，我看着他们脸上的笑容，也跟着笑了。

记一次难忘的川渝调研之旅

作者：刘 杰[*]

2018年8月2日，当郝源同学第一次将"中国社会科学院大学师生莅内调研工作方案"作为召集书发送给我的时候，我蒙了，然后拒绝了他。

"蒙"是因为看到召集书中"辛苦而掉几斤肉""承受不了压力掉眼泪"等字眼，再加上我之前没有参加过一次调研，有很多的顾虑，比如不善言辞，拖团队采访工作的后腿等，所以我不明白这将会是怎样的一次经历。另外，我当时正在汽车之家实习，做着"身兼数职"的编导工作，无法抽身。而且我这个人有一种惯性，就是当我面对未知的时候，总是会选择待在自己的舒适圈，所以是我拒绝了他。

但一天后，在王凯山老师的盛情邀请以及小伙伴的再三鼓励下，我重新审视了这次活动。几天的时间，走访四川省内江市隆昌市、资中县、威远县等地，站在"精准扶贫""生态保护与美丽乡村"等角度，将自己所见所闻转化成稿子、图片甚至是视频的形式传播出去。虽然我写稿子不出色，但是我可以在摄影摄像上面帮助大家。另外，还有老师、友人同行，即使再苦再累，难道不会是一次难忘的回忆吗？转念一想，我便下定决心加入社科大融媒体采访团，到四川内江进行调研。

---

[*] 刘杰，中国社会科学院大学媒体学院2016级传播学研究生。

一、调研前的准备

8月4日,采访团便开始了紧张的准备工作。成员冯南干劲十足,一手包办了团队旗帜、纪念品、奖状等工作,甚至在当天就将旗帜做了出来;支慧媛与王美华同学充当"财务小管家"的角色……而我则变成了团队的摄影摄像,虽然没有单反相机,但王凯同学却主动拿出自己的单反相机,给我使用。这些积极的举动,让我感受到这个团队的凝聚力。

8月5日,采访团第一次正式开会,探讨我们如何在一周的时间里,产出优秀的调研成果。会上,我见到了漆亚林、杜智涛、王凯山、张薇薇几位校内老师以及业界的几位大牛,也认识了支慧媛、尚俊旭等几位师弟师妹。会上,记者老师跟我们分享了自己的采访经历,"我们可能都觉得负面报道困难重重,但其实正面报道更难做出彩,如何抓住故事,抓住主角,才是我们此次采访应该注意的地方"。

漆亚林院长也向我们传达了此次调研活动的重要意义——在中国社会科学院大学成立一周年之际,我们的调研活动将代表媒体学院首次到外地、到基层进行调研,这对于我们做好自己学术科研品牌,向北大、清华等双一流大学看齐来说,是重要的一步。同时,我们的调研活动成果也可能通过社科大系统向中央输送,成为中央了解民情的途径,甚至能影响中央政府对于扶贫等事务的决策。王凯山老师作为活动的牵头人,希望同学们"沉得下去,提得上来",代表社科大创作出好的作品。张薇薇老师甚至抽出照顾家人的时间,与王凯山老师一起带领我们出征内江,指导我们的采写工作。

听完这些,我终于对此次2018中国社会科学院大学融媒体采访团内江之行的活动,有了更深的理解:虽然这次调研活动看似寻常,但它是中国社会科学院大学媒体学院的第一次出征调研;我们做的事看似寻常,但只要我们努力,也可以改变些什么。

随后的4天里，王凯山老师带领我们准备录音笔、开通微博和百度云账号、搜集采访调研目的地的资料等，甚至在凌晨4点指导我们工作。我们一行10人按部就班地进行准备工作，就这样，王凯山老师带队，张薇薇老师负责我们生活，郝源充当男生组长，冯南充当女生组长，支慧媛、王美华充当"财务小管家"，尚俊旭充当"天气预报员"，我和王凯充当"摄影摄像"，而余程程师妹则在重庆等待着我们。一切都是未知的，一切都令人期待。

二、出发！目的地：内江

内江市位于四川盆地东南部，沱江下游中段，区位优越，是成渝经济区的中心城市，地处成渝城市群发展带、云贵—陕甘南北大通道发展轴、川南经济区"一带一轴一区"重要交汇点和胡焕庸线、318国道两条经济线重要交汇点，连接成都、重庆两个特大城市的优势明显，素有"川南咽喉""巴蜀要塞"之称。而且内江是新闻巨子范长江的故乡，对于我们新闻传播学子来讲，有一种别样的情愫。

内江市未脱贫人口4.17万，未退出的贫困村153个，无贫困县。这些贫困村和贫困人口大多都是贫中之贫、困中之困，是难啃的"硬骨头"，内江脱贫攻坚工作进入了"滚石上坡"的艰难时期，也是决战决胜全面小康的关键时期。2017年，内江市完成了"85个贫困村退出、27779人脱贫"的年度目标，全市贫困发生率下降到1.28%。

2018年，内江市聚焦"两不愁三保障"和"四个好"，聚焦年度目标任务，结合乡村振兴，持续用心用情用劲，锲而不舍抓好脱贫攻坚各项工作，要坚定不移地把脱贫攻坚作为"头等大事"，确保88个贫困村退出、25349名贫困人口脱贫，完成易地扶贫搬迁3068人。

王凯山老师告诉我们，内江市值此关键时期，能够接受我们的调研采访，表示非常认可我们，我们一定要做好充分的准备去迎接这次调研任务。

8月9日一早，我们在北京西站坐上通往内江的高铁，一路上，我们谈天说地，无话不聊，从学术聊到体育，再从体育聊到历史。王凯山老师一边安排我们进行工作，一边"身先士卒"，在高铁的过道修改起了稿子。

14个小时的旅程，窗外的地形面貌不断更迭，我们交换着零食，增进着彼此的感情。我心想，要是学校能早点有类似的活动，该多好！我明年就要毕业了，这虽然是第一次参加调研活动，但也可能是最后一次参加了。于是我暗自庆幸，能来这次调研活动真好！

晚上将近8点，我们一下火车就见到了负责迎接我们的内江市宣传部夏老师，并赶到住地。深夜，小伙伴们秒变"吃货"，于是两位老师自掏腰包做东，一起到街边的小店撸起了串。回到住处，没有怎么见过蟑螂的我看到了一只超大型蟑螂，仿佛在提醒我这就是南方，不过这丝毫没有影响我的热情，我和其他同学一样，期待着接下来几天的活动。

三、内江七天之行

8月10日，内江市政府各部门的代表，向我们的社科大融媒体采访团成员介绍了内江市的美丽乡村建设以及扶贫工作的整体情况。自此，我们的内江调研之旅正式开幕，从内江市的范长江纪念馆、城市规划馆，到隆昌市古宇村、印坝村、柏树村，资中县金紫铺村、鱼溪镇，威远县四方村、兴家村7个村镇，总共7天，收获颇丰。

（一）生平第一次与市级领导进行对话

在内江市区的第一天，我们就与内江市各个部门的代表就扶贫主题进行交流沟通，该环节先由各代表就部门的工作情况进行汇报，然后由各位同学进行提问。于是，我们在之前准备的采访资料派上了用场，就"厕所革命""留守儿童""乡村道路建设""农民维权"与代表们进行了充分的交流,就连内江市宣传部的负责人都夸我们做了充分的功夫。对我来说,这次的对话更是一次难得的与政府工作人员进行交流的机会,我突破了自己,提出了自己的问题。另外,这次的交流也让我更加认识到预采访的重要性。

(二)农村脱贫新面貌

从进入古宇村的第一天起,我脑海中对于农村的刻板印象就被消解掉了。无论是古宇村的农村电商的发展,民宿的干净程度,还是业主回乡创业的激情,都深刻地震撼着我。在这之后,印坝村的万亩柑橘基地、稻田景观,金紫铺村的"儿童之家""农民夜校",鱼溪镇的响水滩景区开发以及兴家村的三字经"村规",都让我十分震惊。

可能所见所闻与真实的内江略有出入,但与我家乡的一些贫困村相比,内江的一些村镇在调动"业主"回乡创业、刺激当地"能人"的积极性以及发挥自身地理优势方面,已经积累下丰富的经验。

就像组员王凯所说的那样,"乡村振兴不是村子里某个人富,或者某些人富,而是整个村子的经济结构富起来,只有这个村子的产业特色、文化发展起来,才是真正的乡村振兴"。

(三)有趣的灵魂

其中,柏树村的黄老汉在炎热的夏天,宁愿自己流汗,也要把两台电扇留给自己的猪吹,深深地感动了我们。在采访中,我们的组员还发现了他其他有趣的故事。比如,下雨天,鱼塘涨水,他就在池塘边熬夜站岗,防止自己的鱼溢出;将养的猪卖了,猪却还跟着他回家等。黄老汉的故事也在我们的传播下,得到了各大媒体的转载。王凯山老师称,我们的这次采访非常成功,真正地抓到了活鱼,抓到了故事。

金紫铺村1992年出生的李全莉于2014年家庭突遭变故,因病致贫两年后脱贫,她在接受采访团的采访时,眼泛泪光地对着镜头说:"我不想做贫困户，没有人愿意做贫困户。"(《我不想做贫困户》)以及威远县四方村人人爱戴的七旬党支部书记余文祥，他被村民亲切地称为"二爷"。1995年，余文祥来到四方村担任党支部书记。修路、治水、兴产业、建无花果产业基地。苦干实干，带领村民走上致富之路。1999年，他与时任国务院副总理的温家宝一起走入田间地头调研。2000年，余文祥被国务院表彰为"全国劳动模范"。

还有普润镇年轻有为的罗永新镇长，资中县热爱艺术又跻身中国书法家协会的崔部长……调研中，可以发现太多有趣的灵魂。无论是政府工作人员，还是普通的农民，他们都是内江扶贫工作的一分子。能挖掘到他们的故事，并将其传播，我想这也是调研，抑或是采访有趣之处吧。

（四）深夜"研讨会"

作为社科大媒体学院的首届调研团，我们的工作也伴随着巨大的压力。不仅是王凯山老师经常熬夜指导工作，汇报工作，我们团员也经常工作到凌晨。为了优化后一天的采访工作，我们每天的晚上都会在王凯山老师的房间开会，商讨可以优化的环节，不断改进工作。深夜"研讨会"成为我们此次调研团的一个习惯。

8月11日晚，为了剪范长江先生的视频，我们熬到了凌晨4点。第二天起床后，又接着进行社科大融媒体采访团视频的片头片尾的剪辑创作。一部优秀的作品，背后总是有着许多人的努力。但即使这样，我们仍在采访中存在这样那样的问题，这就暴露了我们新闻传播学生缺乏实践的短板。尤其是我，在采访过程中经常抓不到头绪，变成"无头苍蝇"。

（五）开心与遗憾

在为期10天的调研过程中，我们经历了很多事情。但最开心的时刻，莫过于同学们抓到有趣故事的时刻。另外，还有师生们一起讨论话题、吃饭的时刻，在车上一起唱歌的时刻等，都值得铭记。

但开心之余，也有遗憾。遗憾的是我们在调研最后的时期，后劲不足，缺乏前期的干劲，导致很多工作都没能如期完成。还有就是，自己没能挖掘到精彩的故事，剪辑视频的效率过慢。

结语

通过为期10天的调研活动，从新农村建设村到自然村，从留守儿童到孤寡老人，我们接触了农村不同的角色。大家都尽自己最大的努力在工作着，无论是准备各种活动的材料，还是为活动的进行联系当地人员，或者是为了实现活动最初的目的努力奔跑着。当时那份心中的暖与满足，我一辈子都不会忘记。

这不仅在很大程度上锻炼了我们的实践动手能力，了解社会的现状，更多的是带给我们思考问题的不同角度，看到一些问题的同时也看到希望，更重要的是和当地确立了长期的联系。

但在实践过程中，大家也表现出了经验不足，认识问题不够全面等问题，如何站在一个新的起点，以所拥有的理论知识和拼搏精神，去展示21世纪大学生开拓创新、不断进取的风采将是我们长期关注的问题。

其实，我对农村并不陌生，但是调研的过程中，以第三者的视角，除了看到很多很艰苦的情况以外，还看到了那些参与基层建设的干部们的辛勤和不易。

时间总是走得很快，尤其是人生中至关重要的几个节点，过去了，就再也不会再来一遍。多么希望调研活动能更久一些，我们还有那么多的地方没有去，还有那么多的问题等待着我们去发现。

出发前，我也想过，两个星期，能做什么呢，我还没等了解各种情况，可能就要走了，又有什么意义呢？

现在我可以回答：过程即意义。这次调研过程中的人，我会好好铭记在心里。我也感恩能遇到这么多优秀的伙伴一起同行。

在文章的最后，我要感谢王凯山老师，能给予我这次机会，参与到社科大融媒体采访团的调研中。

社科大"新时代融媒体采访团"暑期社会实践个人总结

作者：尚俊旭 *

如果有人要问我今年暑假最不后悔的一件事是什么，我一定会说是参加了社科大"新时代融媒体采访团"。在10天的时间里，我和小伙伴在四川内江调研、采访、写稿、剪辑，我们好像发现了另外一个世界，一个与我们紧密相连又不为我们所熟知的世界。在这里，我的收获似乎很难用一两句话来概括，我只是想把我的一些想法和经历写下来，既是作为这次实践的纪念，也是为接下来的第二次、第三次乃至更多次实践之行提供经验。我相信"新时代融媒体采访团"会一直延续下去，成为媒体学院乃至社科大的一个特色，它会越走越远，直到凌空飞翔。

在接到凯山老师邀请我参加这个采访团的电话之前，整个7月我一直在家乡的《许昌日报》实习，体验一名基层记者的感觉，并且打算8月份继续在那里实习。接到电话后，我十分心动，因为机会实在难得，老师对我说这次采访调研的主题是精准扶贫，这是我一直想了解和研究的内容，但是因为尚在学校，平时很难有机会去接触，这次无疑是最好的机会。再加上我的班主任凯山老师一直是一名我特别信任和尊敬的老师，所以我毫不犹豫地答应下来。向报社老师说明情况后，他们也十分支持我的选择，于是我下午办完实习交接手续，回去收拾了一下东西，第二天就坐高铁来到了北京。

---

* 尚俊旭，中国社会科学院大学媒体学院2016级新闻学本科生。

这次活动除了我和另外一个同班同学是本科生，还有6个研究生师兄师姐，刚知道这个消息时，其实压力很大，毕竟研究生肯定比我们学到的知识更多，经历更丰富，觉得自己可能要出丑了，但是后来实际接触中我才发现，他们都非常随和，对我也很好，在他们身上，我学到了很多东西。到北京后，离前往四川还有几天的时间，我们先做了前期的准备工作，这时我真正体会到凯山老师的负责和认真，他一遍一遍地修改调研方案，与学校和地方有关部门协调，还细心地建议我们购买调研需要准备的物品。在临行前一次集体碰头会上，他把自己的三名好朋友，现工作在三家中央级媒体的知名记者都请了过来，为我们传授了很多采访时的宝贵经验，我真的受益匪浅。期间还有一个小插曲，这次实践原本是8月7日出发，8月18日回北京，而我8月20日在山东聊城也有一个调研，本来以为时间来得及，但是因为暑期铁路票源紧张，我们最终把时间改到了8月9日，这样回北京的时间就变成了8月20日，我来不及再去山东聊城了。我和凯山老师协调后，凯山老师建议我可以提前一两天走，但是我又想全程经历这次实践过程，一番权衡之后，我放弃了在山东的那个调研，虽说有些遗憾，但这就是取舍吧，之后的十多天里所经历的事也证明了我的选择是值得的。

作为一个刚成立的团队，我们确实是一切都要从头开始，要自己准备拍摄采访设备，自己制作实践团旗和宣传册，自己创建新媒体账号，要一个个去联系需要调研的地方部门，这些困难，在王凯山老师和张薇薇老师的指导和亲自参与下，我们都一一克服了。我慢慢体会到了作为一个团队的凝聚力和向心力。

8月9日，我们乘高铁前往四川内江，大家都很激动，也很开心。令我印象深刻的一个场景是，大家并没有因为在旅途中而放松了对自己的要求：凯山老师在写我们出发的新闻稿，张薇薇老师在读一本史学专著，郝源师兄在见缝插针地学习英语，在他们的感染下，我也拿出了一本书进行阅读。在旅途过程中，大家欢声笑语不断，整体氛围十分融洽。

经过了长达9个多小时的旅程后,我们终于来到了此次调研的目的地城市——四川内江,一个我之前基本没有了解的城市。刚到酒店入住放好行李,凯山老师就召集我们马不停蹄地在他的房间开了一个碰头会,把我们这几天大致的安排和要做的工作都说了一下,我们经过讨论后采用了分组制和轮流制这两种方式来完成工作,分组制就是几个人一个小组,分头对需要采访的对象进行采访和新闻制作,轮流制就是每个人轮流运营我们团队的官方微博账号和拍摄照片,这两种方式相互交叉,保证我们每个人都能得到充分的锻炼。

来到内江第一天,我们先是和包括宣传部、农业局、教育局、扶贫办、农工委等当地与精准扶贫密切相关的部门进行了座谈,充分了解了当地精准扶贫发展的具体状况。回到酒店后,我们又把手头关于调研的几个乡镇及村庄的背景资料进行了充分熟悉,其实这些工作在出发前我们已经做过了,但是来到当地后根据现实情况我们又进行了调整。在凯山老师的建议下,我们从那些资料中,找出了明天采访时可能会用到的"点"并提前进行了准备,这个方法确实让我们在之后的采访过程中省了许多事。

内江市有一个很重要的名片是新闻巨子范长江的家乡,学新闻的人应该都听过这个如雷贯耳的名字,他是新中国新闻事业的奠基者,也是无数新闻人的精神偶像。于是,我们采访的第一站就选择了位于内江市的范长江纪念馆。当我们怀着崇敬的心情来到这里时,却发现这里的参观者并不多,在认真参观过后,我们意识到应该用我们自己的方式对范长江的事迹、对范长江纪念馆进行传播,于是我们采访了来到这里参观的一些游客,让他们将对范长江的认识和看法都说了出来。那天晚上是我们第一次协同工作,我们把琐碎的素材一一挑出来,选择值得剪出来的部分进行编辑,由于刚开始对工作流程并不是特别熟悉,不能达到传播要求,加上开始工作时已经快要晚上10点了,我们工作到次日凌晨3点多才结束,充分感受到了一个新闻人的辛苦。让我特别感动的是两位老师,他们并没有在我们工作的时候选择休息,而是陪着我们熬夜,一直等到我们工作完成才休息。范长江纪念馆的群采视频我们第二天发出来之后，反响很不错，我想这就是一分耕耘一分收获吧。

来到内江的第三天，我们开始了正式调研。第一站是内江市隆昌市古宇村，我们来到村口的办事大厅时，发现这里没有设置玻璃窗隔离办公人员和办事群众，很明显地拉近了干部与群众之间的距离感。而当我们走入村里时，简直不敢相信自己的眼睛！平铺整齐的道路，美丽现代的特色民宿，用集装箱建造的风味餐厅，甚至还有一个足球场和游泳池，这颠覆了我对农村的认识。后来我才了解到，得益于旁边坐落着美丽的古宇湖，这里早就申请成为"4A"级景区，村民全部得以脱贫，古宇村下一步的打算是建设"5A"级景区，这种形式的乡村振兴真的让人看到了希望。但也是在那天，我差一点就中暑了。四川夏天之酷热，众所周知，去古宇村那天天气尤其炎热，刚好轮到我拿相机拍照，所以我需要在太阳下面东奔西跑，找角度，找镜头，刚好那天我也没带水，结果大半个下午过后，我几乎快要虚脱了，嗓子干得冒烟，全身被汗浸湿，到古宇村会议室开座谈会时，我一口气喝了四五瓶水，这才勉强缓过来。其实这也给我提了一个醒，夏天一定要注意防暑防晒，要记得随时补充水分，还好最终没有中暑，没有耽误团队的行程。

接下来我们去了隆昌市普润镇的印坝村，一个非常美丽的小村庄。严格来说，这是我们接触到的第一个贫困村，刚进村就注意到了村里的稻田景观，"美丽乡村"四个大字在稻田上赫然可见，进入村子里，一道道白墙上绘着小桥流水，各色美景，仿佛来到了江南水乡。印坝村的脱贫方式又与古宇村有一些不同，这里主要通过发展特色农业，包括柑橘种植、稻渔产业、小龙虾养殖等，并且借助"业主建基地"这一模式来实现脱贫致富。我在这里看到了精准扶贫政策的因地制宜，也看到了乡村干部的辛苦负责，他们很多人都是一周五天都在村子里工作，只有周末才有时间休息一下。

如果说前面两个村子让我看到了精准扶贫对于一个村子整体发展的作

用,那在隆昌市界市镇柏树村的调研,则让我看到了精准扶贫对于贫困户个人的意义。我们到达柏树村后,马不停蹄,直接前往了村里一家脱贫户黄大爷的家里。黄大爷至今未婚,一直住在已经十分破旧的土房里,2016年,黄大爷被评定为贫困户后,村里出资3.2万元,帮助黄大爷盖了三间新房,还给他免费提供了一些猪崽和鸡仔,政府还让他承担村里公路的打扫工作,一个月有600元的收入。我们去他家拜访的时候,两头猪崽已经长成,还生了20多头小猪崽。黄大爷家里只有两台电扇,夏天他怕把猪热坏了,就把电扇放在猪圈里,而自己却热得大汗淋漓。就这样,靠着政府的帮助和自己的努力,黄大爷成功脱贫了。我想精准扶贫就像是一条路,那些以黄大爷为代表的有强烈脱贫意愿却找不到方法的贫困户们,可以通过这条路来走得更快,走得更稳,走得更顺利。

随后我们又接连去了好几个贫困村,我们看到了在村里扶贫干部的帮助下在家干起了电商的残疾人黄浩伟,他灿烂的笑容让我至今难忘;我们看到了退休后毅然带领村民努力奋斗10多年的老支书;我们看到了在外打拼出事业后主动回到家乡帮助致富的企业家。这一路走来我们看到了太多让人感动的东西,有的是天然的,更多的是精准扶贫带来的。我越来越认识到精准扶贫作为一项系统工程的重要性和前瞻性,它正在给中国的广大人民带来天翻地覆的变化。

在刚开始,采访调研工作还有些生疏,但我们迅速调整了过来。在此真的要感谢王凯山老师和张薇薇老师的帮助,他们用自己的耐心、细心和专业素养时刻告诉我们一个真正的新闻人应该怎么做。每次采访,凯山老师都不是只在后面指导,而是直接走在前面参与采访,对我们言传身教,他的采访技巧和发现问题的能力让我受益匪浅。张薇薇老师则是非常细心,很多次在采访的时候她都会悄悄地提醒我们那些我们没注意到的地方。在我看来,这次社会实践对于我新闻专业能力的提升是不言而喻的。从基本的采写能力,到新闻摄影能力,再到现今越来越重要的拍摄剪辑视频能力,我都有很大程度的提升。我们写的每篇稿子,凯山老师都会严格要求，认真批注，我有一篇稿子连续修改了三四遍才通过。而在视频方面，我从几位师兄师姐那里得到了很大的帮助。参加这次活动的研究生师兄师姐们，在《中国青年报》、《人民日报》、汽车之家、北京电视台等众多权威媒体实习过，都有很丰富的实习实践经验。我从一个基本什么都不会的剪辑"小白"，到最后能够独立剪辑一些视频并得到大家认可，还获得了团队"最佳剪辑奖"，离不开老师和师兄师姐们的帮助。

虽然我们每天晚上基本都要工作到凌晨两三点才能睡觉，但我们团队的工作氛围一直非常好，这也是我特别自豪的地方。大家平时相处就像一家人一样，不会分老师学生、师兄师弟，有好的想法直接提出来，有意见也不藏着掖着，该工作时工作，该休息时休息，分配工作后也从来没人抱怨，而是想着怎么合理分工，把工作保质保量完成，整个工作过程都十分融洽。在这12天的时间，我认识了一群有趣有爱的小伙伴，认识了两位和蔼随和的老师，我想如果没有参加这次社会实践，可能我在剩下的大学时光甚至更长时间里，都没有可能认识这些小伙伴，也不会有这12天的宝贵回忆，从这一点来说，我很幸运。

虽然这次社会实践总体来说很成功，也取得了不错的传播效果，但还是存在着一些问题，毕竟我们是第一次。所以我想从个人的认识和经验出发，为社科大"新时代融媒体采访团"提出一些切身的建议，希望能对未来的采访实践活动提供一定的帮助。

一、采访设备问题。作为一个采访团，设备自然必不可少。在准备的时候，我们原本是打算借学校的单反相机和摄像机，但是没有预料到一个情况——设备管理人员暑假不上班，结果没有设备可借，幸亏有两个小伙伴带了自己的单反相机，才使得我们没有落到无设备可用的窘境中。而拍摄视频的时候，我们主要采用的是手机来拍摄，虽然清晰度还是有保证的，但是不能用三脚架来固定机位，也缺少能够采音的设备，导致后期制作的时候发现一些素材十分嘈杂，基本不能用。针对这一问题，我建议学院可以自己采购一些专业设备，比如单反相机、高清摄像机、录音采音设备、三脚架、航拍设备等，这样采访时能够采取的方式更加多样，也更加具有表现力。如果预算难以满足要求的话，可以在暑假开始前提前借好设备，等到实践开始时取用。

二、人员选取问题。对这样的一个以采访为主题的社会实践，我个人认为对新生或者低年级同学来说锻炼意义和学习意义更大，更有价值。而且低年级同学空闲时间更多，准备时间更充裕。所以我建议在以后的活动中，更多地选取一些低年级同学参与，再由几个有经验的高年级同学进行带领，以老带新，这样可能大家的参与度会更高，收获也会更多一些。

三、传播宣传问题。这次实践，我们本来是打算只在微博上进行传播，所以建立了"社科大融媒体采访团"官方微博账号。但是我们忽视了一个问题，在微博建立初期粉丝很少的情况下，阅读量是很难有保证的，需要大量地转发。但是许多拥有丰富资源和人脉的学院老师却不用微博，而是用微信，结果导致无法帮助我们转发。而当我们到达内江发现这一问题后，想要建立一个微信公众号，却经历了很长时间的审核，而且由于建立媒体账号的敏感性，名称还未能被微信审核通过，这个确实在很大程度上影响了我们的传播。因此我建议接下来的时间里，提前建立好"社科大融媒体采访团"的微信公众号，以及头条号、抖音号等各种平台号，把优质内容进行多渠道、多平台传播，不断提升影响力。

四、前期培训问题。在采访过程中我们发现，有一些基本的操作问题仍需要规范，比如消息稿的写作问题、单反相机的使用问题、新媒体运营问题、剪辑后期问题，这些可能是团队里大多数人都有的基本技能，但缺乏统一的规范，实际工作中就需要花费时间再重新协调，很浪费工夫。所以我建议以后再进行融媒体实践，先抽出专门的一段时间，请一些有经验的老师或者学生，对要参加的同学进行统一培训，提升他们的业务能力。

12天的四川内江之行很快就过去了，再回首已是两月有余。我想我不会忘记这些日子，一群来自北京的老师和学生来到炎热的四川内江，去亲身观察、接触、经历当地农村的发展状况，并且用自己的方式进行传播，这是一种经历，更是宝贵的人生经验。我要感谢认真指导和照顾我们的王凯山、张薇薇老师，我也要感谢和我一起去参加这次实践的其他7位小伙伴，他们每个人都给我很大的帮助。在我看来，社科大"新时代融媒体采访团"是有自己鲜活生命力的，它一定会在时间的沉淀下越走越远，成为我们媒体学院乃至社科大的一张名片！

四川基层调研回忆录

作者：冯 南*

2018年8月9日至8月20日，中国社会科学院大学媒体学院新时代融媒体采访团一行10人开展了为期12天的调研活动，而我有幸成为这10人当中的一员。

党的十八大以来，以习近平同志为核心的党中央不忘初心、砥砺奋进，带领全国各族人民在实现中华民族伟大复兴中国梦的新长征路上，夺取了新的伟大胜利。2017年3月8日，习近平总书记在参加十二届全国人大五次会议四川代表团审议时指出："到2020年现行标准下农村贫困人口全部脱贫、贫困县全部摘帽，是我们党立下的军令状。"

今年适逢伟大的革命导师马克思诞辰200周年，为了更好地开展"马克思主义新闻观教育"系列宣传活动；同时落实习近平总书记在党的十九大提出的"扶贫攻坚""生态保护""美丽乡村"等一系列的乡村振兴政策，中国社会科学院大学媒体学院组织了本次采访活动。

"脚步丈量世界，实践方出真知。要博学多才，更要德才兼备"，这是张薇薇老师对调研团成员们提出的要求，更是对广大青年学子的期许。

有人可能觉得也就是去山区看看美丽的风景，给自己一次旅行。当然如果把这样的行走当作一种旅行也无可厚非，毕竟出了家门都可以称为旅行。但是要明白你出发的目的是什么，是去基层调研和体会他们的人生百味，挖掘他们可能平常但绝不平凡的故事，能够尽可能地帮助他们理解未

---

* 冯南，中国社会科学院大学媒体学院2016级新闻学研究生。

来的方向和出路在哪里，而不是去游山玩水。10个小时的路程，或许就和很多民谣中写的那样，坐在奔驰的车上看车窗外树影飞逝，内心百味，但旅途绝不是那么轻松的。

一、点滴记忆

转眼调研活动已结束月余，很多细节已经记不清了，这段奇妙之旅不仅让我体会到了从来没有的新鲜"玩意儿"，更让我收获了弥足珍贵的友情。

提到大学，我们常会联想到譬如"自由""独立"等关键词，但自由和独立的同时也是有"代价"的，我们根据自己的偏向选择适合的实习工作，因为自己目标是终日泡在图书馆，剩下的是更少的机会和老师们接触，更少的机会和同学们建立联系，甚至最后很多同学直到毕业相互之间都没有打过招呼，或者说过几句话。所以调研团的这些天，真的太珍贵了。

（一）回忆一："救命"的十滴水

四川的天气实在是太热了，先不说那8月里将近40摄氏度的高温，也不提挂在田间地头的大太阳，单单是身上脸上鼻尖上干了湿、湿了干的汗就够我这个习惯了干燥凉爽天气的北方人"喝上一壶"了，于是出行的第三天，我成了采访团第一名"光荣"中暑的人。

第二个中暑的是"汇源"同学，紧接着就连我们的领队老师——凯山老师也被"中暑"摆了一道。这时候，微微老师拿出了"救命"的十滴水。

（二）回忆二："猪大爷"的启迪

由于前期大家的计划和安排问题，我们的调研到了一个瓶颈期，大家都不知道该怎样挖掘好的故事，甚至对能否挖掘好的故事一度产生了怀疑。采访柏树村的那一天，在回程的路上大家兴奋地讨论着养猪的黄大爷宁愿自己热着也要给猪吹风扇，事实证明在接下来的传播中，这也是反响最好的一篇报道。也为我们接下来的采访活动起到了示范作用，使我们大家又重新有了信心。

（三）回忆三：新闻的"隐学"

酒渗透于整个中华五千年的文明史中，从文学艺术创作、文化娱乐到饮食烹饪、养生保健等各方面，在中国人生活中都占有重要的位置。酒文化是中华民族饮食文化的一个重要组成部分。酒不仅是一种食物，还具有精神文化价值。无论是敬酒的时候杯子要比对方的杯子略低，还是各种不同的敬酒形式，都有不同的意义。虽然在这个过程中我也感触颇多，但是颇有一种只可意会不可言传的意味。

而在这里提到酒文化，不得不说的就是凯山老师一再提到的新闻"隐学"，新闻想要获得好的故事，好的线索，好的传播渠道，至关重要的一点就是如何与人建立联系，建立联系的过程中要注意什么等。

事实上，我们的整个旅程不是完美的，回成都的前一天，我们违背了和老师之间的承诺："大家可以安排自己的时间，但是任务今晚一定要完成，无论多晚老师等着你们。"老师对我们的宽容、平等和友善，让我们过分地解读为可以放纵。那一天，当老师和同学们都红了眼圈时，我们才意识到自己的错误所在，而我们已经过了可以叛逆，可以不负责任的年龄。

【附：当晚给老师发的致歉信息全文】

薇薇老师，很多地方我们确实做得不好也不够。

但是真的请老师相信我们，我们绝对没有不尊敬老师的意思，在我们眼里，老师亦师亦友，尤其是出来这么多天，大家真的觉得从来没有跟老师有过这么久这么亲近的接触，都感到很兴奋。

昨晚的事情，我们确实没有实现老师的要求，履行我们的承诺。

昨天晚上我们出去、回来没有跟老师报备，是我们的不对，我们想着凯山老师在群里说可以自由活动，就默认可以出去了，这确实是我们考虑不周，十分抱歉。

昨晚我们没有给老师发反馈的原因。

1. 我们没有做出东西，也确实做不完，心里忐忑没人敢说话。

2. 确实我们出去玩了，心虚。

另外这两天我们会把手头的工作做好，也希望薇薇老师能劝劝凯山老师，我们真的特别抱歉，再次跟老师说声对不起。

（四）回忆四：凌晨四点的星星

首战是街采"长江记忆"，想象很丰满，现实很骨感，在剪辑上我们遇到了很多问题和麻烦，满打满算8个人，守着电脑到凌晨4点。每个人的努力和担当大家都看在眼里，也让我特别兴奋，整个团队里没有那种推脱偷懒的人，这也是第二天我们"否决"凯山老师绩效考核的最根本的依据。

二、实践出真知

威远县兴家村2014年被确立为县级贫困村，他们村里的特色活动：全年开放的图书室、每月一场的红色电影、坝坝舞、农民夜校等给我们留下了深刻的印象。村里有一位女性党支部书记夏虹，她巾帼不让须眉，和村民们一起战胜贫困，脱贫攻坚，妇女也顶半边天。四方村原本是个落后村，2013年开始建起了无花果种植基地，村边的八姑寨有近200年的历史，2017年11月，四方村获评第五届全国文明村镇。一个个村镇，不一样的精神面貌，不一样的鲜活故事。

（一）柏树村张中琼奶奶

柏树村张中琼奶奶是我们小组的第一个采访对象，也是整个行程中让我印象最为深刻的人物之一。黝黑的皮肤，花白的头发，皮肤上均密的褶皱都在显示着她已经不再年轻，她挺着单薄笔直的背脊，热情而又带着一点拘谨的质朴，迈着矫健的步伐招呼着我们尝尝她新摘的花生，那个画面令我终生难忘。作为村里的贫困户，张奶奶家的新房盖起来了，她的养猪计划也提上了日程。我们听着她的故事，在紧张的采访时间中用尽全部力气去试图了解她的过往，再用为数不多的字符，讲述她的故事，想把我们感受到的无奈、希望传递给更多的人，让更多的人了解张奶奶的故事，了解基层现状。

遗憾的是，在后来和团队成员的交流成稿过程中，想到一个问题，大概是没有机会再去追问——张中琼奶奶名字的由来。

在类似的调研中，永远不知道下一秒会遇见什么样的人，来到一个什么样的地方，并不是所有的行程都是在计划范围内的，所以一个优秀的新闻记者要有新闻眼、新闻耳真的不只是说说而已。

（二）四方村的"二爷"

说到"二爷"，可能更多人联想到的是田间地头辛勤劳作的农民伯伯，或是叼着烟卷坐在院子里侃侃而谈的某大爷。但是这个"二爷"可不一般，他叫余文祥，他不但是四川省内江市威远县四方村带领村民走上致富之路的党支书，还在1999年和时任国务院副总理的温家宝一起走在田间地头调研，更在2000年被评为"全国劳动模范"。而"二爷"这个称呼，更是村民们给他起的别称。

"二爷"是整个行程中让我觉得最特别的一个基层干部，比起一般干部的善谈，善于交际和联系，他相对寡言少语一些，给人的感觉更多的是实干派。而在接下来的采访中也证实了我的这个想法。

（三）金紫铺村的"儿童之家"

如果有人问整个行程当中令我记忆最深刻的是哪一天，那绝对是这一天无疑了。

资中县，金紫铺村，儿童之家。

儿童之家，一间大大的教室模样，在这里，数十名儿童有一个共同的妈妈——"爱心妈妈"。对于我们的到来，大多数孩子丝毫没有感到拘谨，甚至有些孩子的眼神中还透露着一种漠然，在看到了墙角挂着的"××师范学院大学生支教基地"的时候，在被孩子眨着大大的眼睛问道："姐姐，你们什么时候还会再来？你们还会再来吗？"的时候，我觉得我仿佛明白了这种眼神的意义。

我们迫切地想在短短的时间中给这群可爱的小脸蛋儿们留下点什么，看着教室前方右侧一架崭新的钢琴，有人提出和孩子们一起唱首歌吧。在简短的交流后，我们选择了一首《童年》。

孩子们的童年是什么样子的呢？是彩色的吗？有灰色的吗？我不知道。

（四）兴家村的刘小康

刘小康因先天性小儿麻痹症导致左腿行动不便，从小不能自由行走，更不能干粗重的农活。母亲常年生病，又于2009年因脑梗死瘫痪在床。从贫困到脱贫他用了两年时间，他心系家乡返乡创业，在得到镇村的支持后，刘小康的制衣加工厂开了起来，并创造了60余个就业岗位给周边留守妇女，"靠政府的补贴只是一时的，只有靠自己努力才是一辈子的。"

三、技能 up

在第一天碰头会上，大家就围绕着接下来的行程及工作安排提出了各种各样的想法和建议，当然我也是其中之一。

凯山老师提到，希望在行程结束时，大家能在包括采访、写作、摄影等多方面都得到锻炼和提升，所以在接下来的安排中不但要实行"绩效"管理，还要每个人轮换岗位职责。

听到这儿我就头疼了，因为摄影摄像虽然上过相关课程，但是实在非我所"长"，拍得不好事小，影响团队的整体进度事就大了。事实证明，只有不想，没有不能，行程结束后，我的摄影技术有了质的飞跃，剪辑的技能也在搁置了3年后重新拾起来了。

包括前面提到的凯山老师提出的"绩效"管理，在第二天的会议中被大家集体"否决"了，责任分工明确落实到个人是好的，但也同时限制了大家的行动。在这一点上，不得不提的是，凯山老师给予我们的自由民主和高度信任是我们能够在自己所学所长的基础上大展身手的重要保证，我们每个人都有说话和表达意见的权利，并且会得到老师和团队成员的重视和认可。

让人不禁振奋的是，我们的作品、我们的努力得到了各方的认可。

在印坝村，四川隆昌馥巍农业科技开发有限公司负责人罗刚接受我们的采访后感慨道："本来以为就随便问问，没想到大家的问题都这么专业。"

重庆日报新媒体事业发展中心常务副总编辑王方杰，更是用"妙趣横生"来形容采访团的作品。

采访团成员更是兴奋地坐在电视机前，等待着观看内江电视台视点栏目对此次调研活动长达5分钟的跟踪报道。

我们的成果也得到了广大网友的认可，短短10天时间，我们的微博粉丝量从0涨到了600+。

这个世界上没有比努力结出的果实更美妙的食物了。

在四川，在内江，隆昌市古宇村、印坝村、柏树村，资中县金紫铺村、鱼溪镇，威远县四方村、兴家村。也正如领队王凯山老师所说："内江具有西部城市的典型，选取了内江就意味着选取了中国的西部城市作为横截面进行剖析，希望通过这样一种理解，以点带面来体现对四川省，对中国西部，乃至整个中国国情，进行深入的案例分析和了解。"我们看到的、听到的、采到的、写到的都已经成为过去式，但是我们想到的、得到的、感受到的将会成为永生难忘的回忆。

我们团队的成员美华说的一句话让我感触很深：中国真正强大的体现不在于城市，而在于农村，正如木桶定律所讲，一只水桶能装多少水取决于它最短的那块木板，同样，衡量一个国家发展程度的最重要的标尺之一应该是农村，这是最薄弱的一环。长期以来，农村和农民都是被忽略的大多数。

在实践每一项事业的时候，都要真正地去思考自己要做什么，要成为一个怎样的人，丰富自己的人生，像雁过留声一样。

在这篇回忆中，我用了太多的第一人称，这也注定这是一篇主观的、感性的文字，仅仅代表我的所见、所闻、所想。

借用范长江先生的一句话来结束全文："这个世界正需要无数有操守的记者，代表人民的利益而奋斗。"

致谢

感谢中国社会科学院大学王凯山老师，感谢中国社会科学院大学张薇薇老师，感谢两位老师在此次调研活动中对我们的谆谆教导和无微不至的照顾，在大学及我的研究生生活中都从来没有过这样可以和老师们如此近距离交流的机会。

我也要感谢我的小伙伴们，不管是老大哥，还是小师妹，在你们身上我学到了太多。在整个调研活动中，我们有熬夜至凌晨四五点钟的累，有路灯下畅聊的乐，有一起吃过的苦，也有一起中过的暑，当然我们更有这样或者那样的小摩擦所带给我们的成长的痛。

相信我们的故事，未完待续。

内江市扶贫调研札记：新"三化一改"助力乡村振兴

作者：王　凯*

　　经过一路的奔波，采访团终于到达了此次调研的目的地——内江市。内江市是四川省的第二大交通枢纽和西南陆路交通的重要交会点，是成渝经济区的中心城市之一。2013年11月，习近平总书记在湖南湘西考察时，提出："扶贫要实事求是，因地制宜。要精准扶贫，切忌喊口号，也不要定好高骛远的目标。"首次提出"精准扶贫"的理念。4年后，2017年10月18日在党的十九大报告中，习近平总书记再次提出乡村振兴战略："农业农村农民问题是关系国计民生的根本性问题，必须始终把解决好'三农'问题作为全党工作的重中之重，实施乡村振兴战略。"2018年1月2日，国务院公布了2018年中央一号文件，即《中共中央　国务院关于实施乡村振兴战略的意见》。3月5日，国务院总理李克强在作政府工作报告时指出，"大力实施乡村振兴战略"。5月31日，中共中央政治局召开会议，审议《国家乡村振兴战略规划（2018—2022年）》。内江省作为大西南山区的城市，也面临着深刻的扶贫问题和广大乡村地区的振兴问题。因此，此次调研内江，调研团紧紧抓住三个主题：（1）内江市的精准扶贫。（2）内江市乡村振兴情况。（3）探访范长江故居，学习范长江精神。通过调研，不仅深入基层了解了中国乡村的扶贫情况及振兴情况。把乡村的脱贫榜样、振兴故事写成报道传播出去，更有了自己的思考，为中国乡村振兴、建设

---

*　王凯，中国社会科学院大学媒体学院2017级新闻学研究生。

全媒体报道实践

美丽乡村提出自己的一点建议。

一、各具特色的乡村

在调研期间，一个个各具特色的村子给采访团留下了深刻的印象，这些村子的发展模式、脱贫经验也各具特色。笔者选取有代表性的村子，总结其中的脱贫经验。

（一）古宇村：以旅带农的产业模式

古宇村是采访团来到的第一个村子，目前主要采用农渔产业和旅游产业相结合的方式，一方面创立古宇村商标，在淘宝上销售古宇湖鱼、柑橘、鳖等村特色农渔产品，发展本地农渔产业；另一方面，引入企业，发展休闲、民宿、观光、餐饮等产业，依托当地旅游资源发展旅游休闲一体化产业。

采访团在古宇村挖掘了"能人"杨连忠的故事，制作了视频与文章。杨连忠是古宇村的一位业主，2014年回到古宇村选择回乡创业，先后投资2000多万元，建设了"足球场、游泳池、观光道"等娱乐休闲产业。与农渔业、旅游业一起支撑起古宇村的振兴之路。

古宇村是典型的以旅游业、娱乐休闲业带动农渔业的发展模式，通过旅游资源与休闲娱乐项目带来游客从而带动农业产品的销售。这种模式对乡村的本身旅游资源有较高的要求，古宇村拥有古宇湖景点为其发展这种模式创造了条件。

（二）印坝村：土地入股，以农促旅

相比于古宇村的旅游先行，普润镇的印坝村则选择了另一种模式，农业先行，旅游加速。印坝村按照"田里稻渔、土里柑橘、坡体生态绿化"的立体空间规划大力发展柑橘、稻渔产业，并配套挖掘柑橘文化、渔文

化，增加群众收入，推进第一、第三产业融合发展。印坝村优先进行的是对土地的"创新改革"，以"合作社＋农户＋公司"模式，按照"资源变资产、资金变股金、农民变股民"的原则，村集体成立合作社，引导群众以土地承包经营权入股、引进公司以资金技术入股、支持村集体争取财政资金入股的"三股合一"方式，再按照3∶7的入股比例进行分红。通过改革，印坝村集中流转了3500亩柑橘产业园，与1000亩稻渔产业园。

土地集中起来了，农业发展起来了，村子也就可以腾出手来进行更多的振兴计划：柑橘采摘、农家乐、钓鱼休闲、稻渔观光等一系列旅游服务随之而来。村民把土地入股，自己闲下来，变身业主，开始承包起各种农渔、稻渔、观光与休闲旅游的项目，收入也跟着飞涨起来。对土地的集中利用，让印坝村走在了乡村振兴的路上。社会主义集体经济集中力量办大事的优越性在小小的印坝村彰显无遗。

（三）柏树村：精准脱贫的典范："猪大爷"

如果说前两个村子是"振兴"的典范，那么柏树村就是"脱贫"的榜样。在这里我们遇到了给猪吹风扇的黄碧贵大爷。炎热的夏天，黄碧贵大爷汗如雨下，抱歉地对采访团说："不好意思啊，电扇全被占着，你们不热吧？"记者好奇地问道："您的电扇呢？"黄大爷不好意思地说："猪吹着呢。"通过一头吹电扇的猪，采访团窥探了柏树村"精准扶贫"的全貌。

柏树村村书记介绍，柏树村在扶贫过程中依托："实事求是、因地制宜、分类指导、精准扶贫"的十六字方针，针对每个贫困户的自身特点制定不同的脱贫政策，黄老汉是养殖能手，村委就为他买了几头猪，几年过后，黄老汉已经拥有20多头猪，其中有两头大母猪。其他贫困户既有靠承包稻渔脱贫的，也有靠种植雷竹脱贫的。

柏树村的精准扶贫工作突出，但振兴计划也一点没落下。先后流转了1300亩土地，进行雷竹产业园建设。等雷竹产业发展规模起来了，随后依靠雷竹打造的销售产业和旅游产业也会逐渐落实。"农旅结合"的振兴计划有条不紊地进行着。

（四）四方村：完整农业产业链带动旅游发展

进入四方村，一车一车的无花果从山下运来，村民们将运来的无花果分类整理。一部分送到市场、超市售卖，另一部分送到快递处通过淘宝店售卖，一些品相一般的送到工厂加工成其他产品。进入四方村的淘宝店，记者发现四方村的农业产业已形成了一条完整的产业链，不仅可以售卖，更可以二次加工制作成附加产品，高价卖出。

农业发展得好，已经让采访团吃惊，而进入到四方村内部，美丽的乡村景观更让采访团惊讶。清一色的徽派建筑景观呈现在眼前。村长介绍说，几年前，村民们经过投票，决定对村子进行景观改造，村民自己出一部分资金，村子出一部分资金，全部盖起了新房，且是依照徽派建筑风格建造的新房。村子环境好了，村委就开始着手发展旅游业，先是无花果采摘节，又办起了农家乐和休闲度假村。

凭借农业产业链的延长，带动了旅游业的发展，进而使村子变身为"美丽乡村"四方村的农业发展模式值得借鉴。

（五）资中响水滩：农旅互促的典范

相比于四方村的凭借农业产业链的延长，来促进第三产业的发展，资中县响水滩则走向了另一个极端。响水滩依托美丽的风光景色与优厚的农业资源，一方面以山间景观为中心，打造风光旅游中心；另一方面以乡村记忆为核心，打造农家乐、采摘、休闲、养生等乡村文化旅游。可以说很好地把农业和旅游业结合在一起。整个响水滩成为天然的一个整体，在农耕文化观光区内，田园风光旖旎，乡村风情突出。有金秋砂糖橘、爱媛38号、大雅等名优特新果树种植基地，鱼溪甲鱼养殖基地，莲藕观光基地，五彩百花观赏基地等；在峡谷风光观景区内，自然风景优美，人文景观独特。大峡谷植被完好，生态自然，奇花异草，有山有水有石。山有山的特色，水有水的韵味，石有石的传奇。四季景色迥异，令人陶然忘俗。不仅凭借峡谷景观吸引游客，更把农业本身打造成旅游景点，供游客采摘、观赏。农业产品基本实现了内部消化。可以说真正做到了农业和旅游业的结合。把农业产业与景观结合在一起打造新的旅游景点。

二、新"三化一改"：土地流转改革、种植集约化、农业产业化、旅游品牌化

经过对这些村子的采访、调研、观察，笔者发现要想使一个乡村真正的振兴，而不只是简单的脱贫、富裕，必须具备"产业化"的特征。农村地区想要脱贫非常容易，只需让更多的村民外出打工即可，但这样，城市永远是技术设施完善的"虹吸中心"，乡村永远都是劳力输出的市场。只有让乡村地区依据自己的特色打造自己的产业，形成与城市地区截然不同的景观与产业才能真正实现乡村的振兴。农业是国家的重中之重，农业红线不容触碰，农村地区承担着农业种植的重大责任，但农村地区也需要发展自身走向产业化。只有把农业产业化，把农村特色景观打造成"旅游景观"发展乡村产业、乡村旅游，才是振兴的关键。

四川省内江市的大部分山村，基本都存在人多地少的问题。平均下来，也就每人一亩地左右，这边一块，那边一块，他是旱田，他是水田，他种这个，你种那个，没办法统一发展，是典型的四川山区小农经济，人多地少，且异常分散。很多年轻劳力外出打工，土地也就闲置了，造成了极大的资源浪费。同时，农村地区相比城市地区，土地的集中管理开发相对容易。把土地集中起来，发展集体经济，发挥社会主义的优越性，是农村地区发展的一大优势。

把土地通过改革流转，做到种植集约化，把农业产业化，把旅游品牌化，做到这新的"三化一改"的农村，想不振兴都难。这些乡村在改革、产业、集约方面都各具特色，也有了自己的成绩，在品牌化上还存在一些

不足。但一些村子已经开始了自身的品牌化之路，是很好的尝试。笔者通过总结村子的优点与不足，为全国的乡村的品牌化之路提供建议。

三、乡村如何打造乡村品牌及乡村 IP

采访团走访的这些村子都不同程度地发展了集体经济和农旅结合产业。有的已经相当成功，有的还在逐步完善的路上。笔者是新闻学专业的学生，除了用自己的笔，把经历写成故事让更多的人知道，还可以用自己的专业知识为四川内江地区的各村提供一点专业建议。现代社会讲究"大IP""品牌力"，内江市的各个山村在做好自己经济发展与扶贫的同时，也要重视自身品牌的文化建设。在采访中，古宇村、金紫铺村都拥有了自己的乡村Logo，这是很好的开始。一些村子的做法也值得全国的乡村借鉴，在此，笔者总结这些村子的优点，为乡村发展提供建议。

（一）乡村品牌的基本要素

1. 乡村风光

一个乡村品牌资源能得以形成的重要依据之一便是乡村自身具备的那种独一无二的乡村景观、环境特征，诸如地形、地貌、地质、水系、气候以及其他乡村自然资源都可成为乡村品牌的形成要素，这也是乡村品牌差异化的本源要素之一。建设乡村品牌要以乡村景观和风光为主导，乡村因为其自然景观风光资源的独特性，发展乡村旅游便是一种传播乡村自然景观风光的最佳方式，可以有效运用乡村的自然景观资源大力发展乡村旅游业，作为乡村的根本动力来发展。对乡村的改造并不意味着建设高楼大厦，而是要拓展优化已有的乡村风光，这一点古宇村与四方村做得最好。

2. 产业特色

虽然乡村规模大小不一，但每个乡村在一般情况下都有自己的特色产业和产品，差异主要是产品和产业的门类。如果在全省乃至全国范围内，乡村的某种特色产业或农产品知名度较高且占据的市场份额较大，而且是长期占有，或出产富有乡村地方特色的某种农业特产，如景德镇瓷都，寿光增城村彩椒等，这些都能作为乡村品牌建设的组成要素。这一点，柏树村的雷竹是很好的品牌要素。

3. 文化底蕴

乡村文化可以被细分为有形乡村文化和无形乡村文化两大类。有形的乡村文化是乡村社会成员在生活中共同拥有的精神财富和物质财富的总和；而乡村的灵魂和文脉则是无形的乡村文化，其是乡村居民自身的意识形态和精神状态，是各种乡村要素相互作用的总和。在长期发展中，乡村形成了独特的乡村风俗传统与乡村文化遗产，这些都可以成为乡村的品牌组成部分。例如资中县的牌坊文化、文庙武庙文化，均可以围绕这些元素开展一系列构建乡村品牌形象的活动。

4. 民风民俗

乡村以人为本，一提到乡村并不仅仅是乡村的优美风景，也不仅仅是乡村的农家美食，还包括乡村几千年来形成的民风民俗文化。例如在云南西双版纳的某些少数民族村寨中，当地的泼水节就是一个有名的民族传统节日；西藏的藏民区，有观礼晒佛的特色民族风俗习惯。可以发现，以上这些乡村风俗习惯都是长期的乡村生活在发展过程中形成的，也是大众对乡村品牌进行评价时所看重的地方。因此，乡村品牌的基本构成要素包括乡村传统的民风民俗，当然新时期形成的新的乡村民风和民俗也可以被包括在内。

5. 乡村活动

形成乡村品牌的要素中，富有乡村地方特色的经济文化活动是一个重要品牌资源，尤其是大型的乡村集会节庆活动，例如风筝节、梯田开犁节、有机鱼文化节等乡村特色集会。当前很多乡村对打造特色乡村品牌都很重视，例如富有乡村特色的农家乐等活动可以吸引受众的关注，借此达到实现提升乡村形象、建设乡村品牌的目的。这些特色活动都构成了乡村的品牌符号，对传播和推广乡村品牌有重要的促进作用。

内江市的乡村都多少具有以上乡村品牌要素，关键是合理运用这些要素。

（二）品牌打造原则

结合调研团在内江采访时得到的资料和其制定的发展规划，内江市各乡村的品牌之路应该谨记如下原则。

1. 因地制宜原则

乡村旅游品牌设计应坚持因地制宜的原则，根据自我地理特色与文化特色，确保旅游品牌具有当地的风俗特色，使乡村风光与文化成为旅游品牌核心卖点。例如，柏树村盛产雷竹，可以围绕雷竹做文章，把雷竹作为产业与文化打造，而不是单纯的产物。

2. 市场导向原则

农旅结合对农业发展的依赖性较强，需要在品牌设计中充分发挥市场、资源和区位优势，因地制宜开展乡村旅游。乡村旅游品牌建设应坚持市场导向开发乡村旅游资源，根据市场环境需求打造乡村旅游产品，使乡村旅游产品被旅游市场所接受。乡村旅游品牌设计应准确定位旅游市场及客源，制定科学的乡村旅游品牌发展方向。例如，古宇村的休闲度假村可以根据市场元素符合消费者消费导向的休闲项目，正在建设的"集装箱餐厅"就是很好的尝试。

3. 可持续发展原则

习近平总书记多次强调："绿水青山就是金山银山"。在社会文化、区域经济及自然生态和谐发展基础上设计乡村旅游品牌，加强对乡村旅游资源的合理利用及统一管理，协调乡村地区资源保护与资源开发的关系，统一规划乡村旅游品牌的社会效益、经济效益和环境效益。促进乡村旅游品牌的可持续发展。为了保护生态环境四方村放弃了之前的青石产业，就是典型的案例之一。

4. 注重"精神内涵"原则

扶贫和振兴改造与"精准扶贫"政策密切联系，在对乡村进行品牌打造时，对扶贫精神、扶贫故事的挖掘与加工必不可少。把乡村品牌与乡村风土文化相结合，与弘扬社会主义核心价值观相融合，打造乡村品牌的精神内涵。一个品牌只有有了自己的文化与精神才能长久持续下去。上述村子在这方面做得都还不尽如人意，例如黄大爷与猪的故事、杨连忠的"5A"级景区梦、张奶奶的富贵梦、黄浩伟的励志故事，都是采访团挖掘的。村子本身并没有把这些故事很好地与自身文化结合起来。

结语

社科大融媒体采访团在内江市度过了令人难忘的12天。尽职的村干部；朴实的村民；有责任心的业主；美丽的山村；动人的故事；难忘的范长江精神；当然，还有时刻在记录采访的采访团成员。这些种种，采访团都将用文字去记录，用自己的笔，为中国扶贫事业、乡村振兴贡献力量。调研告一段落，但中国扶贫之路还很长，采访团的成员也将永远在中国扶贫调研的路上。

当然，中国的精准扶贫与乡村振兴不是一步之功，其需要数代人的努力奋斗，2020年马上就要到来，看着一个个尽职尽责的村干部与努力奋斗的村民，我们有理由相信中国的第一个百年目标一定可以实现。同样内江市的精准扶贫与乡村振兴经验，也将与全国各地的经验汇聚一起，经过系统的整理抽象，形成理论，为世界的扶贫问题与农村问题提供中国智慧与中国方法。

汗水与泪水记得

——2018社科大融媒体采访团手记

作者：王美华[*]

为期12天的采访调研就这样画上了句点。

12天全身心沉浸，太过投入，以至于回到北京有恍然隔世之感。想起8月初的一天，忽然收到一条消息——凯山老师征集小伙伴去四川调研采访，不仅可以实战演练新闻采访，更有资深前辈指导，如此大好的机会岂可错过？飞快地报了名，第二天，我就从家里赶回了学校，暑假至此结束，一场征程就此拉开大幕。

一、前期准备篇：紧张期待又兴奋

临行前几天，学校请了几位业界的老师和我们座谈，分享采访的经验和技巧。一线的老师们经验丰富，分享的时候举了不少例子，妙趣横生，令人印象深刻。与此同时，我们也在搜集整理四川内江的基础资料和"精准扶贫""秀美乡村"等相关信息。有业界老师们的指点，加上提前搜集资料了解情况，心里稍稍有点底。同时，各项准备工作也在紧张进行中：准备摄像机、录音笔、团队旗帜、申请微博账号、百度云账号、联系媒体、订车票、记账、准备学校的纪念册，大家分工合作，热情高涨，尤其是带队的凯山老师，有一次凌晨4点多还在进行筹备，令人感佩！

---

[*] 王美华，中国社会科学院大学媒体学院2017级传播学研究生。

8月9日,我们一行7个学生加两位指导老师踏上了征程,还有1位尚未谋面的本科生余程程在四川等着我们。

四川,我们来啦!

二、采访实践篇:路漫漫其修远兮

四川的第一站,我们来到范长江新闻纪念馆。这位来自内江的新闻巨子,在中国新闻史上留下了自己光辉的印记,成为不少新闻学子心中的灯塔。看到前辈的生平事迹,我很受震撼,"长江一支笔,胜过百万兵"!如此美誉,源于范长江对真相执着的追求、无畏的勇气和过人的智慧,更源于他的一颗拳拳报国之心。为了报道事实真相,长江先生可以置生死于度外,作为后辈新闻人,即使做不到这样,也要竭尽全力对得起手中的笔和心中的新闻理想,做出无愧于时代、无愧于人民的报道。

参观完毕后,我们暂时按下心中的汹涌澎湃,开始采访前来参观范长江新闻纪念馆的游客。这是第一次实战演练,为了提高效率,大家分为几个小组,我和程程分到了一组,薇薇老师全程指导。刚开始,我和程程还因为害羞、胆怯张不开口,薇薇老师带着我们,一起向来参观的一家三口说明了情况,他们欣然同意接受采访,感谢薇薇老师帮我们克服了心理障碍,后面的采访渐入佳境。

晚上大家开会整理素材时发现,由于缺乏前期规划,现场分工不够明确,拍摄的格式不一,素材出现了内容重复和缺失的情况,于是大家分了组,明确了各自的任务,排了拍照和发微博的班,以求在接下来的采访中规避这样的情况。当天晚上,大家第一次合作,前期素材采集的无序和分工不清导致我们第一次合作的效率不高,一直到凌晨3点多,才做出来一个比较令人满意的成果。

接下来的日子,我们先后走访了隆昌市古宇村、普润镇印坝村、界市镇柏树村、银山镇金紫铺村、向义镇四方村和严陵镇兴家村共6个村子。

整个走访期间，我满脑子想的都是如何找选题、如何找亮点，访谈的时候要注意什么，拍摄的时候有哪些要点。从刚开始的眉毛胡子一把抓，到后来渐渐明白什么是重要的，明白故事的重要性和发掘故事的难度。12天还是太过短暂，刚刚找到一点感觉，行程就要结束了。不过，这12天还是给我提供了非常珍贵的样本，让我了解在情况复杂的采访现场如何快速采集信息。

"巧妇难为无米之炊"，采集素材是最基础的第一步，有了下锅的米，接下来如何做就成了关键。此次我们社科大融媒体采访团为了体现"融"字，使出了十八般武艺，微博账号每天更新自不必多言，图片、文字、视频齐上阵，后来还尝试为采访团制作了H5。我们发现视频尤其是短视频逐渐成为主流，在这个节奏越来越快的视频时代，短视频成为传播的有效手段。于是，我们制作了《1分38秒，带你看完范长江先生的故居》《黄老汉脱贫记》等短视频，传播效果较好。除此之外，我写了《黄老汉脱贫记》《四方村的徽派风》等稿子，和俊旭合作了《黄浩伟"站起来了"》，写作的过程中再回过头看，往往也能发现采访中的不足。可见，新闻采访是一场漫长的修行，新闻记者也不是一日能炼成的，千锤百炼方可有成。路漫漫其修远兮，吾辈当自勉！

三、精准扶贫观察篇

在古宇村，我们看到了古朴整洁的特色民宿，游泳馆、足球场等设施应有尽有，集装箱式餐厅建得火热，农村电商发展如火如荼；在印坝村，我们看到了稻渔示范基地和在建的健身基础设施，听到了"田里稻渔、土里柑橘、坡体生态绿化"的立体空间规划思路；在界市镇柏树村，我们看到了宽阔平整的公路，看到了集文化室、电商室、图书室等为一体的多元化村办公室，听到了村民黄碧贵大爷的脱贫故事；在银山镇金紫铺村，我们拜访了"留守儿童之家"，采访了电商黄浩伟；在向义镇四方村，我们参观了无花果种植园，看到了村里精美别致的徽派建筑，访谈了村里的党支部书记余文祥，采访了村里的甘大娘；在严陵镇兴家村，我们看到了第一书记夏虹和党支部书记王桂兰对这里每家每户的情况如数家珍，看到了村里正在建设的公路，看到村民彭莲玉干净整洁的家，听到了村民念的村规"三字经"……

这次调研让我认识到，读万卷书固然必要，行万里路更为重要。本以为我从小在农村长大，对农村的情况比较了解，这次调研让我发现自己对农村的认识滞后了太多年，对"精准扶贫"政策的认识太过肤浅。这次我亲眼看到四川内江精准扶贫的建设，看到以"第一书记"为代表的一大批干部真正为老百姓想出路、想挣钱的办法，看到广大的农民可以在政府的帮助下多方面提高收入，看到村里不仅通了公路，还逐渐有了健身器械等各种基础设施，看到像黄碧贵大爷这样的脱贫户的喜悦与期盼，我才明白"精准扶贫"的真正含义。它远远不是纸面上的一句话，它的切实执行，给乡村带来的是巨大的变化，给农民带来的是分享国家建设成果的喜悦与对未来美好的期望，它真的是全面建成小康社会、实现中华民族伟大"中国梦"的重要保障！

长期以来，农村和农民都是被忽略的大多数，我们的各类媒体上宣扬的都是城市的精英人群，很多时候，农村和农民都处于一种"失语"的状态。城市的过度表达与农村的话语赤字形成了鲜明的对比：城市里有点风吹草动，都会引起传媒业连篇累牍的报道，而广阔的农村和广大的农民，却鲜有人关心他们的衣食住行、喜怒哀乐。然而，中国真正强大的体现不在城市，而在农村，正如木桶定律所讲，一只水桶能装多少水取决于最短的那块木板，同样，衡量我国发展程度的最重要的标尺之一应该是农村，因为这是我们建设最薄弱的一环。如果说以前我对2020年前我国实现现行标准下农村贫困人口脱贫心存疑虑，现在则是充满了信心——只要勤劳、多思考，没有摘不掉的贫困帽！

当然，我们这次去的几个村子应该是"精准扶贫"工作做得比较好的，对那些相对来讲没有做得那么好的村子来说，应该反思自身发展的优势劣势，扬长避短，不可盲目跟风，丧失了自身发展的特色和机遇。另外，"精准扶贫"应该与城镇化或城市化相结合，毕竟我国的城市化进程尚处于方兴未艾之际，引领更多的农民进城发展、帮助他们顺利由"农民"向"市民"身份转变，也是未来发展的一个必要方向。对那些不愿意或不能离开农村的人，一方面农村的人少了，人均收益就会提高，另一方面，对丧失劳动能力的人，要通过相关的政策保障兜底使其生活在贫困线之上。如此，无论是农民还是市民，都可以共享国家发展建设的成果，在这个时代过得开心幸福。

四、指导教师篇

此次带队的是凯山老师和薇薇老师，两位老师都给我们开过课。研一上学期，我们上了薇薇老师的《传播理论研究》，研一下学期，我们上了《新闻传播学前沿研究》，虽然阴差阳错导致我们没听到凯山老师直接授课，却对他非常熟悉。两位老师不仅学识渊博，性格也非常和善，看到通知里说带队老师是他们，我感到非常放心。

采访团调研期间，两位老师各有特点，配合默契。凯山老师思路清晰，善抓重点，薇薇老师心细如发，高度配合，两位老师虽然也是第一次合作，却是优势互补，相得益彰。

凯山老师性格温和，但并未放松对我们的要求。我们采编的稿件、编辑的视频、采访团微博的Logo、每一次微博发出的博文等，每一个成果都有老师的审核、把关。有个让我印象深刻的细节，我提交给老师一篇稿件《黄大爷脱贫记》，老师提出，读者并非只有年轻人，还有不少读者年龄可能比黄大爷更大，所以"黄大爷"这样的称呼不妥，可以改为"黄老汉"，如此细节都被老师一一发现修改，真让人受益匪浅！常常，我们半夜做完成果发给老师，发现老师还在等着我们，同时，凯山老师每天要向院校领导汇报我们的进展，联系媒体帮我们刊发稿件，整个调研，老师真的辛苦了!

研究生开学,我就了解到薇薇老师年纪轻轻就读了博士,每次跟她交谈都觉得十分受益,这次有了近距离接触的机会,更觉得她就是个宝藏——里面的宝贝取之不尽用之不竭呀!更令人钦佩的是,薇薇老师有细致入微的观察力,我们调研团队中话不多、默默做事的队员,都被薇薇老师看在眼里,她特别擅长发现每个人身上的闪光点并予以鼓励,简直就是天使一样的存在!调研期间,正值盛夏,团队里不少小伙伴都有中暑的迹象,还好薇薇老师未雨绸缪,准备了解暑药,让我们的采访得以顺利进行,实在太赞了!

五、团队伙伴篇

这次我们的团队有6位研究生,2位本科生。研究生中郝源师兄担任团队伙伴的领头羊角色,在整个调研过程中协助老师组织、安排各项事务。他性格外向,能说会道,也很有担当,很快帮助整个团队建立信任,让大家变得亲密起来。大家偶尔开开师兄的玩笑,活跃团队氛围,他从不介意,有郝源师兄在,就少不了欢乐!

说完郝源师兄,要来聊聊我们的摄像大神刘杰师兄。刘杰师兄在这次调研中多次负责拍照、摄像,记得在范长江纪念馆时,他的眼镜坏了,他什么也没说,继续工作。刘杰师兄话不多,却非常内秀——唱歌非常好听!在大巴上,在饭桌旁,刘杰师兄用歌声帮我们缓解疲劳、活跃气氛,也给我们带来不少欢笑。

冯南师姐是研二唯一的女生,她没有一点架子,真的像大姐姐一样关照我们。四川的蚊虫实在厉害,我们带去的药膏、喷雾抹完了,师姐直接给了我们一瓶,平日师姐对我们嘘寒问暖,整天笑眯眯的,看到她心情就大好!

慧媛和我是一个班的,之前知道这个姑娘学习好、很有想法,这次同吃同住了这么久，发现慧媛拥有多项技能：剪片子、设计Logo、弹钢琴、毛笔字，样样在行，看起来柔柔弱弱的小姑娘，怎么蕴藏了这么多能量！实在太令人惊喜了！

王凯也和我一个班，不过他是新闻学专业，平日一起上课的机会少一点。他平时在班里非常活跃，这次调研，我发现他也是一个社会责任感爆棚的青年啊！尤其是他对农村的一些思考，发人深省，令人十分佩服！

俊旭是本科生里唯一的男生，也是凯山老师带的本科班的班长。与他交谈中，发现他知识面广博，思维敏捷，出口成章。他做的片头，剪辑的手法娴熟，节奏的控制十分精准，令人印象深刻。

程程是本科生里唯一的女生，虽然最晚和我们会合，却很快和大家打成一片，记得她在范长江纪念馆当出镜主持的时候，虽然紧张，还是硬着头皮上，为了达到最完美的效果，她在烈日下说了一遍又一遍，一个干净澄澈的姑娘哪！

调研期间，天气十分炎热，每天出去都是汗流浃背。团队的小伙伴没有一个叫苦喊冤，整个过程大家都相互体谅，互帮互助，白天一起采集素材，晚上回来制作成果。总体来说，我们还是非常拼命地——加班到凌晨3点已经不稀奇了，在我们的努力下，采访团前后共创作的融媒体视频报道10余条、融合新闻稿件13篇、微博46条，真的要给团队的每个人点赞！

六、四川生活篇

最后，总觉得不写点四川的生活是不完整的。入川之前，四川美食如雷贯耳，令人心驰神往。到内江的第一天晚上，郝源师兄提议吃夜宵，一行10人大晚上浩浩荡荡地出门觅食——首选当然是串串，具体吃了什么现在已经记不清了，只记得每个人都非常开心（值得一提的是，这顿饭最后还是凯山老师和薇薇老师自掏腰包请我们吃的）。此后，我们陆续吃了不少四川美食，果然名不虚传！印象最深刻的，不是四川的火锅，而是当地的羊肉包子和羊肉汤，简直令人过口不忘呀！

除了美食，四川给我印象最深刻的就是蚊子，最离奇的是，我几乎没有见到四川的蚊子就被咬了，不知道何时被咬，只知道被咬的后果很严重——鼓起的包一两周也消不掉，而且奇痒无比，如果抓破了包还会流脓，天哪，这是此次四川行最惨痛的教训！尤其是慧媛，她的两个小腿被咬得惨到不忍直视！希望以后社科大的小伙伴们再去四川，一定一定要做好防蚊虫工作，这是我们用血泪换来的经验教训呀！

结语

从最开始的兴奋、激动到不知不觉沉浸其中，到如今调研结束仿若大梦初醒，也就12天。这12天是短暂的，因为全身心投入其中，不觉时光飞逝；这12天又是漫长的，一路的所见所闻增长了我的阅历，丰富了我对世界的认知，对我的影响又是漫长深远的。

这12天的快乐、心酸、喜悦、难过、委屈、惆怅、顿悟、自责、释然，难以用文字一一叙述。这12天我们每天都流了无数的汗，也曾经流了不少泪，点点滴滴，汇聚成为珍贵的回忆。这个夏天，这12天所有的一切，阳光记得，清风记得，熬过的夜记得，天上的星记得，汗水与泪水记得，我们每个人的心都记得。

做能照亮世界的成年人
——暑期赴内江调研采访手记

作者：支慧媛*

"Big things have small beginnings."（巨大的事物总有细小的开头。）
——《异形前传：普罗米修斯》

我来自某个水乡小城，老家所在的村子温和小巧，人们自给自足，比邻而居，日子没有大富大贵，总体也算是无忧无虑，后来离开农村，我就再也没有深入了解它的机会。读了新传之后，看过无数讲述农村的故事和报道，也无数次想要去看一看，希望自己能做一个亲历者，而非屏幕、报纸、书籍面前的旁观者，希望自己也能做一个有共情能力的客观记录者，而不是无力的呻吟者，这便是我那份微不足道的"新闻理想"。我的实习经历屈指可数，顶多在格子间帮着改改稿子、剪剪片子。坐在办公室是安逸舒适的，但不亲自跑新闻，又怎么才算是合格的新闻人？

暑假看到凯山老师在发布采访团的招募信息，"老师带团、亲自采写、媒体加持、四川内江"看到这些词我便热血沸腾，终于有一次能够让自己脚踩泥土做采访，亲身去看去问去拍的机会，绝不可以错过。便立刻打包行李回到北京，和大家一起出发前往四川。出行前，我们听了来自科技日报、法制日报、工人日报的老师们和漆亚林老师的叮嘱，老师们打的预防针，让我对这次调研紧张又期待。

---

* 支慧媛，中国社会科学院大学媒体学院2017级传播学研究生。

本科学广告，硕士学传播，毫无新闻学专业知识的我在出发前无比慌张。害怕提纲列不好，害怕采访问不好，害怕视频拍不好，也害怕稿子写不好。工人日报的车辉老师给的建议很简单："带着脑子去采访。"简单来讲，就是"主题要事件化，事件要人物化，人物要故事化，故事再往细节走。""切口越小，爆发力越强。""展现真性情和真东西"……为了对将要去的村子有充分的了解，我们在高铁上疯狂检索内江的相关信息，翻遍各大媒体对内江的报道，每个人都整理了上千字的资料，写了自己的采访计划，互相分享自己查到的资讯和自己发现的问题，生怕在采访中露怯。

在正式入村调研前，我们先参观了内江市的范长江纪念馆。读过他的著作《中国的西北角》，也被他"手无寸铁兵百万，力举千钧纸一张"的信念感动，却从不知他是内江人。一问学新闻的朋友，大家都不太清楚。故而我们准备从范长江纪念馆开始采访之路，做一期"一分钟带你游故居"的视频，再采访当天的游客，问一问"你眼里的范长江"，有了这个想法之后，我们迅速列好采访提纲和拍摄思路。理想是丰满的，但现实是骨感的，正式拍摄时出现了很多没有预设好的问题，在此列出供以后调研的师弟师妹们参考：

1.采访前调试器材要迅速：时间紧张的情况下，采访的画面可能无法面面俱到，调试设备的不熟练容易引起采访对象的不耐烦，从而不愿意再配合采访。如果注定高质量的稳定画面和珍贵的采访对象只能选一样，还是要随时做好放弃三脚架的准备。

2.一定要提前准备好麦：这一次出行前我们没带"小蜜蜂"，录完视频后回放，声音嘈杂，夏天的知了声覆盖了人声，很多内容都无法使用。

3.团里配备当地人的重要性：听多了川普，我们都想当然以为四川话非常好懂，不存在交流的问题。正式采访发现，真的一点儿都听不懂，也因为这个错过了好几个比较精彩的点，没能及时追问，回来之后后悔莫及。还好程程是重庆妹子，在后面去村里采访时，给我们提供了极大的便利。

4.录制视频时做好记录:我们采取的采访模式是:一人拍一人采,剪辑的时候素材众多,堆在一起无从下手。第一天晚上光是挑素材就挑到12点,再剪辑、配乐、配字幕、渲染,集合所有人力资源剪视频,最后还是熬到了凌晨4点。

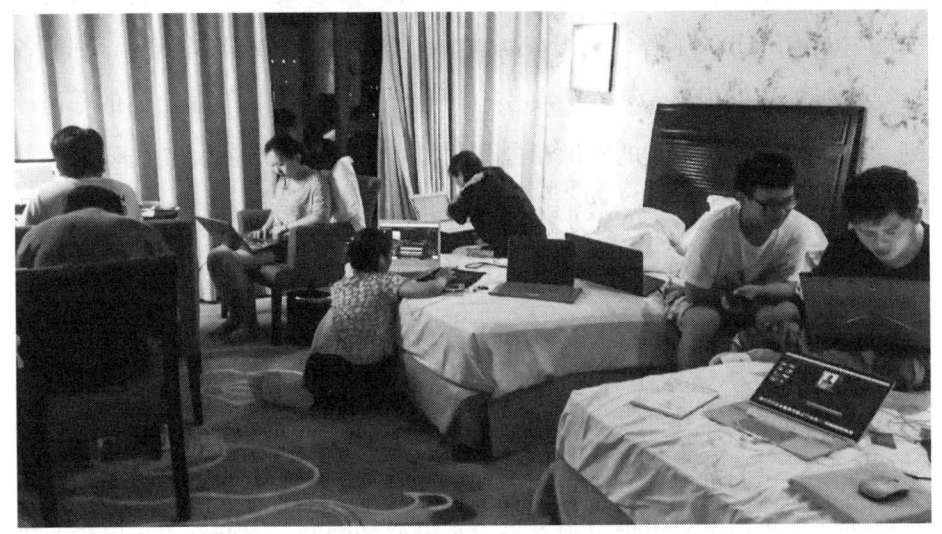

采访团成员在工作(作者供图)

以上,还只是第一天遇到的问题,别着急,下面还有。

一、遇见:乡村振兴,"能人"聚集

2018年8月13日,我们先去了临时增添的一个村——隆昌市的古宇村。调研之前我以为自己会看到想象中的农村:"泥泞小道、山区、空巢老人、留守儿童、破旧房屋……"准备的资料和问题也多侧重于"精准扶贫""乡村振兴"等方面。到了才发现,古宇村地处古宇湖"4A"级旅游风景区,全村以旅游观光服务、生态水产养殖和花卉草木种植为主导产业。这个村子的关键词是"农村淘宝、创意集装箱餐厅、水上娱乐、足球俱乐部、民宿……"

在古宇村，我们采访了杨连忠，2014年，他回到村子，拿出20多万元承包村委会集中管理的190亩土地。他在村里建了足球俱乐部，按照"5A"的标准打造自己的产业，也期待有朝一日，古宇湖可以被评上"5A"景区，有更多的游客前来。古宇村的"能人们"让这个村子变好的同时，也带动了近85%的村民就近就业，真正意义上实现了农村地区的协调发展，达到"乡村振兴"的目标。

第二天，我们前往普润镇的印坝村，亲眼看到"稻渔产业"和柑橘的时候，大家都非常惊讶，印坝村创新了"合作社+农户+公司"的模式，按照"资源变资产、资金变股金、农民变股民"的原则，同步实现产业发展、农民增收、公司盈利和村集体经济壮大的"多赢"局面。

在资中县鱼溪镇响水滩，我们看到了更独具特色的乡村生活。这个村能人聚集，七兄弟共同带着自己的"家乡梦"回到响水滩搞生态旅游产业，希望可以达到产业变景区，田园变公园的目标。当地的百姓在园区实现就业，除去土地收入，他们还可以通过做餐厅服务员、保洁、保安等工作，提升收入。这些村子的发展完美诠释了"先富带动后富"，能人的聚集是精准扶贫、乡村振兴很重要的一环。这些村子的成功并非无法复制，良好的宣传有利于将这些村发展的经验传向祖国各地。在那一刻，我突然有了一种使命感，也想要回到家乡，做些我可以做的事。

二、遇见：精准扶贫，授人以渔

很可惜，因为中暑，我没能去往隆昌市界市镇柏树村，也错过了亲眼见到黄碧贵的机会。2014年的黄碧贵是贫困户，2016年村里的扶贫干部帮助他通过养猪来增收，3年来，两头母猪在黄碧贵的照料下，变成了20多头猪。除了养猪，他还有一亩鱼塘，还种植玉米、雷竹等作物，村里还为他提供了公益性岗位——打扫马路。2017年，黄大爷成功脱贫。虽然人不在前线，但我的心还在。拿到这些素材的那一刻，就想到很多有趣的剪辑角度，和王凯还有美华商量好行文思路和视频内容，我们便立刻动手写稿剪视频。事实证明，素材的有趣程度极大地调动了我们的积极性，让人有想一气呵成的冲动。结果也让我们很开心，这篇《黄老汉脱贫记》的稿子和视频受到了各家媒体的转发，在今日头条的播放量也很快超过20万。

除了黄老汉，资中县金紫铺村的黄浩伟也让我印象深刻。12岁黄浩伟辍学去开货车，18岁遭遇车祸导致双腿残疾，我们见到他时，他爱笑、健谈，是金紫铺村农村电商体验店的店主，很难想象如此乐观的他已经坐了12年的轮椅。在采访过程中，他给我们展示了自己玩儿轮椅的技巧，前进、后退、上台阶，娴熟而灵巧，他告诉我们他平时喜欢看短视频，一直关注一个残疾人博主，正是因为看了这个博主的视频，他才有信心学习转轮椅，学习站立。"他能做到，那我也能做到。"其实出车祸后的10年，黄浩伟都不怎么愿意跟人接触，也不愿意讲话。2015年驻村第一书记凌威来到了金紫铺村，他让黄浩伟管理村里的农村电商体验店，不收电费也不收租金，还鼓励黄浩伟去参加电商培训班，学习开网店、做电商。如今黄浩伟通过微店和电商体验店以及担任村里的益农社信息员，日子一天天好起来，人也越来越开朗。

贫穷不可怕，可怕的是对生活失去希望。其实我们在调研的过程中，看到的大多是一些成功脱贫的人或者是富有繁荣的乡村。古宇村的一位书记告诉我，在乡村发展的过程中，我们看到的可能大多是光鲜的一面，这背后必然面临着很多矛盾和问题，在农村做基层工作，是最需要下功夫的，我们要做的不仅仅是把房子建得漂亮。每个家庭遇到的困难和问题都不一样，作为基层工作者，每天要处理不同的问题，还要让老百姓能信任你，认可你。一个地方要发展，矛盾就会很突出，只有努力去化解矛盾，乡村才能有真正的发展。

在威远县严陵镇的兴家村，我们采访到一户还未脱贫的人家。这家人的儿子患有精神疾病，生活无法自理，在医院需要支付高昂的医药费，原因特殊，暂时没有脱贫。后来想想，他们生活中心酸的事很多很多。更多的艰难，只会在我们看不到的地方。不是每个人都可以安安稳稳地上完大学，找个工作，平平淡淡过一辈子。这个世界上，多的是那些为了一块钱跑断腿，为了生活吃尽苦和累的人。但他们虽然日子清贫，生活也有诸多不便，却仍然事事向好，把家里收拾得整整齐齐，每一处都打理体面，努力卖些小饰品，再兼职为村里做一些事。他们努力生活的样子，真的是最美的样子，每个认真生活的人都值得被温柔以待。

三、遇见：经常帮助，总是安慰

古宇村有一位年轻的第一书记，是个很漂亮的女支书，但是皮肤被晒得有些黑。在场大家笑称，如果晒得不够黑，那就说明工作还不到位。她和我们说，夏天太热，村子的工程建设招不到工人，为了让工程如期完成，那几天就把村里的基层干部们聚在一起，早晨6点起来搬砖干活，做些力所能及的事，推进工程进度。她当时拍了视频，却不愿让我们把这些事写进稿子、放进视频，害怕这样会被别人说是作秀。"我们希望让别人知道我们踏踏实实做事，却也不敢说、不会说，有些事，自己默默做就好了。"以前我总会想，那些报道是不是就为了作秀，真正接触到那些人时，对基层工作者只剩下敬佩，这些事说起来很容易，做起来很难。

给我们视觉冲击最大的，是威远县向义镇的四方村，在乡村建设上，四方村充分挖掘了四方碑的文化内涵，在建筑风格和区域布局上达到统一，在四川的农村，宛如见到了徽派的淡雅，雕琢的门罩、笔直的墙线、青瓦白墙和飞檐翘角，闲适恬静。房子建得好，产业发展得也好。威远是出了名的无花果种植基地，连续举办了三届中国威远无花果采摘节。我们都以为这样一个新农村建设"领头雁"背后，是一群活力满满的年轻领导班子。出人意料，四方村的村支书今年70岁了，1995年，45岁的余文祥从攀钢回到家乡开始做村支书，一干就是20多年。村民张安泉说，一开始大家并不是很服气他，觉得村上还找不到支书吗？非要找一个退休的人。后来看到余文祥带着村民把村子的泥巴路全部修好，没有周末也没有休息，遇到困难路段亲自上阵，人工开挖，他们就都服气了，还亲切地称他为"二爷"。

四方新村（作者供图）

医生特鲁多曾说："有时治愈，常常帮助，总是安慰。"其实很多职业和医生都是相似的，有人的地方，便离不开治愈，离不开帮助，离不开宽慰，无论是身体，还是生活。在调研途中，我们接触最多的，其实还是村支书。这一点我们在出行前想极力避免，最终还是没能如愿。有幸，我从这些人身上，也看到了不一样的光芒。

初中时我读过一首诗："相信不屈不挠的努力，相信战胜死亡的年轻，相信未来，热爱生命。"不论是做记者还是做基层工作者，都需要一颗强大的心脏。你会看到热血和希望，也会看到这世间的苦难贫穷，看到很多人的无奈，别无他法，你要想尽办法，为他们发声，为他们解决问题。这条路上，无数前辈走在我们的前面，人生起落，我们也会一直在场，且都会不断向前。都说"老师"有两种，一种给你知识，一种给你能量。越长大，就越珍惜那些能给我能量的老师。回校的高铁上，我有幸和凯山老师还有薇薇老师聊了几个小时。听完两位老师的求学经历和故事，我也深深感受到越努力越幸运的道理，和老师们比，我们做的真的太少，我们要学的也实在太多。

社科大师生于范长江新闻林合影（作者供图）

说一段后话，事实证明出门在外，多掌握一门技能是有用的。之前我总觉得，自己所学过的技能在这次出行中用不到，而融媒体采访团所需要高强的采访能力和写稿功底我也没有，一度害怕拖团队的后腿。由此也感谢融媒体的"融"字，文字、图片和视频相结合的融媒体采访报道方式，让我得以发挥了一次自己的软件技能，如 Photoshop、Premiere、Illustrator、After Effects 等，但凡接触过一点点的软件，在这次调研中都用上了。给团队设计 Logo，和王凯同学合作剪辑黄大爷养猪的视频，和俊旭师弟想出做弹幕特效的新点子，提高团队所呈现内容的视觉效果。学过的东西不被浪费，大概是最值得我快乐的事。遗憾的是，我们没能在调研结束前申请好微信公众号，没能把更多的好内容让更多人看见，期望下一届的师弟师妹们可以吸取我们的教训，提前做好调研活动的预热，提前准备好投放渠道，提前收拾好要带的设备，当万事俱备时，便可大步向前了。

感恩这次调研，我认识了美丽温柔的冯南师姐，认识了踏实有责任感、技能多还帅气的郝源师兄；认识了认真专业，还带着点儿冷幽默的刘杰师兄；认识了活泼可爱，跳脱不失聪慧的程程师妹；认识了有想法态度，爱思考的俊旭师弟，还加深了对同班同学美华和王凯的了解，我们会越来越好，我们都有光明的未来。再次感谢薇薇老师在调研中无微不至的照顾，感谢凯山老师辛苦改稿、时刻叮嘱，也感谢漆亚林老师在大后方给予我们的支持。很好奇采访团下一站会是哪里，我知道，不论去往何方，都会更好。

最后以一句话结束这一份手记，也希望这段话能时刻提醒自己："做个能照亮世界的成年人吧，和所有以梦为马的诗人一样，我借此火得度一生的茫茫黑夜。"我想让世界能变得更好，首先，我会努力让自己做到更好。

知行合一：中国社会科学院大学融媒体采访团顺利完成调研活动

作者：冯 南[*]

2018年8月20日，中国社会科学院大学媒体学院"新时代融媒体采访团"一行10人，结束了为期12天的调研活动，在成都东站踏上了归程。回首整个旅程，收获颇多……

青春下乡 聚焦"乡村振兴"与"精准扶贫"

8月9日至8月20日，采访团围绕"乡村振兴""精准扶贫""关爱留守儿童""生态文明与美丽乡村"等主题，先后到达四川省内江市的隆昌市古宇村、印坝村、柏树村，资中县金紫铺村、鱼溪镇，威远县四方村、兴家村7个村镇进行调研，深入基层，走进村民家里进行面对面交流。

隆昌市柏树村的张中琼老人今年75岁了，虽然儿女都不经常来看望，只有孙子偶尔给200—300元，但是她仍然有一个"富贵梦"，在政府的帮扶下她搬进了新房子，还打算喂养几头猪并计划于2018年脱贫（《贫困户的一个"富贵梦"》）；在金紫铺村1992年出生的李全莉于2014年家庭突遭变故，因病致贫两年后脱贫，她在接受采访团的采访时，眼泛泪光地对着镜头说，"我不想做贫困户，没有人愿意做贫困户"（《我不想做贫困户》）；兴家村刘小康，从贫困到脱贫用了两年时间，他心系家乡，并于今年上半

---

[*] 冯南，中国社会科学院大学媒体学院2016级新闻学研究生。

年返乡创业，并创造了60余个就业岗位给周边留守妇女，"靠政府的补贴只是一时的，只有靠自己努力才是一辈子的"……这一个个鲜活的故事，是村民脱贫奋力走向致富道路的典型，也是乡村振兴与精准扶贫现状的缩影。

柏树村贫困户张中琼（75岁）老人热情地招呼采访团成员品尝新摘的花生（刘杰　摄）

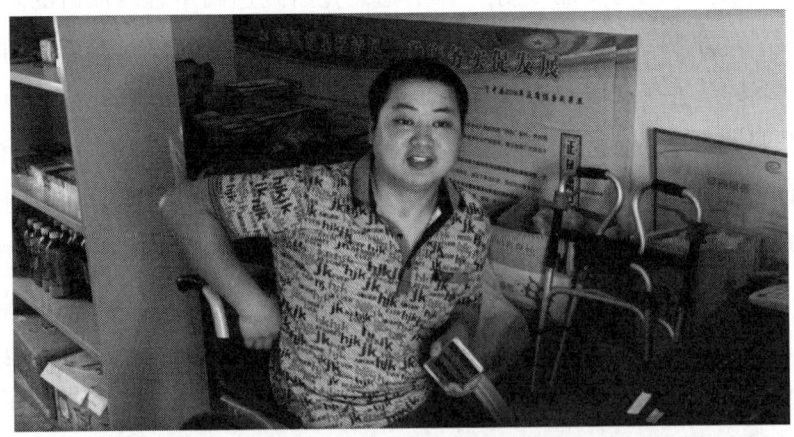

金紫铺村黄浩伟给采访团讲述自己克服身体上的残疾在经济上"站"起来的故事（尚俊旭　摄）

采访结束，在跟资中县鱼溪镇副镇长闵厚兴座谈时，王凯（社科大17级研究生）说："乡村振兴不是村子里某个人富或者某些人富，而是整个村子的经济结构富起来，只有这个村子的产业、特色发展起来，才是真正的乡村振兴。"

采访团成员王美华（社科大17级研究生）说："中国真正的强大，不是体现在城市，而在于农村。长期以来，农村和农民都是被忽略的大多数，'精准扶贫'政策关注到最需要帮助的人，也是长久以来最容易被忽视的人。本来我对2020年全面脱贫心存疑虑，但是这次调研后，我对此很有信心。"

践行"长江精神"

"这个世界正需要无数有操守的记者，代表人民的利益而奋斗。"社科大融媒体采访团一行10人在到达内江后的首站，就来到了范长江故居及范长江生平事迹陈列馆，接受马克思主义新闻观教育，了解范长江先生的经历，学习并践行"长江精神"。

采访团成员尚俊旭在范长江生平事迹陈列馆（冯南　摄）

"融"字贯穿始终

融媒体采访团重在一个"融"字，将视频、图片、文字进行结合，根据报道形式和特点在不同的平台进行发表。为了在微博以及微信公众号上，打造属于采访团的独一标识，团队成员支慧媛（社科大17级研究生）连夜设计，并最终成型；而试图通过H5，回顾整个难忘历程的王美华（社科大17级研究生），则用一整天的奋斗，换来了团队全体成员的肯定与喝彩。郝源（社科大16级研究生）则带领几位同学，正在着力打造范长江先生的视频短片，他想让更多的同学了解、熟知这位新闻界的前辈。

截至发稿前，采访团共创作融媒体视频报道14条，融合新闻稿件13篇，微博46条，其中报道《神奇的脱贫户——黄老汉》于8月17日在自媒体——微博"社科大融媒体采访团"上发表后，次日涨粉500+，截至日前微博粉丝共960人，受到了学界、业界的认可和好评。而在8月23日，拥有112万粉丝的微博大V共青团中央学校部，也转发了这个视频。

8月12日《中国社科大新闻学子"长江故里行"，融媒体聚焦精准扶贫》原创报道中的视频，引用了采访团的作品《长江印象》；当地媒体内江电视台视点栏目于8月16日对此次调研活动进行了跟踪报道；重庆日报新媒体事业发展中心常务副总编辑王方杰，用"妙趣横生"来形容采访团的作品。

据不完全统计，中央级媒体工人日报、法制日报、科技日报、中国青年报，以及全国性新媒体中青网、凤凰网、腾讯网、工人日报官微，国内知名媒体重庆日报、成都商报，地方媒体内江日报、内江新闻网、内江电视台以及中国社会科学院大学网站和中国社会科学院官方微博等，都对此次行动进行了详尽报道。其中中青网、重庆日报社网站等媒体，还多次转发视频及融合新闻，从专业角度对团队的报道产品，予以较高评价。

采访团成员与柏树村黄老汉家的猪"亲密接触"图为黄老汉家的猪在吹风扇(王凯　摄)

"20年来最神奇的一段旅程"

"脚步丈量世界,实践方出真知。要博学多才,更要德才兼备",这是张薇薇老师对调研团成员们提出的要求,更是对广大青年学子的期许。

谈及此次调研活动,采访团成员余程程(社科大16级大学生)说,"这是我20年来最神奇的一段旅程"。

采访团成员刘杰(社科大16级研究生)则表示:"很少有机会能和老师如此亲近交流,建立浓厚的师生情,接受老师随时随地的谆谆教诲;新闻采写要到田间地头,要学会'断舍离',这样才能抓'活鱼',提高效率。"

冯南(社科大16级研究生)也是采访团中的一员,"采访调研中会遇到各种突发情况,凡事不可能都按照预想的那样发展,在不同的情形下,如何积极应对困难完成采访任务,是我这次活动最大的收获"。

"我以为最累的是我们,最后发现最累的其实是老师。张薇薇老师会提前半个多小时去踩点,节省了我们很多的时间和体力;王凯山老师不厌其烦地给我们改稿子,最多的时候改了5次",王美华谈到此次带队调研的老师,表示非常感谢和敬佩。

"沉得下去　提得上来"

"社科大融媒体采访团"微博简介上写道,"沉得下去　提得上来",王凯山老师（社科大媒体学院教师,博士,此次采访团带队老师之一）解释这句话为:沉下去调研采访,才能将关键信息反馈上来。这也符合社科大对此次调研活动的期待。

"贴近实际、贴近生活、贴近群众,对于在校的新闻学子发扬老一辈新闻工作者的优良作风,树立新闻人坚定的理想信念,秉承崇高的新闻职业操守、拓宽新闻学子的视野、提升新闻学子多维、立体、全面的理论基础、学术素养和实操能力都大有裨益。"张薇薇老师提及此次调研活动感慨道。

也正如领队王凯山老师所说:"内江具有西部城市的典型,选取了内江就意味着选取了中国的西部城市作为横截面进行剖析,希望通过这样一种理解,以点带面来体现对四川省,对中国西部,乃至整个中国国情,进行深入的案例分析和了解。"

第二部分

2020年首届"卓越新闻传播人才培养见习营"文字报道汇编

浙沪两山塘：一体化的畅与阻

科技日报记者：王小龙　　实习生：杨　爽　谢雁冰

2020年1月12日中午，浙江省平湖市广陈镇山塘村的廊下二路公交站旁，来自上海的余大爷正等待着返程公交。"正好是周末，一个人过来玩玩。"在电视上看到"明月山塘"景区的介绍后，余大爷选择利用周末时间来到山塘村，一睹"一桥两山塘"的真容。

所谓"一桥两山塘"的"一桥"，指的是山塘河上山塘桥，"两山塘"则指的是上海市金山区廊下镇山塘村和浙江平湖市广陈镇山塘村。这两个山塘村曾属一村，划分省界时，以河为界分属沪浙两地。站在山塘桥上，桥的北面是廊下镇山塘村，南面是广陈镇山塘村，"北山塘"与"南山塘"的民间叫法由此而来。

自2018年起，在长江三角洲区域一体化发展战略的推动下，南北山塘开始共同打造"明月山塘"这一总规划面积达到400亩地的跨省乡村旅游度假区。历经一年多的建设，目前景区已基本建成。景区内，白墙黛瓦，流水潺潺，是一幅别致清幽的江南美景，更是长三角毗邻地区一体化发展进程中典型的乡村样本。

一车通两地

余大爷此次出发和返回均选择乘坐廊下二路这趟省际毗邻公交。"不爱开车，自己开车很麻烦的，省际公交更方便，而且很便宜。"他这样解释道。

2019年10月14日，作为上海市金山区首条省际毗邻公交线路，廊下二路正式由廊下镇山塘村延伸至广陈镇山塘村，与平湖公交207路支线终点站广陈镇山塘村无缝对接，实现了沪浙山塘公交线路互联互通。此条省际毗邻公交的开通，既进一步满足了平湖市民乘公交进入上海的需求，也为上海市民前往平湖提供了便利。

在毗邻公交线路建设上，平湖市也早已采取了行动。自2016年以来，207路、315路、319路等浙沪省际毗邻公交相继开通。以2017年底开通的207路浙沪城乡公交为例，该线路将终点站设在廊下镇的农家乐，与直接进入上海市区的莲廊专线形成无缝衔接，老百姓一站换车，便能直接进入上海市区。

"平湖到农家乐是1块钱，农家乐到上海是12块钱，这样13块钱就进入上海市区了。"平湖市交通局副局长黄建峰介绍道。截至目前，平湖和上海共有7条省际毗邻公交，日均乘客量达到600余人。无论是日常生活中的旅游出行，还是逢年过节时的走亲访友，两地居民跨省出行都更加便利，交通成本也大大降低。

省际毗邻公交的建设，既有机遇，也有挑战。黄建峰表示，目前在上海市区内设立站点还有一定难度。"尽管有很多毗邻公交，但由于涉及客运规则和安全因素，真正在上海市区内设立上下站点的，只有两条。"他说。同时，遇到进博会等重大活动在上海举办，省际公交线路便停运。在一定程度上，省际交通壁垒还没有完全打破，一体化也有待进一步深入推进。

明月照两村

在建设"明月山塘"景区之前，南北两山塘曾面临着不同行政区划带来的现实发展差距。对此，广陈镇党委委员陈佳秋回忆道："在2017年开始美丽乡村建设之前,南山塘环境不好,经济发展也比较落后,甚至有人提出一种形象的比喻,站在山塘桥上,南北一看,一个像非洲,一个像欧洲。"

"桥头堡"联合党支部内山塘村新旧对比(谢雁冰、杨爽供图)

直到2017年,在浙江省"A级景区乡村建设"的号召下,南山塘开始了美丽乡村建设,不仅于同年入选浙江省首批"3A"级景区,并渐有反超北山塘的趋势。

2018年,随着长三角区域一体化发展战略的推进,南北两山塘达成协议,共同建设"明月山塘"景区。在具体的景区建设中,两山塘采取了融合式、差异化、互补型的发展策略。其中,融合最直观地体现在桥两岸建筑风格上，对此，陈佳秋解释道："因为我们启动比较早，廊下让我们帮忙推荐了设计师，两边的环境风貌也能做到一体化。"而差异和互补则体现在，目前南山塘发展农家乐比较多，而北山塘则更多发展民宿；南山塘主打原生态的农耕稻田景观，北山塘则推出体验式的郊野公园……

2019年12月31日，"明月山塘"景区被评为国家"3A"级景区，全年景区收入达到1800万元，南山塘景区中的铗子书屋、葫芦奇妙屋、山塘老街等更成为整个景区中别具特色的文化景点。"现在站在山塘桥上，已经是完全不一样的对比情况了。"陈佳秋感叹道。

南北山塘寻求错位发展、求同存异，在"明月山塘"景区建设上获得了一定成功，但在推进明月山塘深入发展的过程中，依然存在一些无法避免的问题。"接下来如果要创'4A'级景区，出入口怎么设置，景区门票怎么处理等，还有很多问题需要沟通。"陈佳秋说，"目前两地分别建立了各自的旅游公司，但未来如果要创'4A'级景区，两地还需联合成立旅游公司，这些都是我们未来需要解决的问题。"

一体化追梦

2019年12月1日，中共中央、国务院印发了《长江三角洲区域一体化发展规划纲要》，并发出通知，要求各地区各部门结合实际认真贯彻落实。2020年1月8日，浙江省正式对外发布《浙江省推进长江三角洲区域一体化发展行动方案》，提出促进廊下—广陈等省际毗邻区域协同发展。1月10日，上海市贯彻《长江三角洲区域一体化发展规划纲要》实施方案也正式对外发布，方案中多次出现推进金山—平湖跨省市城镇合作。

打通南北山塘省际毗邻公交与合作共建"明月山塘"景区，仅仅是平湖推动长三角毗邻地区一体化系列举措中的一角。平湖市交通运输局副局长王晓东表示："在2020年，平湖还有包括铁路梦、整车梦、通航梦、大港梦、创新梦、大学梦、数字梦、安居梦在内的八个梦。"2020年，平湖市提出要更大力度推进区域合作，深化与金山区的毗邻协作，在各个方面都向着一体化追梦。

南北山塘作为平湖梦中的一小部分，却为长三角毗邻地区一体化发展乃至整个长三角区域一体化发展提供了一个典型的乡村样本。在进一步推进高质量的长三角区域一体化发展过程中，既有合作，也有竞争；既有机遇，也有挑战；既有红利，也有风险……

（实习生郭正正、李玲、姚旭波对此文亦有贡献）

一座江南小城与猪的"爱恨情仇"

科技日报记者：王小龙　　**实习生：**曾雷霄

"去年全市生态环境治理实现历史性突破，PM2.5年均浓度和空气质量优良率指标均超额完成年度任务，改善幅度超过全省平均水平。"2020年的头两周里，嘉兴当地不少媒体都引用了市生态环境局的这段话，嘉兴的环境空气质量好起来了。但很多人不知道的是，就在六七年前，这座江南小城曾经和猪之间发生过一场颇为壮烈的环境保卫战。

嘉兴是坐落在浙江北部的富庶小城，全市人口352.12万，全年人均生产总值达到103858元。20世纪80年代开始，生猪养殖成为当地不少村镇的致富手段，以生猪喂养为主的农业发展模式为嘉兴带来了可观的经济收益。到2012年底，全市生猪存栏量达到273.1万头，生猪养殖产业链达到全市农业总产值的30%以上。然而，这种依托"二师兄"的粗放型发展方式也暴露出了大量问题：环境污染、产能过剩、资源浪费、管理缺位等不胜枚举。2013年全国两会期间，黄浦江死猪事件爆发，一时间将嘉兴的生态环境问题推到了风口浪尖。

面对这样的情况，嘉兴人重新审视了他们与猪的"羁绊"，对生猪养殖提出了改革的全新方案。政府、企业、民众共同发力，或转变发展思路更换赛道，或借助科技力量转型升级。

嘉兴竹林村：痛别养猪，养猪村变身景区村

2013年，在经历过黄浦江死猪事件后，嘉兴市痛定思痛，开始推行全市的生猪退养方案。在这场改革中，有着华东第一养猪村的嘉兴市南湖区新丰镇竹林村一马当先，积极响应号召，顺势推动产能转型。

2020年1月的航拍竹林村（曾雷霄、石雪洁供图）

然而，起初改革的推进并不轻松。长久以来的养猪模式不仅为老百姓带来了收益，更让"养猪等于致富"的思想根深蒂固，坊间甚至流传着这样的俗语："家有母猪近百头，何须再当万户侯。"所以，要想开展这场改革，地方政府必须先忍痛割舍以往的生猪养殖的经济发展模式，改变老百姓以往的思路。为此，竹林村的干部们一次又一次地走入老乡的家里，挨家挨户地向人民群众解释新的政策。

新丰镇竹林村党委书记陈云华回忆说，为了打消民众的顾虑，他们曾经"五十次顾农户"，苦口婆心地展示了地方政府对于告别"二师兄"的决心以及发展新模式的恒心，渐渐地让这些农户对新的发展政策有信心，逐步拆掉低效过时的养猪棚。到2016年，全村拆除近40万平方米猪舍、

年生猪存栏量从15万头到清零。

惜别初恋"二师兄"后,竹林村探索了新的发展模式。2015年开始,竹林村统筹推进"五水共治"、"三改一拆"、"美丽乡村"、小集镇综合整治、省级"3A"级景区村庄建设等各项中心工作。让青山绿水的农家风光与深厚的历史底蕴相结合,建设高以永史料陈列馆、竹林村史馆、党建馆等。让发展单一,"野蛮生长"的竹林村完成了华丽转身,变成了以农业、旅游业、自然风光与人文历史相结合的唯美诗画小镇,并发展下游的餐饮业、民宿行业等。2018年4月,嘉兴远景旅游入驻竹林,合作成立了嘉兴新竹景区管理有限公司,对竹林景区核心地块进行了规划、设计、施工、运营一体化管理。2018年6月,竹林村在美丽乡村建设基础上又投入近2000万元,进行了景区村庄功能化提升改造。小镇的经济发展模式也平安地渡过转型期,全村农民人均纯收入由2014年的23965元提升至2018年的31519元。

竹林村史馆(曾雷霄、石雪洁供图)

时至今日,竹林村完成了从"臭名昭著"的"华东第一养猪村"到"芳名远播"的华丽转身,成为一个"小桥流水人家"的诗画小镇。这里绿水环绕，水清岸绿，一群群鸭子在水里嬉戏，一个个垂钓者在光影晃动的竹叶下安静地等待着肥美的鱼儿上钩，农家新修了屋舍，碧瓦飞甍，错落地排布在花圃间。闻名而至的旅客络绎不绝。

一位来竹林村旅游的游客感慨道："竹林村以前穷又苦，交通也不发达，都是散养猪，家家户户，能多养绝不少养。以前坐车，臭得很的地方就是竹林村到了，现在好多了。"

华腾猪舍里：优化养猪，做一个精致的"猪猪牧场"

与痛别"二师兄"的竹林村不同，坐落在嘉兴市桐乡洲泉镇的华腾牧业对"二师兄"则是不离不弃。他们借助科技创新的力量与全新的运营管理模式，给生猪产业链来了一场改头换面的大变革，创建了环境优美的新型养猪产业基地——华腾猪舍里。他们构建了生产、养殖、制作、售卖的完整产业链，打造了集农业、商业、旅游业于一体的多功能精致的"猪猪牧场"，是供给侧结构性改革的一次崭新尝试。

华腾猪舍里正在进行例行喷雾消毒作业（曾雷霄、石雪洁供图）

其实早在非洲猪瘟肆虐之前,华腾牧业就已经是国内生猪养殖行业内对新技术进行先行先试的典范。通过杂交技术,他们自主研发繁育出了新品种;按照欧洲标准建立起现代化养殖基地,结合果壳视界智慧系统,建立了生猪智慧养殖模式;同时牧场按照"无害化、减量化、资源化"的原则,开展生猪排泄物高值化利用相关技术的集成创新与有机整合,生产出新型生物炭有机肥及高效液体肥,解决了排泄物处理难的问题,对当地土壤改善起到了极大的作用。华腾牧业的猪肉质量也得到了外界的认可,旗下的"桐香"猪肉成为2016中国杭州G20峰会及连续五届世界互联网大会的肉类供应商。

华腾猪舍里中的路牌(曾雷霄、石雪洁供图)

无论是竹林村痛别养猪,还是猪舍里携猪共进,都是嘉兴人调整思路、更新陈旧产能、提质增效高质量发展、推进绿色发展的积极尝试。这个江南小城在这场与猪的"爱恨情仇"的较量中,不同区域根据自身不同的特点做出了自己的选择。今时今日,绿色嘉兴的图景已经开始初显苗头。从2012年到2019年,嘉兴市的水质、空气等重要环境指标完成了逆袭,三类水质从零起步占比达到了65.8%,而饮用水达标率提高了88.9%,年均PM2.5累计下降31微克/立方米,生态环境公众满意度提高了46.1%。

吴建林：一时军人，一世军魂

科技日报记者： 王小龙　　**实习生：** 郭正正　　李　玲

身材高大、笑容和煦，戴着黑色手套，穿着深灰色毛衣、蓝色的裤子和墨绿色的外套……见到吴建林时，他刚刚结束在思古桥站的船只指挥工作，外表平实简朴，给人以亲近舒坦之感。

上过战场、受过重伤、立过军功、救过人命，获得过"全国先进工作者""全国五一劳动奖章""全省交通行业十佳文明标兵"等多项国家和省市级荣誉的吴建林，如今已经扎根港航基层一线30载，是嘉兴市港航管理局思古桥检查站副站长。和我们聊起时，荣誉等身的他丝毫未提自己的众多头衔，而是絮絮叨叨地和我们说起了一个特殊的日子——1月15日。

原来，就在我们采访的第二天，是对越自卫反击战役大捷35周年的日子，但也是在这一天，吴建林永远地失去了曾和他并肩作战的90名战友。作为军人的那段浴血奋战的时光，早已镌刻进他的骨子里，流淌在他的血液中。

"从小就崇拜军人，入伍是实现初心"

1963年出生的吴建林，是浙江省桐乡人，在家中排行老三的他，上面有一个哥哥和姐姐，下面有一个妹妹。因为从小在农村长大，吴建林9岁就开始帮父母干农活了，洗衣煮饭、割猪草羊草，都是他平时生活中再正常不过的事。提到儿时的娱乐生活，吴建林笑道："你们现在打的游戏我们真的啥都不懂，当时我们玩的都是自己做的玩具，踢鸡毛毽子、翻用废报纸做的洋片、丢沙包、打弹珠，每天爬得像泥冬瓜一样。"

因为家里小孩多，生产队分的粮食少，吴建林经常会遇到食不果腹的情况。"应该是1975年吧，我上初中住校，那时家里腌咸菜，一个礼拜就给一大杯，就算咸菜放出毛了也会扒扒干净再吃。"吴建林一边说着，一边用手比画杯子的大小。因为上学的路途十分遥远，再加上哥哥姐姐都外出读书，家里缺少劳动力，因此吴建林15岁的时候便回家务农。身为生产队的队长，吴建林在队伍中"颇有名气"，18岁时便挣满了10工分。"当时我们村里面有300多亩的土地，只要我的队伍在，其他劳动力基本上就不用来了，我们全包。"说到此处，吴建林难得地露出了孩子才有的得意之色，逗乐了众人。

吴建林近照（李玲、姚旭波供图）

吴建林的父亲和姨父都是老党员，家里良好的政治条件让他在19岁那年成为村里唯一一个入伍当兵的人。"我们那一代人所受的教育基本都与黄继光、董存瑞、邱少云和刘胡兰等人物相关，应该说从小就很崇拜军人，是十分向往当兵的，那也是我的初心。"当时的吴建林心中并无其他，心中所想不过是从军入党，既然去了就要好好干，为父母和家里争光。讲至此处，吴建林还一字一句地和我们强调："虽然我这样说你们可能理解不了，但一个国家的人你不能把民族的精神忘掉了，对国家的忠诚很重要，对国家要忠心不贰。"

"军功是我替无数个牺牲的战友们领的"

1982—1985年，于吴建林而言，是刻骨铭心的。然而当谈起入伍这三年时，他却语调轻松地笑着总结道："第一年抗洪，第二年打仗，第三年养伤。"短短一句话，却深藏着功与名。

那时在部队，生活条件十分艰苦，新三年，旧三年，缝缝补补又三年是对吴建林当时部队生活最真实的写照。入伍不久，1984年，吴建林便参加了安徽丹阳湖抗洪抢险行动。"我们抗洪没有什么机械化设备，全是人工挑的，当时我们穿的衣服都是肩膀和皮肉粘在一起的，是怎么撕都撕不开的。"抗洪刚到的第一天，晚上倾盆大雨，吴建林一行人因为给车加固摔伤了。"那晚有人给我们倒热水让我们暖暖身子，最开始我们都以为是红糖生姜茶，后来等到水凉了我们把筷子放进去，这筷子都不会掉下来的，这才知道原来是泥浆水。"说起那晚的细节，吴建林至今仍历历在目。

抗洪历时40多天，回到部队后不久，吴建林便听到了打仗的消息，当时的他正和战友们一起洗衣服。"本来我是不用去打仗的。"吴建林边说边回忆道，"但我知道消息后便去找连长和团长，再三争取，这才上了前线，到祖国最需要的地方是当时我们每个人的愿望。"那时吴建林原本就准备入党了，既然要上前线打仗，他索性便争取在前线入党。"能在前线入党是特别崇高荣耀的事。"说至此处，吴建林的语调中才又浮现出些许的得意，他边说还边找出了他在前线入党时的老照片，那是1985年1月13日，照片中的他年仅22岁，清瘦却刚毅，和其他战友一起举着右拳向党旗庄重宣誓，神情庄严肃穆。

1985年1月13日，吴建林在前线147高地宣誓入党（作者供图）

从1月15日上战场到1月20日下来，短短5天时间，却是吴建林一生中的高光时刻，而他身体中至今未取出的20多块弹片，便是对这段时光最好的证明。"如果再晚两秒，我自己就被炸飞了。"讲起自己身上20多块弹片的缘由，吴建林提到了那生死一瞬。彼时，他和战友们正冲上高地，对方猛地扔了一个手榴弹。"我以为是老鼠跑出来了，没想到是一个在冒烟的手榴弹，我离它的距离特别近。"千钧一发之际，吴建林当机立断地拿起手榴弹扔进了身边的一个土坑，手榴弹在下一秒便爆炸了。尽管命是保住了，但由于距离过近，吴建林还是不可避免地受到了弹片的波及。当问及弹片的位置时，吴建林指了指自己的左半边身体，20多块弹片已经深入他半边身体的血肉之中，由于取出的风险大，成本高，至今基本都还留在体内，每每阴雨天便隐隐作痛。"之前取出过左手的弹片，但也是因为这样伤到了神经。"吴建林一边说着一边举起了那只看似完好无缺的左手，动起来却并不灵活。

身负重伤的吴建林在到了昆明养伤时才终于向家里发了报平安的电报。"打仗的事我父母一直不知情。他们收到电报后便乘坐三天三夜的火车先后来看我，说实在不相信，以为我肯定死掉了。"当兵回来的吴建林被授予了二等功。"打仗时其实根本没想能不能立功的事，死就死了，活着回来就谢天谢地了。"这是吴建林从战场下来最直观的感受。"比我困难的人太多了，当时我住的那个病房，5个人只有4条腿，而我有手有脚，不知有多幸运，他们比我更需要这个军功。"吴建林说道。

吴建林在无锡101医院养伤（作者供图）

谈及兴浓处，吴老拿出了他当年在无锡医院养伤时的照片，照片中是他和他的4位战友。"能看出哪个是我吗？"吴老将照片递过来，俏皮地和我们玩起了猜谜游戏。如果不是听过他此前的故事，你丝毫察觉不出这样一个穿着一身白衣，有着略带青涩眉眼的青年身上已经经受过无数炮火和硝烟的洗礼。"怎么样,那个时候我还挺像半个摇滚青年吧?"笑着和我们开玩笑的吴老把我们都逗乐了。战火敛去了他的稚嫩和青涩,让我们忘了他原来也是一个爱玩、爱笑、爱时尚的青年。

一时军人,一世军魂

如今的吴建林,是嘉兴市港航管理局思古桥检查站的副站长。在航道上指挥交通,疏通航道,就是他的日常工作。扎根基层30年来,无论是做人做事,吴建林身上总是透着军人的那股直爽和拼搏劲儿。说起近些年所获的荣誉和媒体对他的赞美,他连忙摆摆手说:"别说什么坚守啊,挑灯夜战、见义勇为啊,这些词看得我头都大了,这就是我该做的啊,这就是我的工作。"从战场上活下来的他,看得开,想得也开。"原本吴副站长他得了'二等功',也是二级残疾军人,身体也不是很好,是可以申请不用工作或者早点退休,还是心里喜欢这个工作吧。"吴老如今的同事,嘉兴市港航管理局城郊处党政办的齐主任说道。

2003年的第八届浙江省见义勇为先进分子称号,2007年的浙江省五一劳动奖章、浙江省道德建设先进个人、浙江交通十大感动人物,2008年的全国交通行业文明执法标兵。荣誉等身的吴建林,最忘不了的还是他当年获得的"二等功",这是他身为一名军人的荣耀。"这个'二等功'说白了也不是我的,是我替战场上死去的兄弟们领的。"在吴建林看来,"二等功"这三个字是沉甸甸的,承载着牺牲烈士的鲜血。说完此,他又殷切地向我们念叨:"千万不要说我是什么立过功的,离开了组织我什么都不是。"

谈到现在对年轻人的教育,吴老的话又多了起来。"以前我女儿小的时候,我和她说以前的事,她根本不听,说我是吹牛,真的是傻瓜呀。"吴老痛心疾首地说。吴老的女儿如今已是一名母亲,也渐渐体会到了父亲的不易。"她现在会跟我说爸爸你年轻的时候真不容易。"在吴老看来,现在对年轻人的爱国教育还远远不够。"前段时间经常出现丑化过去民族英雄形象的事,其实他们根本体会不到,你身为一个军人,你有一个军人的职责在里面呀,负伤了我们完全可以回去的,但我们是不会走的,哪怕下一秒就面临着生命危险我也不会动的。命令高于一切,祖国也高于一切。"

冬季的江南阴雨连绵,吴老的身体因为存留的弹片始终隐隐作痛,但他从未后悔过。"说句实话,能参加当年的那场战争是我最骄傲的事,人家双腿都失去了,双目失明也都从没有后悔过,真正的军人是从不抱怨的。"吴老斩钉截铁地说。

崇尚荣誉,是军人;隐藏荣誉,同样是军人。从战争年代一路走来,即使往事尘封,吴建林也从未忘记,自己是一个兵。

"我还要买菜回家烧饭呢。"临走时,吴老边说边匆匆地走了,爽快利索的他,很快便消失在了楼梯口,仿佛从未来过。

新春走基层｜淡季不淡！红色旅游成春节出游新亮点

科技日报记者： 王小龙　　**实习生：** 郭正正　李　玲

1月13日，距2020年春节还有不到两周的时间。浙江嘉兴南湖革命纪念馆里，依然是人来人往。

在一幅农村包围城市的互动地图前，一大早专门乘高铁从上海赶来的许女士停下了脚步，仔细端详。被问及此行的目的时，她说："去年看过一个讲述中国共产党发展历程的纪录片，觉得很有意义，就想着一定要来嘉兴，一定要来看看。"

嘉兴南湖革命纪念馆内的红船模型（作者供图）

慕名前来的参访者除了机构、团队外,还有许多散客,其中不乏年轻人。南湖革命纪念馆提供给记者的一份数据显示:最近两周到访纪念馆的游客中,除了旅行社和团体客人外,学生旅客是继散客之后的第二大游客类型。

在南湖革命纪念馆,记者就见到了两位年纪相仿的小男孩。在人群中牢牢占据着第一排"C位"的他们十分显眼,从头至尾都紧跟着讲解员的步伐,聚精会神地听着讲解。"那艘船在画里看起来挺小的,但讲解员姐姐说能坐下那么多人我觉得很奇怪。"正在读二年级的哥哥说,"很想让妈妈带我去看看真正的船。"

嘉兴南湖革命纪念馆内,记者正在采访两位小朋友
(科技日报记者 王小龙 摄)

"来这里就是想让孩子听听历史故事。"孩子的母亲在接受采访时表示,孩子们对历史特别感兴趣,之前已经带他们去过"九·一八"历史博物馆,这次是专门趁着放寒假来嘉兴参观。她说:"现在的孩子生活富足,没有什么吃苦精神,所以还想让他们多了解了解以前的人们是怎么苦过来的,让他们懂得美好生活来之不易。"

南湖革命纪念馆的一位工作人员告诉记者,按说春节前后都是参观的淡季,但今年情况有所不同。2020年1月的头两周,该馆接待游客人数近1.3万人,显著多于往年同期。据了解,在即将到来的春节长假,红色旅游相关旅游线路热度不减。除嘉兴南湖革命纪念馆之外,广西壮族自治区百色市百色起义纪念园、陕西省延安市延安革命纪念馆等多个红色旅游景区的情况也大体类似。

据去哪儿网的数据显示,有关"红色线路"的旅游产品热度较去年同期增长4成,其中以"一日游""周边游"为代表的短线旅游产品深受欢迎。上海、北京、广州等城市,在异地过年的潮流下,陪父母、孩子去当地的历史文化遗址、红色旅游景点等地参观成为许多80后、90后的新年风尚。

出租车司机周勇：疫情前坚守一线，为民服务

作者：叶子怡

截至2020年1月30日24时，嘉兴市累计新型冠状病毒肺炎确诊病例16例，目前追踪到密切接触者812人，尚有805人正接受着医学观察。在这样的形势下，嘉兴街头来往的车辆肉眼可见得稀少了，但出租车司机周勇的车依然穿梭在城市的街头，坚持提供着服务。

"即便是这样的情况，肯定还是有乘客需要用车的。只要政府没有说停开，那我就多坚持一天。"在出租车司机身份之外，周师傅亦是全国五一

出租车司机周勇擦车中（曾雷霄供图）

劳动奖章的获得者、越战退伍老兵、老共产党员。多年来他常常以"城市第一张名片"的身份要求自己,每每接到从嘉兴火车站出来的外地乘客,他总会热情地和乘客沟通,和他们聊聊嘉兴的名特产、南湖的美景。遇到有特殊要求的乘客,他总是悉心沟通、尽力满足。

自1999年末开始做出租车司机起,他已经这样近乎全年无休地坚持了20余年。

同行口中的老楷模

在同行毛阿姨眼里,这是一位虽未曾碰面、但久有耳闻的热心好人:"我们不是一个公司的,没有见过他这个人,但是在业内是很有名的道德劳动模范。每年都坚持给高考生送考,之前有一个孕妇临产也是他免费加急给人家送到医院的。而且每天早上的922广播电台,他都会跟主持人连

工作中的周师傅(曾雷霄供图)

线播报路况。"多年来,周勇通过嘉兴交通经济广播FM922的《相约在路上》节目义务给市民做路况连线报道。哪里发生事故、哪里有高峰拥堵、哪个路口出现施工等,风雨无阻。"每天我找一个没什么人的地方靠边停车,然后就和922电台进行连线,把我了解到的路况消息及时分享给广大车友,为大家解决一些不时之需。一方面练习了我的普通话,另一方面也是给大家带来更多的方便,我很开心。"周勇说。

真诚、无私、奉献,是大家谈及周师傅时不约而同的评价。尽管有诸多荣誉加身,他却从来没有将这些名誉看得过重。在他心中,这是他作为一名党员、一名昔日军人的职责和使命。

一日军人,一世军魂

"我以前当过兵,而且又是党员,时时刻刻都要牢记为人民服务!"周师傅摸着自己胸前时刻佩戴着的党徽强调。四年的军旅生涯和越战参战立功的特殊经历,铸就了其为民服务的品行,培养了其坚韧不拔的党性。出租车司机的工作非常辛苦,早晨四五点就起床,晚上工作到近10点。因为载客时间的高峰期,用餐的时间也被延后至下午4点和晚上9点以后。寒来暑往,即便是灾害天气,周师傅也坚持到最后一刻。在今年"利奇马"台风登陆浙江之时,他也坚持出车。恶劣的天气不仅考验着他的开车技术,也对他的身体素质提出了较大的挑战。周勇坦言,眼睛酸得不行,但即使开慢点也要提供服务:"好多司机都不出车了,这个天气还是有人用车的啊!"这亦是他时至今日还在坚持工作的重要原因。疫情防控期间,乘客量大幅下滑,且每日前往固定消毒点耗时耗力,但周勇从未想过停业。"为人民服务"于他而言,早已是烙印在身心的不变宗旨。

这一宗旨也体现在其生活的其他方面。2000年夏季,一个偶然的机会,周师傅认识了一位外地单亲带两孩子的家长。感慨于他人生活的不易,周师傅与其结成了帮困助学,资助至今。除此之外,他还在每年的

"六一"儿童节前往福利院探望孤儿、大雪天放弃经营在建银桥上抗雪救灾。这样的点滴善举,于他而言早已是渗透生活的习惯。

坚守,是不变的信念

今年的春节并不太平,武汉疫情牵动着全国的心。面对高传染性的病毒,人们大多选择留在家中,避免串门和见客,减少自身感染的概率。作为一名出租车司机,周师傅却选择了继续出车。这并不是一个轻松的决定,一方面出租车司机每日接触人群复杂,另一方面政府和监管部门对继续工作的卫生要求越发严苛。据他所说,车辆每天都要去定点消毒,车位座套隔一天一换。更难受的是,接近零度的冬天里为了保持车内空气通风良好,不能开空调,且需要时不时开窗:"这个天,哪怕是开5厘米的缝,车子开起来都是很冷的。但是没有办法,这也是为乘客和自己的健康着想。"

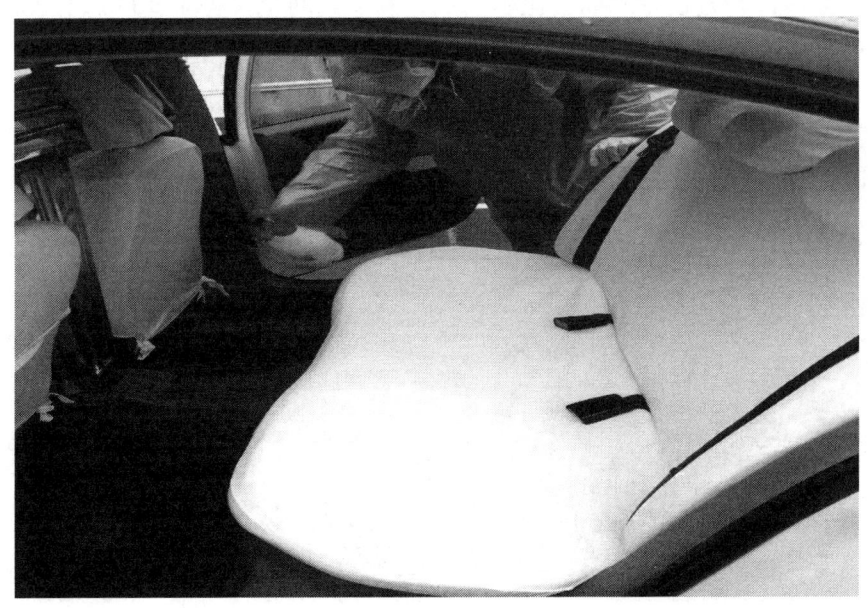

定点消毒处消毒(周勇供图)

外地客流的减少、本地住户的闭门让原本就不太景气的出租车生意更加难做，但周勇依然选择坚持，哪怕是赔了油耗也要让真正有需求的人得到帮助。1月27日，一名从广西来嘉兴、需要前往常熟的乘客坐上了周师傅的车，言语中非常焦急。但由于城际之间的交通管制，车辆无法前往。在这一情况下，周师傅先是好言告知，在乘客一再坚持的情况下选择将乘客送至汽车北站，并给出了接下来行程的进一步选择建议。乘客不由感慨，师傅您这个服务态度真的是没的说。

28日晚，一男子上车之后就说："师傅你帮帮忙。"此时已是晚上6点多，该男子要前往一个已经有疑似病例发生的乡镇小区。周师傅听罢后表示，由于附近的街道包括小路都封锁了，他会尽力将其送至最近的地方。一路上一边开车，一边为乘客大致描述了现阶段的情况。下车时，该男子再三感谢他的热心和专业。

在周勇看来，这都是他作为党员的责任，"有困难，找党员"于他绝对不只是一句口号。家中的亲人们也都非常支持周师傅的工作，在他看来，工作再辛苦也是本职，比不上那些春节期间也义务工作的志愿者们。今后，他也将继续不忘初心，为乘客们提供最诚挚的服务。

摄于周勇家（曾雷霄供图）

"美丽乡村"的官方摄影师：
高家堂村村主任潘小众

作者： 谢雁冰　杨　爽　李坤晟

高家堂村迎新春景象（作者供图）

新华社客户端浙江频道1月19日电（谢雁冰　杨爽　李坤晟）1月16日，腊月二十二，距离除夕还有将近一周。浙江省安吉县高家堂村村内，村民们已经挂起红色的小灯笼来装点气氛。村委会主任潘小众举起相机，将高家堂四季如画的美丽风光连同年关在即的喜庆氛围一起收进了镜头。

打开高家堂村的官方微信公众号"魅力高家堂",这样的"大片"还有很多。它们的共同点在于,均出自村委会主任潘小众之手。

"美丽乡村"的官方摄影师

48岁的潘小众是一个土生土长的高家堂村人,毕业后选择留在村里,2001年开始做支部委员,后来慢慢做到党委委员,2010年正式成为村委会主任。

"2000年前后,高家堂村进行美丽乡村建设,需要一些照片做材料、做PPT。请摄影师来拍,一是费钱,二是不了解村子,拍不出我们想要的效果。"从那以后,潘小众拿起相机,自学摄影,将高家堂村的四季风光一幕幕定格。

高家堂村玉兰花开(作者供图)

"摄影最大的乐趣就在于从另一个角度发现美的东西。"潘小众一边翻着手机,向我们展示他拍摄的高家堂村一年四季的美景,一边兴高采烈地讲着他所理解的摄影。"我特别喜欢拍这种。"他指着一张微距照片说,"我有一段时间天天拍,想把露珠拍成从里面可以看到人!"

最近,潘小众常去村里山上拍日出,但并不是每次都顺利。"三四点钟起来到山顶等,等了半天,雾起来了,只能回来了,这样的事情经常有的。"潘小众笑着说,但这并不能打消他的激情。

18日夜晚,为了拍摄日出雾凇的美景,潘小众孤身一人开着车,带着摄影器材到山上住了一晚。金灿灿的日光普照的刹那,他欣喜地按下了快门。"昨晚要冻死了。"嘴上抱怨着山上的温度,但在给我们展示拍出的雾凇美景时,潘小众的脸上却是抑制不住的幸福与满足。

到今年,相机已伴随着潘小众,更伴随着高家堂村,度过了近二十载春夏秋冬。潘小众的微信头像和朋友圈背景都是自己拍的高家堂村风景。不仅如此,他还注册了抖音账号,发布了120多条有关高家堂的短视频,获得上万的点赞。高家堂村的美丽不仅定格在潘小众的镜头里,更珍藏于他的心中。

"绿富美"的建设者

高家堂村位于全国首个环境优美乡——山川乡境内,村域面积达到7万平方公里,其中山林面积达到6.5平方公里。村内竹林环绕,山清水秀,2015年被评为"中国十大最美乡村"。潘小众告诉我们,截至2019年,全村244户、863人,家家户户有房有车,人均可支配收入达到4.3万元。"绿富美"之村可谓当之无愧。

然而,潘小众告诉记者,曾经的高家堂村并非如此。20世纪八九十年代,基于当地丰富的毛竹资源,高家堂村开办了造纸厂。"造纸就得有锅炉,锅炉要烧煤,污水直接排入了河道,当时水污染特别严重,安吉甚至一度被列为太湖水污染治理重点区域。"潘小众回忆道,"虽然成了富裕村,但环境却差了,山是青的,水却黑了。"

高家堂村的山水（作者供图）

潘小众讲述高家堂村的变化（作者供图）

2003年开始，高堂村进行整治，建成了全省第一个农村生活污水处理系统。同年，浙江省启动了"千万工程"，开启了以改善农村生态环境、提高农民生活质量为核心的村庄整治建设大行动。高家堂村开始一步一步向着"绿富美"的方向发展，逐步成为中国美丽乡村精品示范村、国家3A景区……

"因为我们环境建设好了，2012年成立了旅游开发公司，现在最获益的肯定是老百姓。"潘小众说，"很多村民都是民宿老板，村里每年也会分红。"环境好了，百姓富了，潘小众脸上洋溢着喜悦。

在通向"绿富美"的道路上，也存在着许多困难和挑战。如今年9月，一场罕见的暴雨造成了高家堂村村内多处山体塌方，潘小众也为此担心得几乎一夜未眠。又如早前村民间利益分配的问题，面对不愿意服从高家堂村景区建设大局的村民，潘小众也以情动人、以理服人，推动全村走上共同富裕的道路。

一方面，高家堂村的美丽风光成就了摄影师潘小众；另一方面，也正是潘小众一路见证并推动建设起如今"绿富美"的高家堂村。

"美丽攻略"的持续规划者

潘小众将村主任这份工作描述为"24个小时脑子都在转"的工作。上班时间自不必说，即使是下班回到家中，面对村民们打来的电话，潘小众也要第一时间做出反应。

在高家堂村究竟该如何建设上，潘小众的思考更是一刻都没有停过。潘小众经常会去兄弟村走访考察，"每个村都有值得学习的地方，看他们好的东西，会发现我们自己的缺点，那么我们以后的建设中，就要避免"。前几天，潘小众一个人来回开了近4个小时的车，来到山川乡九亩村考察学习，"这个村很有意思，他们家家户户的围墙都不一样，有特色，很漂亮。"潘小众一边展示着拍的照片，一边指着墙上的雕花说。

当被问到累不累时，他坦诚地说："真的是累的。当村干部，特别是我们安吉的村干部，没有一个人不累。但把村子建设好了，看到停车场被游客停得满满的,心里就很舒坦。"看着高家堂村如今的风貌,潘小众眼里闪烁着自豪与欣慰。"很多村干部到了后来就不想离开了,就算工资少一点,但自己亲手在做,把这个村建设好了,特别有成就感,慢慢就喜欢上了。"说到成就感,潘小众的音量提高了一个度。

谈起未来,潘小众多次提到城市规划的重要性,"规划得好就能拓展发展空间"。2019年上半年,潘小众特地跑到安吉县国土资源局,"我去请教局里的总工,像我们这样的村怎么进行空间规划,能更充分地利用发展面积、拓展发展空间"。

2020年,潘小众说:"我们村要集体拿出1000多万元,再建一条路,有路了,两边才会有人家来造房子,空间大了可以拓展经营,村民就可以办民宿、办饭店。"让村里的家家户户都有自己的产业,"躺着"也能赚钱,是潘小众最大的愿望。

2019年12月31日,潘小众打开了朋友圈,按下键盘输入:"只争朝夕,不负韶华,新年快乐!"并配上了一张2019年高家堂村的美景图,是新年对自己的要求,也是对高堂村未来一年满满的期望。

新的一年,不难想象这位"魅力高家堂"的官方摄影师,定将继续投身于建设和记录这个更绿、更富、更美的高家堂村。而神州大地上,一位又一位满腹激情与理想的村干部,也必将带领中国乡村,走向更加美好的未来⋯⋯

全国劳模何贝:"枫桥经验"成就了我

作者:唐凤英

他出生在农村,19岁参加工作时,曾是基层供电所一名普通的抄表员;他没有豪言壮语,却几十年如一日地把"你用电,我用心"的承诺深植心底;他身上有不少头衔,也有很多荣誉,但是他说他最喜欢的还是村民们给的"电保姆"的昵称;当被问到一路走来,是什么支撑他坚定向前,不断进步,他说:"我是土生土长的枫桥人,是'枫桥经验'成就了我。"他就是全国劳模、浙江工匠何贝。

1月中旬的诸暨,气温不到10度,下雨天会更冷些。尤其随着春节的脚步越来越近,为保障居民的用电安全,何贝和同事们忙碌的身影不停穿梭在诸暨的田间地头,大街小巷。也因为这样,对何贝的采访被推到了一个下雨天的晚上。

中等个儿,衣着一套深蓝色的西装,何贝给人的第一印象十分精干利落。而当采访开始后,伴随他真性情的流露、朴实的话语表达,特别是他在工作中与村民、周遭发生的故事,将这冬日的寒意一扫而光。

故事还得从22年前说起。

那年何贝19岁,刚从浙西电力技术学校毕业。和班上很多同学都定向回自己所在城市类似,他也选择回到家乡诸暨,在枫桥供电所做了一名普通的抄表员。

"抄一只电表其实是很费时间的,你不可能光抄一只表,理都不理村民就走了,一聊天,他有很多事情要给你讲。这个月几度电?怎么会这么多，会不会我这个表有问题，你帮我去看看，我家里面那个东西（也有问题），你帮我去看一看，就会延伸出来各种问题。"看似简单的抄电表、收电费，曾一度让何贝生发了打退堂鼓的念头。

进行电力故障处理（何贝供图）

服务居民安全用电（何贝供图）

"那时候心里是感到有些委屈的。"何贝坦言。但是母亲用自己从民办教师转为公办教师的经历告诉他，不管做任何事，都得学会感恩和努力，就这样，他的想法慢慢发生了改变。

"我本身也是农村长大的，将心比心，我父母也一直教育我，对待村民要像对自己亲人一样……"何贝说虽然他抄电表的时间不长，但是那段经历让他颇为受益。

"他们见到你去就非常客气：'小何小何小何'，就是这样（叫），如果碰上吃饭的时间，就说到我家里吃饭，或者刚好有水果，他们就说，快快快，快来吃。"也因为何贝的贴心，村民们还给他取了个"电保姆"的昵称。

时间切换到2010年大年二十九晚上。

当时，何贝已经担任枫桥供电所副所长，那天刚好在所里值班。由于夜里突然下起了大雪，大概凌晨两三点钟，很多电话打到了他的手机上，说赵家镇山上的毛竹压下来，10千伏东溪线跳闸停电了。

在电力抗冰抢险现场（何贝供图）

"我们这里有个风俗习惯,大年三十一家人团聚在一起,中午开始要祈福,假如大年三十送不出电,那是不得了的,心里很紧张,压力也很大。"了解完情况后,何贝马上给所里的同事打电话,5点钟左右,所有接到通知的工作人员悉数赶到了现场。比较糟糕的是,那是在大山深处,车上不去,工作人员只能肩扛材料手拿工具,一步步走上去,加之故障点始终找不到,抢修工作最终延续到了下午1点,才把毛竹砍掉,断了的导线接上,把电送出去。

虽然已经过去10年,说到当时的情况,何贝还是非常感慨:"内心深处要感谢失电的那几个村,因为那些村书记、主任和村民们详细讲过以后,他们还是非常理解的。"

何贝是土生土长的枫桥人,对于"枫桥经验",他不仅要求自己践行于行,2011年当上枫桥供电所所长后,尤其是2013年适逢毛泽东同志批示学习推广"枫桥经验"50周年,他又开始思考如何才能让它更好地在电力工作方面发挥作用:"后来我们找到了一个结合点,'电力老娘舅'就是在那个时候提出来的。"

何贝告诉记者,他之所以萌生这样的想法,是因为他们的电力工作都是开展网格化管理服务,每个供电区域都由专人进行管理。

"比如说像枫桥镇,有一个人在管的,他是土生土长的枫桥人,大家都叫他阿立师傅,他管了30多年,乡里乡亲都是非常熟悉的,所有的电力纠纷、用电上的问题,村民不会找派出所,不会找镇政府,第一个想到的就是打电话找他……这批人有相当好的群众基础和服务经验。"

就这样,致力于在日常电力工作中,用群众路线、法治思维、源头治理和网格管理的方法践行"枫桥经验"的"电力枫桥经验"就慢慢形成了,"电力老娘舅"队伍也逐渐组建了起来。

2013年诸暨的夏天异常炎热,在何贝的记忆中,气温38摄氏度以上的日子持续了50多天。而那个时候,枫桥集镇刚好在进行电网改造。

"变电所要停电,变电所一停,集镇上差不多用户就没电了,那么热的天气，它要从早上7点多停到晚上10点钟，其实那个时候心里是非常担心的，因为牵扯到两个变电所，一停电就会影响6000—7000户用户。"

担心长时间停电会激发用户的不满情绪，事前何贝主动向政府汇报相关情况，积极与村沟通解释，依靠镇、村，发动员工挨家挨户地通知，张贴公告，发送短信，并在有线电视台循环播放相关内容，在供电所设立24小时值班和接待处。

"我们累计停电大概一个半月，最迟的有一天晚上11点半才把电送出去。我印象很深，我拿个手电筒往（电线杆）上照，就说兄弟们快点快点，老百姓要睡觉的，真的要被骂的。"让何贝没有想到的是，居民们不仅没有骂他们，还一直安慰他们，让他们注意安全，还经常给他们送水，用手电筒帮他们照亮。

"真的非常感动，这我有切身体会，没有人说电话打上去，打95598也好，打到我们局里也好，说怎么电还没来，一个都没有。枫桥人民的觉悟真的非常高，枫桥经验真的有其丰厚的文化历史底蕴。"何贝回忆说。

2019年"浙江工匠"表彰现场（何贝供图）

同时，何贝所讲的"电力老娘舅"，从2012年筹建至今，也已经在整个诸暨市电力系统中发展成了一支由228名电力工作人员组成的"电力老娘舅"队伍，始终践行着用优质服务把"矛盾化解在基层"，把贴心服务送到家门的"枫桥经验"的精髓。

从1998年参加工作至今，何贝已经在电力系统工作了22年。他2015年获得全国劳动模范时36岁，是浙江省绍兴市全国劳模中最年轻的一位。他的身上还有很多其他的荣誉，例如2019年"浙江工匠"，国家电网公司供电"十佳服务之星"、浙江省电力公司供电"服务之星"竞赛第一名，全国五一劳动奖章、全国电力用户满意服务明星、绍兴市突出贡献高技能人才等。

说到这些荣誉，何贝的眼神从容坚定，他说："我很感激，荣誉是对我过去某一个阶段的工作的肯定和鼓励，但是我喜欢也乐于将他们看成一个个新的起点。我最希望的是和大家一道，努力将'电力枫桥经验'更好地发展与传承。"

新春走基层 | 实地探寻"枫桥经验" 领略基层治理的时代变迁

作者： 李　晴　张又方　贾仪玮　陈孔鸿　唐凤英

越国古都，西施故里，诸暨这座2000多年的人文之城在新中国的历史上孕育出了枫桥村这个基层治理典型，也让"枫桥经验"与时俱进有了新的时代内涵。1月16日下午，"卓越新闻传播人才培养见习营"的20余名师生来到诸暨枫桥镇参观学习，共同领略"枫桥经验"的发展变迁。

"卓越新闻传播人才培养见习营"走进诸暨市枫桥镇（戴冰洁供图）

在枫桥经验陈列馆，全体营员跟随讲解员以报刊影印、文字资料和视频等形式了解了"枫桥经验"57年来一脉相承的发展历程和与时俱进的时代价值。20世纪60年代初，浙江省诸暨市枫桥镇干部群众探索创造了"发动和依靠群众，坚持矛盾不上交，就地解决。实现捕人少，治安好"的"枫桥经验"，在1963年得到毛泽东同志的批示后成为全国政法战线一个脍炙人口的典型。"之前一直以为'枫桥经验'是近年总结推出的一个样板，但是下午来到陈列馆之后知道'枫桥经验'已经有五六十年历史，并且在这五六十年是一脉相承、不断创新的。"中国人民大学的张文骁说。

"卓越新闻传播人才培养见习营"的同学们在展览馆参观（陈孔鸿供图）

从社教运动到教育改造"四类分子"、改造流窜犯、帮教失足青年，再到开展社会治安综合治理，20世纪60年代初，全国范围内出现大量盲流人员和流窜犯，严重危害了社会治安，这时枫桥干部群众提出的"管头、管脚、管肚皮"为全国就地改造流窜犯提供了经验；"文化大革命"后枫桥干部群众创新提出的"浇花要浇根，帮人要帮心"又为之后全国政法部门开展基层基础建设提供了样板。"这些已经成为中国共产党人开拓进取、基层社会治理的宝贵经验，为发展社会主义事业提供精神来源。"来自浙江传媒学院的王润老师说。诸暨枫桥干部群众始终坚持"枫桥经验"基本精神不动摇，并根据形势变化，不断赋予其新的时代内涵，也让"枫桥经验"显示出持久旺盛的生命力。

2019年10月28日，十九届四中全会在北京召开，大会在研究坚持和完善中国特色社会主义制度、推进国家治理体系和治理能力现代化若干重大问题时，"枫桥经验"作为基层治理的"金字招牌"，曾被习近平总书记多次提及。来自中国人民大学的张文骁在了解了"枫桥经验"在今天的实践后也说："尽管'枫桥经验'的出现有特殊的历史背景，但是'枫桥经验'的内核至今仍有启发意义，这是我们从历史的经验中获得的财富，在我看来，最重要的就是坚持党的领导和坚持群众路线，放手发动群众的核心思想。"

讲解员在为营员们讲解"枫桥经验"的历史变迁（陈孔鸿供图）

现在的诸暨市枫桥镇已经成为集为民服务中心、社会组织服务中心和清廉教育基地等为一体的"枫桥经验"示范点。"这次枫桥经验陈列馆参观下来最大的感受是要重视群众的力量。我们作为青年学生和新闻学子，也要坚持贴近群众，从广阔的生活中寻求灵感，'民之所需，行之所至'，为创造美好生活贡献自己的一份力量。"中国社会科学院大学的王珩瑾说。

"卓越新闻传播人才培养见习营"的同学正在阅读"枫桥经验"的历史原件
（陈孔鸿供图）

作为"枫桥经验"发源地，浙江省绍兴诸暨市不断深化发展新时代"枫桥经验"，以"五星达标、3A争创"工作为主抓手，实施党建引领基层治理"五大工程"，着力构建党统一领导、各类组织积极协同、广大群众广泛参与的基层治理体系，有效提升了人民群众的获得感、幸福感和安全感。

此次"卓越新闻传播人才培养见习营"由中国社会科学院大学和浙江传媒学院联合主办，中国人民大学新闻学院协办，中国青年网为战略合作媒体。共有来自中国社会科学院大学、浙江传媒学院、中国人民大学的42名师生参加。活动旨在回望改革开放40年浙江轨迹、寻访中国特色社会主义伟大实践的浙江样本，选择了嘉兴、义乌、绍兴等6个具有新时代特征的浙江省市、县、区、镇作为寻访和对话地。

第二部分　2020年首届"卓越新闻传播人才培养见习营"文字报道汇编

望道故居悟信仰　七一村里学先进
三校学子传承红色基因

记者：杨　月　**通讯员：**张文骁　罗德鑫
　　　　胡欣雨　陈淑敏　颜钰杰　李宇皓

2020年是《共产党宣言》中文全译本出版100周年。1月15日下午，"卓越新闻传播人才培养见习营"的20余名师生来到义乌分水塘村的陈望道故居和七一村参观，感受信仰的味道。

"卓越新闻传播人才培养见习营"走进陈望道故居（戴红梅　摄）

在陈望道故居，全体营员在讲解员的带领下参观了展出的照片和藏品，了解了陈望道的生平及贡献。"让我印象最深刻的是，陈望道争分夺秒翻译《共产党宣言》，甚至把墨汁当成了红糖，这种专注态度和追求真理的执着精神，值得敬佩。"浙江传媒学院的陈孔鸿说。

2012年，习近平总书记在参观《复兴之路》展览时曾提到陈望道误把墨水当红糖水吃的故事。当时陈望道正在柴房进行翻译，母亲问粽子加红糖水吃了没，陈望道答道："吃了吃了，甜极了。""真理的味道非常甜"这句话由此而来。

陈望道故居的柴房，陈望道在此翻译《共产党宣言》（戴红梅　摄）

"过去说陈望道，只是知道他翻译了《共产党宣言》，还有那句著名的话——'真理的味道非常甜'。"中国社会科学院大学的王珩瑾说，"这次了解到，他走上革命道路，是他的成长经历、周围的环境和个人选择等多个因素共同作用的结果。"

一百年前，陈望道翻译的《共产党宣言》激励了一代中国青年选择共产主义作为自己的终生信仰。一百年后的今天，"陈望道先生对家国的责任感、直面困难和克服困难的勇气，令人感佩不已。他是我们今天的共产党员学习的榜样。"浙江传媒学院的贾仪玮说。

陈望道是中国著名的教育学家、语言学家和社会活动家，浙江省义乌市人。1920年，陈望道翻译完成首版《共产党宣言》中译本，为中国共产党的创立奠定了坚实的思想理论基础。中华人民共和国成立后，陈望道先后担任上海市政协副主席、复旦大学校长、民盟中央副主席等职务。

1月15日下午，师生一行又来到义乌市城西街道七一村。在七一村，村党委书记何德兴向营员介绍了七一村的发展历程和党建工作。

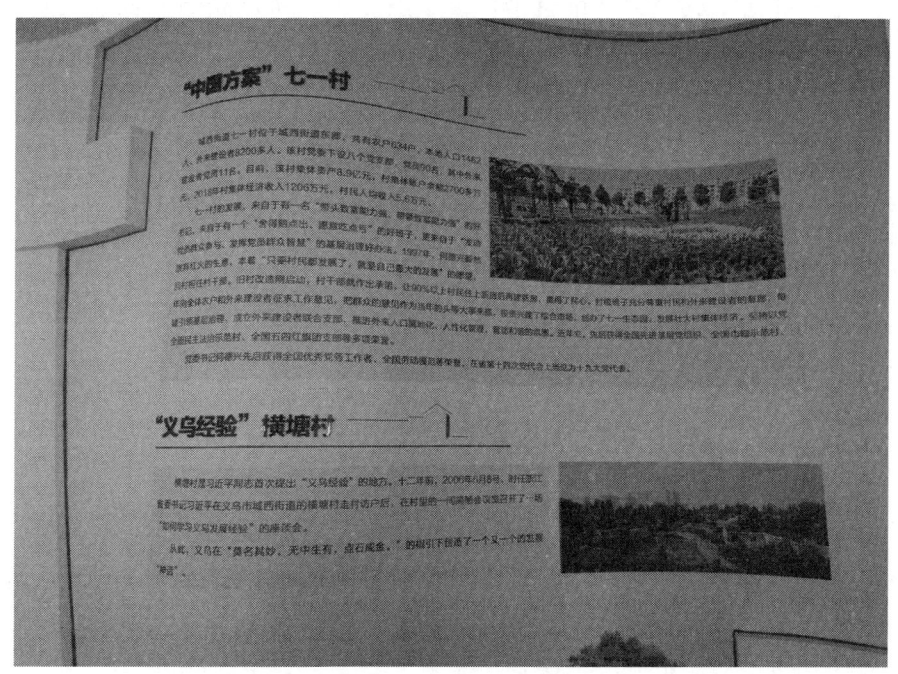

七一村党建培训楼内介绍的七一村情况（杨月　摄）

1997年，七一村是个一穷二白的小村庄，人口多，村民居住条件差，许多房屋破旧不堪。看着村里的情形，经商多年的何德兴主动选择放下生意，回到村里担任党委书记。上任后，何德兴提出分批进行旧村改造，一度遭到反对：老百姓心里有疑虑，怕村干部自己先建新房。何德兴许诺：90%以上村民住上新房后，再安排村干部的地基。为了这句承诺，何德兴先后两次把盖房指标让给住房困难户，他的父亲直至去世也没能住上新房。直到2017年，村干部们才住上了新房。前几年，他鼓励引导村民以土地入股参股发展集体经济，实行年终分红；又以村集体经济为主体，投资260万元，建起东河综合市场、沿街店铺等市场。这几年，他带领村民建农业生态园，壮大村集体经济。如今，七一村集体经济从亏损1.86万元到总资产近8亿元，村民人均年收入从3700元到4.8万元。

作为村民的领头羊，何德兴说，要想小康和谐，必须抓好党建。2010年，七一村党委成为义乌市首个村级基层党委，从建立健全长效机制入手，率先探索"党内约谈制"，并设立了农村党员"十二分制"。如何加强农村基层组织建设？这是何德兴当选党的十九大代表后的主要调研课题之一。用他的话说，凡事都得讲规矩。何德兴上任以来，七一村制定了一整套村民自治管理措施，村务工作做到决策让群众做主、管理靠群众参与、监督由群众实施。

"我觉得，七一村的发展，来自有一名'带头致富能力强、带领致富能力强'的好书记，来自有一个'愿意吃点亏'的好班子，还有'党员群众参与、发挥党员群众智慧'的基层治理好办法。"中国人民大学的李晴说。

此次"卓越新闻传播人才培养见习营"由中国社会科学院大学和浙江传媒学院联合主办，中国人民大学新闻学院协办，中国青年网为战略合作媒体，共有42名师生参加。活动旨在回望改革开放40年浙江轨迹、寻访中国特色社会主义伟大实践的浙江样本，选择了嘉兴、义乌、绍兴等6个具有新时代特征的浙江省市、县、区、镇作为寻访和对话地。主办方介绍，本次活动最大的特色在于"传统与未来的融合"，即"不忘初心、传承红色精神的传统与面向新时代、面向传媒智能化的未来相融合"。

新春走基层 | 义乌"改革体验官"也是营商环境"体检官"

记者：杨 月　通讯员：张文骁　胡欣雨
　　　　　　　　　　　陈淑敏　颜钰杰　李宇皓

"'最多跑一次'改革就是要由企业、市民'跑'转变为政府、数据'跑'。"1月14日，义乌市行政服务中心工作人员陈婕接受"卓越新闻传播人才培养见习营"记者团采访时说。

"最多跑一次"是2016年浙江省提出的一项改革措施。为确保措施落地，义乌于2019年3月1日建立"改革体验官"队伍。首批"改革体验官"由普通市民、媒体记者、社区负责人等组成，共104名。

"改革体验官"采用"问题发现—反馈—处理—评价"的闭环工作体系。据介绍，问题的线索多来自体验官们日常的工作和生活。"改革体验官"朱志媛便是在一次与朋友的闲聊中发现企业注销的困难。

企业在退出市场时需要了结所有的法律权利义务关系，同时涉及多个政府主管部门，因此企业注销手续复杂。去年，一家企业在市场监管局把营业执照注销后却收到税务部门的催缴单，并且税务部门要求提供营业执照，可是该企业的营业执照已经注销。朱志媛在得知这个情况后亲自进行体验，发现问题确实存在，便以书面形式形成体验报告提交给义乌"三服务"办公室。

2019年，义乌市对症企业注销难，上线了企业注销"一网服务"平台，围绕企业注销"一件事"，将注销过程中涉及市场监管、税务、商务、人社、海关等多个部门的事项纳入"一网"申请,通过数据共享,实现零费用"一网"办结,为企业退出市场提供"捷径"。据悉,2019年义乌市还获批了国家级简易注销改革试点,简易注销公示期从45天压缩到20天,简易注销登记适用范围得到拓展、容错机制也进一步健全。现在,企业注销已真正实现了"一网办结"。

2018年,义乌市共梳理取消市内270项证明材料,于当年8月17日正式宣布真正实现市域内无证明。义乌成为全国第一个实现"无证明"的城市。

在义乌市行政服务中心,一位申请企业注册的工作人员刚刚办理完营业执照
(陈淑敏 摄)

营商环境的改善对义乌的发展至关重要。2019年,义乌在全国营商环境百强县中排名第五。营商环境的改善涉及方方面面,不仅包括与企业、市场有关的管理措施,还包括为市民及外来人口提供舒适、便捷的民生服

务。在《义乌市"改革体验官"管理办法（试行）》中，改革体验清单包含民生实事、文明创建、行政审批、执法司法、安全生产、培训考试、土地管理、学校教育、市场管理、工程管理等方方面面。

2019年12月，《义乌市"信用+出租房"电费结算实施方案（试行）》颁布，持续几个月的关于出租房电费过高的问题有了初步的解决方案。这项改革也源于改革体验官对"义乌出租房水电价格偏高，承租户反映比较强烈"现象进行的调查。"出租房的问题其实和营商环境密切相关，如果一个年轻人来义乌创业，发现出租房水电费用过高，就有可能选择离开。"另一位"改革体验官"、记者吴剑平说。

从2019年3月1日到2019年年底，"改革体验官"共收集线索2000多条，实地体验220多次，提出1000多条改革建议。不过，吴剑平表示，"改革体验官"提出的建议并不是全部都能马上得到解决，"一个措施的改革很多时候需要和其他地方协调，仅义乌一地很难解决所有问题"。

义乌市行政服务中心的自助机服务板块共有自助机14台，其中，5台为不动产自助查档机，2台为社保自助服务机，3台市场监管自助服务机，4台综合自助服务机，综合自助服务机可办理事项500多项，并且配备到各镇街行政服务中心（杨月　摄）

改革是一个过程,需要一步步推进。在义乌改革体验的专题网站上,每一个"改革体验官"提出事项的处理情况都有标记,部分事项标记了"长期跟踪"。以出租房水电费为例,12月出台的方案目前还处在试点阶段,尚没有全面展开,还需要长期关注。

"'改革体验官'其实是增加了一条沟通民意的渠道,助力改革向深层次推进,有益于义乌打造优良的营商环境。"吴剑平说。

据了解,以"访'三地',寻初心,践使命,育真情"为主题的"卓越新闻传播人才培养见习营"由中国社会科学院大学和浙江传媒学院联合主办,中国人民大学新闻学院协办,中国青年网为战略合作媒体。活动旨在回望改革开放40年浙江轨迹、寻访中国特色社会主义伟大实践的浙江样本,选择了嘉兴、义乌、绍兴等6个具有新时代特征的浙江省市、县、区、镇作为寻访和对话地。经选拔,共有来自中国社会科学院大学、浙江传媒学院及中国人民大学3所高校的42名师生参加了本次活动。

外来青年的"义乌精神"
——敢拼敢闯,新疆女孩的"义乌加速度"

作者:李 晴 张又方 贾仪玮 陈孔鸿

距离鼠年春节还有13天,义乌商贸城B区一家数码配件店的桌子后,贾婷正在手机上跟读英语,手上不忘在一旁的单线本上记录下生词。这是贾婷来到义乌的第6个春节了,也是她和丈夫在义乌创业的第5年,从刚毕业的打工小妹到现在这条街区的模范夫妻,这6年时间,贾婷的人生像

贾婷照看店铺时利用碎片时间学英语(张又方供图)

是按下了快进键,在义乌这座充满可能性的城市,这个几年前刚毕业的新疆打工小妹身上一下子多了许多标签:独当一面的老板娘、温州儿媳妇、两个孩子的母亲和新义乌人。

"其实从小到大身边的人都觉得我适合去北上广这种大城市,做一个女强人,30岁以后再结婚。没想到来到义乌以后,两个月后和老公确定了关系,六个月后就开店,第二年怀孕,过了一年半后生了第二个。"贾婷出生在新疆喀什叶城,一个距离哈萨克斯坦只有200公里的小城市,大学时她离开家乡来到三亚学习市场营销,"家里不管我,大学的学费和生活费全部都是我自己兼职打工赚的,那时候做了好多种工作,当时我就意识到自己一定要创业,很坚定的那种"。常年远离家乡的贾婷毕业之后果断地选择来到义乌投靠在这里做五金生意发家的姑姑,从此在义乌这座城市扎下了根,"这几年真的过得太快了,我也没想到这么快"。

和所有怀揣着梦想来到义乌的年轻人一样,贾婷一开始也只能以打工妹的身份来到这座城市。一心想学习姑姑经验的贾婷听从姑姑的建议在义乌国际商贸城里的一家数码配件店找到了工作,但创业的梦想却从未消失过,也是在这里,贾婷认识了在同一间商铺整理仓库的丈夫,有着相同创业理想和价值观的两人一拍即合,迅速确定了关系。就这样,小两口拿着四处拼凑借来的70万元租下了现在这个8平方米的小店铺,算上置办货车和进货的钱之后手里的流动资金只剩下了10万元,"当时真的赌上了我们的全部身家,也做好了心理准备,但第一个星期真的一单生意都没有的时候我也慌了"。最艰难的创业初期,贾婷有时看着店铺,眼泪就止不住地流下来。

义乌当地商户中间流传着这样一句话:只要第一年没赔,第二年就能赚钱了。熬过了第一年,小两口的夫妻店也慢慢经营得有模有样。夫妻俩现在在义乌租了房子,每天关店后一起回家做饭散步,公公婆婆在温州照顾两个女儿,每年春节的时候还会全家一起旅游。

贾婷和丈夫计划着在义乌买一套属于自己的房子,在义乌彻底安顿下来,"我创业也没想过大富大贵嘛,但抓住了这里的机会,我们也想成为真正的义乌人"。

贾婷夫妻创业的2015年,来自美国、英国、俄罗斯和韩国等10个国家和国内18个省市的1031家企业也在这一年聚集到了义乌。2015年4月11日,中国国际电子商务博览会在义乌市国际博览中心盛大召开,博览会期间举办了由中国流通三十人论坛(G30)、义乌市政府主办,中国国际电子商务中心承办的电子商务与流通变革高峰论坛暨中国流通三十人论坛(G30)年会,政学企共议"新常态、新动力、新流通"。10多个国家电子商务示范城市、示范基地在会上发起成立"电子商务政府服务创新联盟"。这也成为继世界互联网大会后又一次全球顶级盛会,也是相关行业、企业寻求电子商务合作的重要平台,让中国不仅在互联网规则制定领域拥有话语权,而且在互联网应用领域引领全球发展。

周东亮："青岩刘是我们梦想启航的地方"

作者：贾仪玮

"青岩刘是我们梦想启航的地方，以后我们也不会将办公室从这边搬走。"

"中国网店第一村"青岩刘村是义乌吖萌电子商务有限公司创始人周东亮创业人生的转折点。

周东亮的创业之路经历了不少城市，从最早的河北保定到之后的郑州、武汉、重庆、长沙。虽然屡屡遭受失败，他从未停止创业的脚步。

在长沙的创业过程中，周东亮无意中在网上发现了一款风靡欧美的儿童DIY梦幻手链，决定自己来售卖。"我们通过地推的方法，去一些学校旁边的文具店、小卖铺进行产品展示，慢慢激活市场。"地推进行得并不顺利，这一类的DIY产品在中国并不受欢迎，同时由于来自浙江的同类产品款式很多、价格很低，整个销售市场受到冲击。"我们在长沙想过在线上做这个产品，其实网店是在长沙已经开始了，但是我们没有什么经验，我们都有过一个月，基本上是整个销量很少的。"

2014年，受挫的周东亮和他的伙伴们想到能不能找一个地方可以一起学习，一起提高，有一个好的环境。"当时是在百度上搜索一下。有一个中国网店第一村说这里当时淘宝上有60%—80%的皇冠店，都出自这个青岩刘村。"刚看完这个新闻报道周东亮就和一个小伙伴日夜兼程从长沙开车来到义乌。

电商起步 梦想落地

浙江省义乌市江东街道青岩刘村被誉为"中国网店第一村",2018年销售额突破60亿元,实实在在是国内电商企业创业的沃土。为了扶持创业初期的小微企业、保护创业者的热情,青岩刘街道党建中心为电商企业提供了多种便利。

初创业的企业不论快递重量,无论数量多少都是3.5元每单,这与目前江浙沪地区普通快递一单12元,按重量计价的快递费用相比,打造了快递价格洼地,成本大大降低。

除了成本优势,街道党建中心也希望能帮助创业者快速成长,投入资金建立创业学院免费为电商创业者提供培训。周东亮团队5人刚刚来到青岩刘的时候,对于电商并不熟悉,甚至接触到创业学校时还觉得这样的培训是空有形式。但在周东亮走进课堂听了课之后发现,创业学院是真正请大咖,讲干货,课程让他对电商有了进一步的了解,同时深受感染。周东亮一行五人,在青岩刘村租住了一间75平方米的房子,生活、办公、工厂都在这一间屋子里,电商生意再一次启航。

2016年义乌吖萌电子商务有限公司注册成立,到今天周东亮的企业从5人发展到130余人,1家店铺发展到15家店铺,办公、仓库、工厂占地面积共1.3万平方米。他不再是那个屡屡碰壁的创业者,2017年当选了义乌市政协委员。今天的他梦想已经落地,结出硕果。

现在周东亮也成为创业学院的创业导师团队中的一员。导师团队中共有38位创业导师,他们中有义乌工商学院的老师、电商行业中的社会精英等优秀人才。平时这些导师会轮流坐班,对商户们遇到的问题进行解答。每年创业学校都会组织3到4次论坛、讲座等大型活动,吸引青岩刘及义乌其他电商企业甚至全国各地慕名而来的电商企业前来参会,在探讨中相互交流学习,资源共享,共同进步。

周东亮分享创业故事（陈孔鸿　摄）

克服艰辛　事业生根

刚开始来义乌创业的时候，周东亮小伙伴有5个。但是随着发展，店铺的成绩没有做得很好。团队的人员陆陆续续离开了，"那段时间，为了留下他们我也想了很多办法。但每走一个人特别特别心疼"。送走伙伴，周东亮当时在电脑上，写了一句话做成电脑壁纸。"当你想放弃的时候，想一想放弃和遗憾，哪一个更痛？"

店铺上线之初，周东亮和团队最注重的是信誉和服务。2015年，一位来自浦江的客户想要给女儿买生日礼物，由于时间来不及，周东亮和团队特意让那个仓库先打包，自己亲自开车，把产品送到客户手中。"来回是五六十公里，如果算上路费、油费，这个单肯定是亏钱的，但是赢得了客户的一个信任。这给自己，也给客户带来一些感动。"

生意做到第六年，周东亮对大环境中的动态十分敏锐，公司从只做销售向工贸一体化发展。随着生意越做越大，公司产品越来越多，公司自己的工厂只能生产10%的产品，更多的产品就需要去到全国各地寻找供应商，目前接洽的供应商达到300家左右。"我们希望能整合全国工厂，不和任何中间商合作，把全国产品好价格低的工厂，例如山东素描纸工厂、湖南手工艺工厂、河北毛线工厂等都整合到义乌，再经由我们销售出去甚至出口国外。"

如今公司已经做大做强，也在义乌的其他产业园区有了仓库、工厂，但周东亮说"我们不会离开青岩刘"。他们对这里有着深深的情感。

"义乌是一座很包容的城市，青岩刘这里对刚来的创业者很友好。"周东亮最直观的感受是，街道党建中心对创业者不排外，当自己人，2017年的双十一，青岩刘街道的领导组织了一些党员到企业的仓库里面，就是去帮助他们拣货、打包、发货。"整个政府的关怀还是怎么讲，蛮温暖的。"

党员参与货物出库（周东亮　供图）

临近年关,青岩刘社区也已开始准备商户们派发年画、春联。周东亮也准备了不少文化用品,想与街道党建中心一起送上新年的祝福。周东亮认为企业应当承担起一些社会责任,将爱传递出去。

"网红直播第一村"遍地网红？
——浅谈义乌北下朱村发展过程与现状

作者：罗德鑫　陈雨涵　周　晶　陈　璐　王珩瑾

义乌北下朱村素有"网红直播第一村"的称号。这个原本作为义乌商贸城附属仓库性质的普通村庄如何在短短几年之内与网络建立起了如此紧密的联系？北下朱村在电商发展中具有怎样的特点？北下朱是否代表了义乌商贸未来的变革与转型方向？

北下朱村经济合作社（陈雨涵　摄）

"快递业发达是北下朱的先天优势,'爆款'货源足是北下朱的生存条件,网络销售是北下朱的发展根本。"北下朱村经济合作社工作人员如此总结北下朱。

北下朱村工作人员和记者沟通(陈璐 摄)

义乌北下朱村距离义乌国际商贸城2.2公里,交通便利。基于这个地理优势,在义乌商贸发展初期,北下朱成为商人们存放和转运货物的首选之地。各物流公司与北下朱的村民们形成长期合作关系,经过几十年的磨合,形成了北下朱快递业发达的独特优势。商品由工厂生产运到北下朱存储,再由北下朱发往世界各地,北下朱村民们在此过程中扮演着重要角色。敏锐的北下朱村民嗅到商机,与工厂和物流都有着紧密联系的他们,为什么不尝试自己卖货呢?

不甘做商品转运工的村民开始了零星的售卖,但缺乏固定客源的他们只能从微商、零售做起,很快便出现供大于求的局面,发展陷入窘境。相比于义乌商贸城同质化的传统货物,微商零售起步的北下朱村民选择的商品更加符合当下年轻人的审美需求。而随着网络带货的快速发展，网络主播也急于寻求能够提供大量"爆款"商品的货源地。因此，主播与北下朱的合作应运而生。主播们在北下朱找到符合自己要求的商品之后，与店家先达成购买协议，这种协议与普通购买的区别在于：主播们不会将订购的货物带走，而是暂存于北下朱村。主播在自己的直播间线上进行推销，观众通过链接购买下单之后，由北下朱的店家将货物直接代发给观众买家。在这种合作之下，北下朱村体现了最开始基于义乌商贸的"仓库"性质。随着不断地发展和完善，村民与主播之间的"买卖"关系逐渐淡化，而形成"店主与店员"式的共同体合作关系，共同探寻盈利最大化。网络带来的驱动力迫使北下朱的供货商不得不追赶时下潮流，以应对爆款的生产需求，"潮""新""爆"成为北下朱出现频率最高的字眼。

一件商品是怎样从工厂抵达客户手中的？在传统的义乌商贸中，货物由工厂生产之后流向义乌商贸城中的店铺，而全国甚至全世界的经销商前往义乌商贸城进行大批量的进货，最后带到自己的店铺进行零售。简单来说，生产成本不变的商品经历了"工厂—商贸城—经销商—客户"四个环节，三个物流过程。多级经销商的出现又使得其中的物流和销售过程大大增多，最终得到商品的客户不得不为累积的成本买单。而网络的出现能够让传统的购买环节得到简化：北下朱村的门店从工厂购买商品之后，与主播进行合作，经过线上推销，由北下朱直接发到客户手中。所以在北下朱村的销售关系中，商品所经历的是"工厂—北下朱村—客户"三个环节，两个物流过程，这样就节约了大量的物流和销售成本。客户能够得到价格更低的商品，北下朱的村民能够卖出更多的货物，主播也能从中赚取差价，可谓三方得利。

部分北下朱店主会在自己的店铺设计简易的直播环境进行网络带货。北下朱村也有网络传媒公司的存在，他们不仅进行网络带货教学培训，也会签约主播，为主播们提供直播设备、场地，并配备了专业的后台操作人员、策划文案写手等，他们共同的目标也是将商品推销给观众以获得回报。但这样的"直播工厂"在北下朱仅是零散分布，街道上遍布的主要还是仓库性质的货物售卖店铺。

"网红直播第一村"北下朱村实质上扮演的是网络主播们前来购买商品的"货源地"而不是"直播间"。北下朱村民们打趣道："这里更多的是主播素颜时在街上买买买，而不是化妆后在手机前喊六六六。"

从义乌到世界

作者： 陈　璐　周　晶　王珩瑾　陈雨涵　罗德鑫

这里，是被联合国、世界银行等国际权威机构认证了的"世界第一大市场"，是与全球200多个国家和地区有着买卖往来的"小商品集散中心"，这里能买到世界上60%的货品，每天经由海关出口的标准集装箱就能突破1000个……这里是义乌，已经紧紧与世界联系在了一起。

Dann，是一名来自荷兰的玩具批发商，每年年初都会来一趟义乌选购货品。今年1月份，他来到中国，和义乌商贸城里一家合作过好几次的商铺商量价格。"这个东西在我们那里很受欢迎，如果我多买一点，价格能不能再低一点？"与义乌市场的长期合作，让Dann说着一口流畅的中文。

"义乌商贸城的东西很多、很漂亮，我会一直选择跟这里的商家合作，把好看的商品带回到我们的国家。"Dann表示。除了Dann这样的外国批发商外，义乌商贸城也入驻了不少外国供应商，光是义乌商贸城二区的商铺中，就有12家是来自不同国家的老板经营的商铺。义乌与世界之间的交流，在这座世界上最大的小商品商贸城中不停歇地上演着。

实在联系，是绝对保证

人潮光影交错，商铺鳞次栉比，义乌在忙碌中承担起与世界相连的使命。这是一条联通亚欧大陆37个国家和地区的铁轨，全长13052公里，累计超5万标箱的货物通过这条铁轨输送往世界各地。这就是"义新欧"中欧班列,从义乌出发,以西班牙首都马德里为终点,一段历时21天的旅程,构建起"义乌—世界之桥"。

中欧班列工作区现场(通讯员陈璐 摄)

根据义乌海关统计的数据显示,在这座"义乌—世界之桥"上,创造的今年上半年的进出口总值为45.1亿元,进出口货运量达到11.3万吨。义乌,作为新丝绸之路的起点,将物美价廉的中国制造发送到世界各个角落,同时,也带回了一批批世界上的精美好物。

"义新欧"中欧班列运营方天盟实业有限公司负责人刘阳表示:"'义新欧'中欧班列,绝不只是一次简单的经济往来。义乌通过这道铁轨,不断向世界输送中国制造的商品,同时吸收世界好物。而这个过程,其实也是一次交流的过程,义乌与来自各方的沟通和交流,能够从中吸收好的理念和文化等,比如斗牛文化的输入以及中国琵琶文化的输出,每一次交易,都是一次文化的碰撞。"

天盟实业有限公司负责人刘阳正在做会议记录（通讯员陈璐 摄）

一车，两轨，多方交流，"义新欧"中欧班列架起一条实在的联系链，把义乌与世界紧密地锁在了一起，经济交易的互惠互利，文化碰撞的多元火花，让义乌与世界变得更加美好。

虚拟联系，是触发活力

随着互联网时代的发展，一根网线，串联起世界各个角落，使之变成一个真正意义上的地球村。而勤耕好学，作为义乌精神中最重要的一环，义乌人从未停止与世界并肩的脚步。

从走街串巷、鸡毛换糖的"行商"，到小商品高度集聚后的"坐商"，互联网的出现，让"电商"登上了义乌商人的舞台。一条条网线交错成网，把线下的商品贸易搬到了线上，电商的出现，孕育出一大批直播网红。北下朱村，被称为中国直播第一村，全村约有94%的人口从事网红直播电商行业，简易的直播间里，一个个主播推货、卖货，将线下的产品推荐给在网线另一端的买家，这个买家可能是来自非洲的尼克，也可能是来自欧洲的艾莉莎。

义乌市北下朱村的引导标志（通讯员陈雨涵　摄）

　　互联网的发展节省了层层堆叠的中间商，直接沟通厂商与卖家，厂商通过直播宣传更大范围地获利，而卖家购货能够节省时间成本和交通成本，以最优惠的价格买到精美的货品。"我们结合最新的社交方式进行销售，利用网络、网红主播打造爆款，将厂商的货品卖出去，卖到世界各地，我们的目标不是义乌，不是国内市场，而是一场没有终点的对外贸易。"北下朱村厂商俞寒冰说。

　　网红主播，是义乌小商品市场经济中的新角色，主播推货的红利吸引了源源不断的人才加入，北下朱村也为引进人才提供了租房等方面的便利，一台手机、一个ID，几平方米的空间，聚集了世界各地的好物与卖家，义乌和世界实现零时空接触交流，小商品市场焕发新的活力。

　　曹光明，曾在北京经营一家20年的网红食品销售，去年8月份，他选择从北京回到义乌，利用北下朱村集聚着的大批网红主播，重新开始。"义乌是我的家乡，这几年的变化让我很惊讶，回来是因为这边主播很多，他们会来我这里拿货，回去录视频做测评，通过合作我的货也能够更大范围地往世界各地走。"

网红零食老店的老板娘正在清点货单，店内的直播灯还没来得及关掉
（通讯员陈璐 摄）

由点成线，由线成网，复杂的网络交织在一起，为义乌与世界的无障碍交流提供便利，网红经济的出现为义乌小商品市场注入新活力，带来勃勃生机。

从义乌到世界，有实体铁轨，为义乌连接世界提供绝对保证；从义乌到世界，有虚拟网络，让义乌与世界相连大放异彩；从义乌到世界，有拼搏不止、奋斗不息的全人类，为互联互通焕发无限可能。

当"枫桥经验"遇上人民调解,相逢一笑泯恩仇

作者:王珩瑾　周　晶　陈　璐　陈雨涵　罗德鑫

今年是全国先进工作者张学军从事法律工作的第30个年头,是由他首创的"四环指导法"提出的第20个年头,距离毛泽东主席批示"枫桥经验可以推广去做"也已经过去了将近60年。

张学军(周晶　摄)

张学军是诸暨本地人,大学毕业后,被分配到了法院工作。在他看来,相比于律所等其他地方,法院的专业性更强,更有利于将自己所学的

专业知识应用于实践中。没想到，这一扎根就是30年，更没想到的是，非调解专业出身的他和人民调解结下了一段深厚的不解之缘。

有些人可能不理解，为什么一定要推广人民调解呢？诉讼的手段不是更高效迅速吗？

张学军没有正面给出回答，而是讲了一个事例：当地农村里有两户人家是亲兄弟，因为建房打架，其中一家的孩子把叔叔打成了轻伤，轻伤是可以构成故意伤害罪的，愤怒的叔叔一家当时倾向于去法院起诉。张学军接到这个案子，首先去村里进行了走访调查。他了解到这个孩子刚刚考上大学，那个时候大学生还是比较少见的。如果被判刑，别说大学上不了了，这个孩子的前途肯定也会受到影响，那之后他会不会埋怨他的叔叔一家，本是亲兄弟的两家人可能就此结下更深的仇怨。

同为农民家庭出身的张学军深知农村孩子考上大学的艰辛，因此他更倾向于通过调解来解决这次纠纷。调解的过程并非一帆风顺，从早到晚，整整一天时间，他始终耐心地聆听双方意见，用专业的法律知识搭建起沟通的桥梁。临近傍晚，孩子的婶婶终于松了口。他婶婶说斌斌你再叫我一声，我就满足了。那个斌斌叫了一声"婶婶"，他婶婶的眼泪唰就下来了，"当时看得我也是眼泪在眼眶里打转"。

虽然最初接触人民调解有一定的偶然性，但做着做着就觉得有些欲罢不能。"我本身就是一个爱打抱不平的人，遇到别人在争执的话特别喜欢上去进行劝导，可能天生就是要做人民调解的人。"张学军笑称。

"四环指导法"诞生之前，张学军所在的枫桥法庭一年要处理1000多起案子，但当时法院只有五六位法官。此外，随着社会进入经济高速发展期，各种矛盾也不断涌现，案件数量还在逐年增长中。逐年增长的案件数量和紧缺的人手让张学军突然意识到，能不能把当地赫赫有名的"枫桥经验"和法律结合起来，让一定数量的案件在法庭外解决。这样不仅缓解了法庭诉讼的压力，让法官们有更多精力去处理疑难案件，也有助于采用调解这种更柔和的方式化解矛盾。

"枫桥经验"是由诸暨县枫桥镇的干部群众在20世纪60年代初创造的工作经验,在当时主要是指"发动和依靠群众,坚持矛盾不上交,就地解决。实现捕人少,治安好"。1963年,经毛泽东主席批示后,逐渐开始被推广到全国。

张学军从小就知道"枫桥经验",但是如何将"枫桥经验"运用到人民调解中呢?喜欢琢磨和创新的他提出了"四环指导法"。所谓四环,是指在诉前、诉时、诉中、诉后四个环节中,对人民调解工作加以指导。

办法想出来后,取得的效果非常喜人,第二年诉讼案件的数量就大幅下降,降到了900多件。同时调解率也在上升,一直保持在70%左右。

同"枫桥经验"一样,"四环指导法"也从诸暨走向了全国。每年,都有各地慕名而来的法律工作者,现场感受"枫桥经验"和人民调解碰撞后迸发出的独特魅力。2004年,枫桥法庭因为工作成绩突出,从全国上万个法庭中脱颖而出,被评为"全国十佳人民法庭"。

时间的车轮滚滚向前,来到了2020年,已经是诸暨法院副院长的张学军多年来从未停止过探索人民调解的脚步。今天的诸暨法院依旧走在全国前列,不仅已经探索形成了相对完备的人民调解流程,还在行业纠纷、物业纠纷、交通事故纠纷等领域建立了十三大调解组织。同时主动适应信息社会的时代特征,搭建起"在线矛盾纠纷多元化解平台"。截至2019年年底,诸暨法院在线受理纠纷5000件,结案4244起,调解成功2561件,调解成功率为60.34%,当事人新的解纷习惯正在形成。"社会调解优先,法律诉讼断后"的新型解纷模式越来越受到广大群众欢迎。"网上枫桥经验"成为"枫桥经验"在新时代的新发展,"互联网+"社会治理正在逐步成为现实。

在张学军看来,人民调解是一种独特的"东方经验",以柔性的方式提供了解决矛盾的新思路。有些问题,比如网上购物等产生的质量纠纷可以优先选择消费纠纷人民调解委员会去解决。有纠纷是很正常的,我国的调解组织也还在不断地健全完善中。

"法律不是死的,是有味道,有温度的。法律之外也有人情。"张学军如是说道。

每当风起时

——一个女人的创业史，也是一个小城的发家史

作者：王珩瑾　陈　璐　陈雨涵　周　晶　罗德鑫

从乌克兰独自求学的少女到叱咤商界的女商人，从一个普通人到成为一座城市的名片。

多年以后，黄媛丽坐在那张茶桌前侃侃而谈时，准会想起她人生中的那几个重要时刻。

黄媛丽坐在桌前工作（陈雨涵　摄）

第一个时刻。1995年。乌克兰。

11月的乌克兰街头冷风萧瑟，黄媛丽一只手裹紧衣领，另一只手拎着刚刚买来的几块面包。此刻，她终于有些懊悔当时不顾家人的劝阻执意来乌克兰学语言了。此时的乌克兰还没从苏联解体的后遗症中痊愈，局势动荡，物资奇缺。虽然她所就读的学校还算相对安定，然而深夜里外面还是偶尔会传来几声枪响。每当被枪声从梦中惊醒的时候，她都会忍不住思念起那个几千公里外中国东部的小城。

她出生在义乌，长于一个富裕的房地产商之家。20世纪90年代末，中国的大多数人还不知道手机为何物的时候，她就已经拥有了自己的第一台手机。大学毕业后，父亲本打算将她安置在一家贸易公司工作。父亲给她的规划是这样的：先工作几年，等稳定一点后，找个门当户对的义乌本地小伙子，结婚生子，从此过上幸福安稳的小日子。

或许是骨子里的义乌基因作祟，她不知道自己明确想要什么，但她知道父亲的规划不是她想要的。留还是走，两条路摆在了她面前。她毫不犹豫地选择了后者，选择去乌克兰进修俄语。

她不知道的是，当她踏上飞机的那一刻，生命的另一种可能已经悄然间为她开启。

第二个时刻。1997年。北京。

黄媛丽正在酒店收拾行李，几个小时后她就会回到义乌的家，吃上妈妈亲手做的饭菜。突然，电话响了。挂了电话，她脸上是有点惊讶又欣喜的表情，定了定神，转过头继续收拾。

电话是一个外国人打来的。半个月前，她顺利地从学校毕业。虽然老师看重她的语言天赋和灵敏劲儿，极力挽留她留下来，但抵挡不住电话另一端父亲不容更改的命令和母亲思念的眼泪，她还是收拾行李准备回国。

在乌克兰机场，行李实在太多，她又实在舍不得花那几十格里夫纳（注：乌克兰货币，苏联解体后发行）的托运费。正当她托腮沉思的时候，两个行装轻便的外国人引起了她的注意。经过简单沟通，她了解到这两个外国人的目的地碰巧也是北京。凭借热情灿烂的笑容和良好的口语表达能力,这两个人很快清楚了她的难题并善意地表示愿意帮忙。

漫长的旅途上,他们交谈起来。临下飞机前,她大致了解了这两个人的情况:高一点的叫苏拉,胖一点的叫穆罕默德。这两个都是生意人,苏拉此前从来没有来过中国,穆罕默德之前只去过一次北京。他们此行的目的地是北京雅宝路。

北京雅宝路,当时全中国最大的服装批发市场,也是外商进货的首选地。"去雅宝路批发衣服?那为什么不去我们义乌呢?"因为黄媛丽的亲戚也有人在从事服装批发行业,所以她也大概知道北京雅宝路的很多衣服其实都是从义乌拉去的。

不同于今日享誉全球的国际小商品批发市场的名号,20世纪90年代末的义乌刚刚开始尝试建立零散的市场,不管是产品数量还是种类都还十分有限,在中国都没什么声响,更不用说国外了。但是,正如每座城市都有自己独特的气质,每座城市也有着自己的发展轨迹和命运,在义乌的血液里流淌的就是两个字:商业。

"Have you ever heard of YiWu?"(你们听说过义乌吗?)

黄媛丽冲两个刚认识的外国朋友绽开了一个笑容。

"我当时的想法非常简单,这两个素不相识的人那么热情帮了我,我也想力所能及地帮下他们。我向他们介绍义乌,因为我了解我的家乡,当时来说义乌的东西确实更加物美价廉。而且不像北京雅宝路已经有了比较成熟的外贸体系和翻译什么的,他们如果想去义乌看看的话,也确实需要有人领着他们。"

说到这里,茶桌前的黄媛丽微微笑了,可能她自己都觉得自己从商之路的起点归于一次偶遇实在有点过于奇妙。

"没想到的是,机场分别的两天后他们真的给我打电话了,说想去义乌看看。"

"转眼这都20年了啊。"

"我们现在都还是很好的朋友，偶尔会有联络。"

第三个时刻。2017年。义乌。

这已经是不知道第几次会面了。

身着正装，妆容精致的黄媛丽一边头痛地摸摸头，一边继续耐心听着对面义乌政府代表的讲话。他们是来劝她牵头成立义乌进口商会联盟的。黄媛丽心里清楚，这确实是件好事，一方面能够凝聚起散户的力量，"聚沙成塔"，打造"义乌品牌"；另一方面，也有助于加强行业自律，让义乌经济更加健康有序发展。但在此之前，她已经担任了义乌女商会的会长，此外她自己的公司也正面临着艰难的转型。

是先顾自己还是挑起重担，她的面前再度出现了两条路。

此时，距离当年她带两个外国朋友来义乌选购商品，已经过去了20年，距离她踏入义乌商圈也已经过去了20年。

20年间，她经历过因为毅然从商和父亲激烈争吵，因为劳累过度而被送进医院，因为忙到连轴转而被孩子冷待……

20年，她的公司从单纯进行出口贸易到成为浙江物产供应链上的关键一环，从年收益额几万元人民币变为几十亿美元。20年，她的义乌从小商品小贩的聚集地到成为世界小商品集散中心。每天，来自全球100多个国家和地区的境外客商，超过55万人次，在400余万平方米的义乌国际商贸城中进行着挑选、订购、交易。中美贸易战愈演愈烈的大背景下，义乌仍以惊人的生命力蓬勃生长。

20年，沧海桑田，变了人间。

和20年前一样，两条路，她再次选择了更难走的那一条。

尾声

荣誉接踵而来。事业越做越大的同时，黄媛丽要接受的采访也多了起来。一般她都会将受访地点定在义乌进口商会二楼的一间小会客厅里。会客厅的面积不大，只有十几平方米，里面有一张茶桌，两把椅子，一个小沙发，一个陈列柜，一株绿植。

她早已习惯坐在桌前，向无数慕名而来的采访者娓娓道来自己过去的岁月。

黄媛丽在办公室接受记者采访（陈雨涵　摄）

"很多人说你都做到30亿美元了，你已经很了不起了，你已经很好了，你应该歇一歇了，你应该去享受生活了……"

她停顿了一下："应该不是这个样子的。"

"我还有很多想做的。"

她笑了起来，眼角有一些皱纹，可那分明使她看起来更加美丽，像极了20年前那个乌克兰街头擦干眼泪旋即笑容明媚的少女。

附录：

黄嫒丽个人介绍及主要经历

女，1975年4月13日出生于浙江义乌，无党派人士，现任义乌市义贸云商供应链管理有限公司董事长，义乌进口商会会长，义乌女商会会长。曾荣获2018年中国诚实守信好人称号，2019年金华市道德模范称号等。

1995年大学毕业，赴乌克兰留学。

1997年回国，创办丽德控股集团。

2017年牵头成立全国进口商会联盟并担任首任会长。

种田：一辈子的热爱

作者： 陈雨涵　陈　璐　周　晶　罗德鑫　王珩瑾

各种各样的健身器材、整齐如一的六层楼房，地处义乌市城乡接合部的黄杨梅村，在经过近些年的旧村改造工程后变得更加美丽宜居。季慎水一家人，就住在这里。

季慎水，1942年出生，浙江省义乌市黄杨梅村人。或许是因为年代久远，互联网上关于"季慎水"这个名字的资料很少，但是当走进他的家中，两边墙上挂满的荣誉奖状和老爷子从卧室里拿出来的一本本压箱底儿的荣誉证书，尤其是那枚"庆祝中华人民共和国成立70周年纪念章"更是

季慎水和妻子抱着自家种的冬瓜、南瓜在客厅拍照（陈雨涵　摄）

让人肃然起敬。这个从20世纪80年代走来的"种粮大户",曾连续8年获得"种粮大户"的荣誉称号,向国家投售粮食累计超20万斤。

季慎水家中的部分奖状和荣誉证书(陈雨涵　摄)

无农不稳,无粮则乱

季慎水出生之时,正值抗日战争进行到攻坚阶段,人民生活在水深火热之中。9岁那年,父母东拼西凑送他进了贡杨梅松涛初级小学,但由于经济拮据,读完五、六年级后,他还是辍学回到家中帮父母从事农业劳动。

20世纪50年代末,3年经济困难让很多人都选择背井离乡去讨生活。"小时候我们这边的地都是荒的,好的劳动力都去了福建、江西那边,只剩下老人和小孩子在家,肚子都吃不饱。"季慎水共有12个兄弟姐妹,他在家中排行第11。数代贫农的十余口之家要吃饭的人多，但粮食收入却十分薄弱，等到哥哥们都各自成家后，更是每家都吃不饱饭。

1958年，根据毛泽东同志"半工半读"的教育思想，江西省政府做出了创办共产主义劳动大学（简称"共大"）的决定。17岁的季慎水就这么抱着一股闯劲前往江西"共大"学习务农知识。这个时候的他不光每天在土地里播种，更是在心里埋下了一颗大搞农业的种子。

从江西回来后，季慎水的思想发生了很大转变。他意识到，农村是一片广阔的天地，既是储存粮食的天然仓库，又是浙江这一有着悠久经商传统之地，工商业发展的原材料供应地，大有可为。"无农不稳，无粮则乱，这是历史的经验总结。我下决心要回来种田，要大搞农业。"

从种粮大户到全国劳动模范

20多岁的季慎水先后担任了黄杨梅村的会计、生产队长，年轻力壮的他并没有选择离开，而是一头扎进了这片不算富饶的江南土地里。

"晴天一身汗、雨天一身泥"，这是1995年他作为全国劳动模范发言时，对自己一家人的描述。在江西"共大"，季慎水以中专文化农技师职称毕业，将科学的种植技术带回了家乡。在经营上，他善于精打细算，农忙时为了不请帮工减少开支，往往是全家男女老少齐上阵；农闲时，他自己一人搞起了田间管理，从不惜花高成本引进新技术新品种。1994年，他引进种植嘉兴香稻10亩、祥湖糯谷6亩，当年收获粮食8万余斤。

除此外，他还有另一套粮食经——面向市场发展多种副业。季慎水表示，他当时产的粮食并没有很多，"在40多位种粮大户中大概排名30多，但我的优势在于种的种类多"。改革开放之后，浙江省积极推行家庭联产承包责任制，全省农村普遍建立起以家庭承包为基础、统分结合的双层经营体制。季慎水顺应改革潮流，在三年之间承包了35亩山地种水果，30亩水库发展水产，又在旱地上分别种起了糖梗、大豆、西瓜、蔬菜等，在农闲期间,还将富余劳动力安排出去搞农副生产,儿子去市场帮工,儿媳和女儿在家搞小商品加工,勤劳能干的义乌精神在这个家庭中一代代生动传承。

当他日复一日地耕作在农田中时,来自国家的荣誉如期而至。1995年,党中央、国务院公布了当年的劳动模范名单,"种粮大户"季慎水赫然在列。当被浙江省政府通知这一消息时,季慎水又惊讶又高兴,随即随同当时的省政府相关领导人一同去北京接受表彰。

在北京人民大会堂,时任总理朱镕基接待了当年的劳动模范们。"那是第一次去北京,很紧张,省里说不能穿得太差,当时天天在田里,也没有西装,还是儿子儿媳给现买了一套。金华的领导们送我们上那种专列火车,列车员都是戴着红披肩的特级列车员","当时浙江的座位是在第七排第一座,朱镕基总理接见了我们,后来还逛了北京的故宫天安门。"说起这些往事,他的眼里仍是抑制不住的光芒。

吃水不忘挖井人

当从北京回来之后,季慎水成了名人。各个市县、村镇知道自己身边出了一名国家"劳模",纷纷向他取经问道。他也毫无保留,每年无偿提供农户科技咨询100多次,提供调换优良种子250余公斤。

他带领村民大规模承包土地,推行规模化经营,取得连年的粮食产量和人均收入的增长。他说,自己最开始的目标就是能吃饱饭、大家共同过好日子。

在一众"种粮大户""售粮大户"的荣誉表彰中,角落里一个"捐资办学,功垂千秋"的奖状引起了记者注意。

原来,在当时的义乌稠城,政策要求四个村子办一所小学,这四个村子里的儿童都必须去那个小学读书,如果村里的小学不撤,那就要自己出钱建学校。由于义乌这一地区的地形较为复杂,丘陵小山较多,如果孩子们要每天到别的村去上小学,一定会有诸多不方便。于是,季慎水当即决定,要建自己的学校,让自己村儿的孩子有学上。"我那时候是队长,就应该带领大家,就自己捐出了5000块钱,请老师办小学。"

之后,不管是村里修路、鱼塘买水,还是隔壁村着火了号召大家捐款,季慎水都以身作则,用自己的所得实实在在地回报这个生他养他的一方水土。

在2019年,新中国成立70周年的时候,政府又为他送来了"共和国纪念章"——整个义乌只有3枚。谈及这些荣誉,季慎水显得从容而感恩,"党和政府授予了我许多荣誉,我感到很光荣。在我身体不好的情况下,也有国家的帮助,我很感激。到现在最开心的事还是粮食种好了,生活发展好了,这是一辈子最高兴的事"。

季慎水的庆祝中华人民共和国成立70周年纪念章(周晶 摄)

做了40余年的基层干部后,他在67岁那年退休。后来黄杨梅村进行旧村改造,他就负责村委会老年大队的工作。由于身体的一些原因在去年彻底退休。

退休后的季慎水,从一名在百亩农田中运筹帷幄、带领大家共同致富的种田大师,回归为一名纯粹地热爱着种田的普通农民。在家里的天台上,他架起了木架,搬来了泥土,又一次地,开始撒播。

全媒体报道实践

从张贴画到艺术品　义乌画业走在中国智造前沿

记者：杨　月　　通讯员：李宇皓　陈淑敏

2020年1月12日，由中国人民大学、中国社会科学院大学和浙江传媒学院联合主办的首届"卓越新闻传播人才培养见习营"来到义乌国际商贸市场三区四层、五层，这里坐落着全球最大的框画生产与销售中心，生产厂家超过1200家，从业人员达20万人，产值超100亿元。

义乌画业从20世纪80年代开始起步。从最初2元一张的纸质墙贴画，到今天令中外买家叹为观止的精美装饰艺术品，义乌的画业历经20年发展，始终屹立时代潮头。这背后有着怎样的义乌经验？

集约生产，规模经营，打造价格优势

在义乌经商的最大优势，就是通过产业聚集降低生产、运输和销售成本，以最优惠的价格吸引顾客。义乌是全球最大的框画生产与销售中心，还形成了从画框原材料和加工机械生产到装饰画展销、经营一条龙的产业链。"义乌什么画都有，什么画都能配齐。"义乌画业协会会长叶国民介绍，"义乌的画框市场全球最大，品种最齐，销量最多，不是吹牛"。

面对画框企业多、小、散的特点，画业协会筑巢引凤，筹备建设画框生产基地，目前已与浦江政府对接，规划建设第一期27万平方米的画业产业园区，把物流和安保统一起来，进一步降低成本。据叶国民介绍，创业园八层的仓库安装了承重十几吨的电梯,方便汽车直接上楼运货。

拥抱市场,创新形式,开办垂直展览

自2006年以来,义乌每年都会举办国际框画展,吸引大量来自国内外的同行参展。义乌还首创了垂直展览,即商户把自家店铺作为展位,邀请老客户参展的新模式。这一形式进一步降低了经费。"我就在商会里面展,我不(需)要花掉十万块钱的展位费,而且东西还不(需)要拿来拿去。"叶国民介绍道。

此外,垂直展览的另一大优势是可以巩固义乌原有的市场,避免客人流失。"说一点商人私心的话,到外面平台的集体展会去,那义乌原本的客人可能要流失很多。"而垂直展览是商家自己邀请老客户,展销新产品,客人走散不掉。

墙上挂着该饰艺店的热卖商品(作者供图)

义乌商贸城画业经营区健翔饰艺店员回忆:"今年8月份的第一次垂直展,就在自家店里,不需要装修、运输、展位费,今年的交易额达到

全媒体报道实践

七八十万元,而去年在外边的展只拿到十几二十万元的订单。8月份展览的时候店里全部站满了人,像赶集一样,很多客人当时没下单但是加了微信之后也都会下单,甚至一些外国客人也使用微信和我们联系。"此外,垂直办展能让画业协会掌握主动权,调节当地的展会时间,在淡季办展刺激销售,企业整年的运营就被盘活了。

行业自律,保护原创,打击山寨盗版

作为文创产品的一种,装饰画行业具有产品设计成本高、盗版侵权成本低的特点,因此也存在着文化产品的通病——山寨泛滥、盗版猖獗问题。长此以往,会损害画业市场生态,打击设计者的创新热情。

在义乌国际商贸城的装饰画经营区内,许多商铺门外都贴着"禁止拍照""同行莫入"的公告。叶会长表示:"我们很多商家都吃过被盗版的苦头,比如我花几十万元找设计师设计一幅画,生产出来卖500元一幅,被别人一拍照,他拿去盗版个一模一样的或者稍做改动,又不用承担设计成本,就能定价400元、300元,那客户当然是选择便宜的,我们就会亏损。"

为了应对盗版问题,义乌画业协会根据《中国小商品城原创设计产品自律保护实施细则》,结合义乌画业市场特色,同义乌国际商贸城三区联合推出了"版权自律保护方案",创新了原创保护的行业自律市场治理。

"我们推出的'版权自律保护方案',是建立在义乌市场经验上的一次大胆原创,是商贸城内第一个知识产权保护试点,这一运作模式也是全省首创。"叶会长说道,"商家如果设计了出了新产品,在6个月内提出原创保护申请,提交材料进行公示后,如果没有问题,就可以享受协会的原创保护,别人不能够抄袭盗版你的创意。"此外,为了扩大原创保护市场范围,协会还邀请了第三方机构入驻商贸城,帮助商家办理申请全国专利保护相关手续。

义乌画业协会会长叶国民为记者介绍原创设计产品保护流程（作者供图）

挖掘特色，限量复制，培养青年画家

商贸城的画业经营区内，有一家十分特别的店铺，比起商铺，它更像是一家画廊。店内墙上挂满了各种充满艺术气息的画作，随手拍一张照片就仿佛是朋友圈里的艺术展"打卡"。

叶国民和记者在李显文的店内参观（作者供图）

店铺老板李显文是个喜欢到全国各地采风的老义乌人，结识了一众画家朋友。他买下画家们作品的版权，对这些具有独创性的画作进行少量复刻，使得原本具有"不可复制性"的艺术作品能够走向大众市场。

但是要找到既有艺术价值又受市场欢迎的画家和作品并非易事。李显文表示自己要常年在全国各地跑艺术工作室，还有很多时候要依靠机缘，"我曾将在广州和东莞那边待了半个月都没收获，最后要走的时候碰到了一个老教师，默默无闻地画了很多年都没有名气，穷困潦倒。我见了他的作品，第一眼就很喜欢，从那时候开始不断地和他合作，现在他已经在东莞买了房"。

通过对艺术品进行商业化生产，李显文还发掘了许多青年画家。他点开自己的微信头像，那是一幅以他本人为原型的红色线条素描，他很喜欢这幅画像，并讲述了其背后的故事。

画像的作者是一个年轻的小伙子，李显文认识他时，他才十几岁。李显文有些激动地指着店铺一角的几幅动物画像，说："你看这些动物画，多好呀！当我第一眼看见他的画，我都惊讶了，那么小的孩子，居然能画成这样！我就跟他去他住的地方看作品，一进门我更惊讶了，他住的地方又狭小、又闷热。而创作是非常需要静心的，他在那么恶劣的环境里能画出这样的作品真的不容易。我当即给了他1000块钱，让他给屋子装个空调。后来他给我画了这幅画，我很喜欢，一直用它做头像。"

这位青年画家现在已经是李显文店铺的固定合作对象了。

义乌画业发端于义乌小商品城建立伊始，从几块钱的张贴画到如今采用珍珠、贝壳、金玉、羽毛等各种名贵材料设计制造的奢华软装，以及来自全国各地的画家创作的高艺术价值装饰品，义乌画业发展的背后，体现的是人们日益增长的个性化装饰需求，是我国从低端制造到高端创造的产业升级，是人们逐渐提升的对于生活品质的追求。

"枫桥经验"的变与不变：服务群众是关键

记者：杨 月　通讯员：李宇皓　张文骁
　　　　　　　　　　　胡欣雨　陈淑敏　颜钰杰

"我丢了身份证以为会很麻烦，没想到在这里只需要一两分钟就能完成补办。""卓越新闻传播人才培养见习营"营员李晴说着，她的面前是枫源村为民服务中心的越警管家自助服务机，她刚刚在这里完成临时身份证的补办，用时不到两分钟。

枫源村创新社区治理"5+X"方案（颜钰杰　摄）

这两年,浙江省推行"最多跑一次"的改革。枫源村作为"枫桥经验"的发源地将"枫桥经验"与"最多跑一次"的改革相结合,坚持和发展"小事不出村,大事不出镇,矛盾不上交"的"枫桥经验",实行城乡通办,群众的便民服务事项,基本上足不出村即可办理。

枫源村支委会委员楼利根介绍说:"'枫桥经验'的关键是服务。""枫桥经验"一开始就是以联系群众、服务群众作为基本出发点的。

追溯历史 回望初心:服务群众是"枫桥经验"立足点

"努力化解矛盾,就地解决问题",正是"枫桥经验"的基本精神。"枫桥经验"诞生于群众改造工作实践当中,随着时代发展,其内涵不断得以丰富和创新。"捕人少,治安好"的"枫桥经验"得到了毛主席的高度认可,1963年,毛主席对枫桥的群众工作作出批示:"诸暨的经验"("枫桥经验")要"各地仿效,经过试点,推广去做"。次年,一场轰轰烈烈的学习"枫桥经验"运动在全国范围内展开。

枫桥经验陈列馆内的《人民日报》"摘帽运动"报道(颜钰杰 摄)

改革开放以后,"枫桥经验"再次在社会治理中发挥出独特的魅力。在"摘帽运动"中,枫桥从实际出发,率先决定给改造好的"四类分子"摘帽。这一举措改变了万千人的命运。1979年2月5日人民日报头版头条刊出《摘掉一顶帽,调动几代人——记浙江省诸暨县枫桥区落实党对四类分子的政策》一文,将"摘帽运动"中诸暨依靠群众力量,就地解决问题的经验介绍到全国。

"摘帽"对群众而言究竟意味着什么?诸暨市政法委"枫桥经验"发展研究中心郭松浩解释道:"摘帽与不摘帽是天差地别,会影响到婚姻、入伍、子女入学等一系列问题。"

在《摘掉一顶帽,调动几代人——记浙江省诸暨县枫桥区落实党对四类分子的政策》文章中,报道了这样一个令人动容的故事。诸暨市年过半百的崔仲文夫妇双双摘掉了地主分子帽子,接着,小儿子光荣参军,被选送到空军部队。不久,大儿子由于家庭出身不好被搁置多年的婚姻问题也解决了。女婿也非常高兴地表示,以后就可以光明正大而不是半夜偷偷陪妻子偷偷来看望父母了。

另外一个故事的主人公是枫桥镇东溪公社丁家坞大队何燕德,因为常年被扣上"富农"帽子,儿孙三四代都受到影响,在听到何燕德被摘帽的消息之后,就连他最小的曾孙女都十分开心地说:"太爷被摘了帽,我终于也能在学校里戴红领巾啦!"

所谓"摘帽一个人,团结一大片",正是通过摘帽积极帮助群众解决各种问题,诸暨才能够团结最广大的人民群众,全心全意搞建设,把握住改革开放伊始的机遇,走在了时代前列。

互联网+基层治理:不变的是服务群众的精神内核

"枫桥经验"从提出至今已有五六十年时间,在这五六十年里,"枫桥经验"既一脉相承又不断创新。在新时代,枫源村以服务群众为主线,将互联网与基层治理相结合,在全村实施网格化管理。

枫源村按照"便利性、整体性、适度性"原则,以自然村为单位,将整个村划分为大悟、大竺、泰山三个网格。专职网格员通过公开招聘,统一面试选拔出来,他们每日身着专职网格员服装,佩挂专职网格员工作证,在网格内巡查山塘水库,检查垃圾分类,走访重点人员,发现村务管理中的漏洞死角。

枫桥经验陈列馆中圹头大队治保委员会宣传广告实景复原(颜钰杰 摄)

随后,专职网格员会将网格中发现的问题通过平安通App上报,由村一级快速处理。在枫源村的综治中心,可以看到一个大块电子屏幕上面登陆着平安建设系统,网格员发现的所有问题都会上传到这个系统中。村里的值班干部每天通过这个系统查看上级交办的、网格员上报的各种信息,并受理落实。

在平安建设系统里可以看到,最近一次网格员上传的问题并配了三张图片,这个问题从发现到受理只用了两天,从受理到解决只花了三天。

在2018年,"全科网格建设规范提升工程"列入了浙江部署总结提升推广新时代"枫桥经验"的六大工程之一,正在越来越多的地方落地生根。

50多年"枫桥经验"的总结发展,不变的是坚持人民群众的主体地位,紧紧抓住群众工作这条主线,把群众路线贯穿于基层治理的全过程。

何德兴：砥砺奋进，一心为民

记者： 杨 月　**通讯员：** 颜钰杰　张文骁
　　　　　　　　　　　　胡欣雨　陈淑敏　李宇皓

随着"义新欧"小火车的鸣笛声响起，一段属于农业生态观光园的"新丝绸之路"旅程即将开启。乘客们乘坐着观光小火车，通过沿途的各个站点，欣赏异域风采，游览荷塘景致。如此景象，发生在义乌市城西街道七一村。党委书记何德兴带领着村民们落成开放农业生态观光园，进一步发展了村集体经济。

何德兴书记（中国青年网记者　杨月　摄）

20余年岁月轮转，七一村庄光辉巨变。从昔日的村庄负债，到今天的全村致富，旧房改造、集体经济建设、农业生态观光园开放，每一项成绩的背后，都离不开七一村党委书记何德兴的付出和奉献。正是他的无私、负责和坚守，才成就了七一村经济繁荣，百姓富足的美好生活。

坚守承诺，无私付出

承诺，是何德兴书记在访谈中多次提及的词，"承诺出去，你如果做不到就有失自己的威信"。随着统一拆旧房、建新房的浪潮兴起，七一村的旧村改造也提上了日程。这时，村里的老百姓们既乐意又疑虑：乐意的是能统一建新房，而疑虑的是担心村干部们率先搬进了新房。为此，何书记向村民们给出了郑重承诺："我们一定要让90%以上的老百姓住上新房，再安排干部们的新房。"10多年过去了，当村民们在新房里享受生活时，何书记还在为最后仍未搬入新房的村民们奔走着，而他本人，正是其中一员。七一村村民告诉记者，书记就是为了社员群众，全都分到了，再轮到他自己。旧村改造的过程并非一帆风顺，记得将土地收归集体之初，一位村民提出了抗议和反对，因为在他看来，发展集体经济后自己就失去了土地，失去了生活的经济来源。面对质疑和误解，何书记坚守承诺，帮助村民们搬进了新房子，利用集体经济为村民们带来利益，渐渐地得到村民的理解和尊重。林仙妹是七一村的贫困户，旧房改造时却没有拿到贷款的机会，眼看住进新房的梦想即将破灭。就在这时，何书记挺身而出，以个人名义帮助她向银行贷到了建房资金。林仙妹最终才得以如愿建成了梦寐以求的新房。

就是这样一位村民眼中信守诺言的何书记，在自己的至亲面前，却不那么"坚守承诺"。在旧房改造的过程中，身为党员干部的他将分房名额让给村民，而自己一家，却始终住在老旧的宅子里。何德兴讲述道："我爸爸看到人家住别墅，悄悄流泪。第二拨又没分到，第三拨时病了，下了病危通知书,他含泪问我:'咱们家房子啥时候分到?我还能不能住上?'我就撒了第一次谎说:'已经在装修啦,只要你病好了,我接你回家。'他高兴,我内心在流泪。过了5天,父亲去世了。每到清明、冬至的时候我就最难过。"在承诺面前,何书记牺牲了自己的利益,留下了一生的遗憾。令他欣慰的是,村民们一批批地搬进了新房子。

给出承诺,并非难事,坚守承诺,绝非易事。作为七一村的领头羊,何德兴始终不忘初心,坚守承诺,切切实实为百姓谋福利。

创新思路,率村致富

20世纪90年代末,作为商人的何德兴,看见了外面日益蓬勃发展的世界和自己村里依旧贫困的乡亲们,毅然决定放下手头的生意,凭借自己对农村建设的认识和理解,回村担任党委书记,带领村民们脱贫致富。面对村庄集体经济亏损的情况,何德兴进行了大胆的尝试和创新。

起初,何德兴对村庄马路边的菜市场进行改造,并将市场沿街的商铺根据地段进行竞标和选位,为农贸市场的建设和村集体经济的基础提供了有效的资金来源。在第一轮竞拍中,村庄产生了260万元的收益。通过对农贸市场和村庄的改造提升以及日常租金的收取,村集体经济的收入情况得到了极大改善。曾经负有外债的七一村,在何德兴的带领下迅速走向了脱贫发展的新时代。

经济的发展,离不开深远的谋划和考虑。在何德兴看来,每个村都有自己的特色,山沟沟农家乐做好,也是优势。正是基于对村庄特色的全盘考虑,何德兴大胆推进了农业生态观光园的建设。在一定的资金基础上,七一村利用村集体收归的土地,利用七一村农田优势、农业技术和党建文化等特点,量身打造出了契合七一村特色的农业生态观光园。这个将党建文化、农物种植、湿地生态、草木植被等多元景观集于一体的农业生态观光园,在丰富了七一村的经济发展模式的同时,满足了人们休闲放松、旅游观光的需求，吸引了络绎不绝的游客。"义新欧"小火车，带领人们绕园一圈，沿途经过"阿拉山口""俄罗斯""德国"等独特的文化景观，感受"义新欧"中欧班列走出"国门"的自豪与幸福。从游览观光，到文化传承，"义新欧"小火车的背后，是何德兴对经济发展和品牌打造的仔细考量。

七一村农业生态观光园里的"义新欧"小火车，首发站为义乌站
（中国青年网记者　杨月　摄）

激活底层，优化制度

据了解，如今七一村共有本地居民1000余人，外地居民8000余人。面对这样的村庄现状，如何推进乡村治理和文化建设成为党委书记何德兴关注的问题。正如何书记所说，打工者、务工者，同为建设者；本地人、外地人，同为七一人。可见，七一村对于外来居民开放且包容。2010年，何德兴率先创立了外来建设者党支部，吸引外来建设者加入七一村的大集

体,鼓励外来建设者参与到村庄的建设之中。

为此,七一村主动开展了村级先进个人的评选,促进本地人和外地人和谐共处,一起学先进、赶先进。在七一村,有这样一位外地小姑娘,早前独自在外打拼而遭受到了家乡邻里的非议和污蔑。她却凭借出众的能力得到了老板的关注和重用,获评七一村的"先进个人"。何书记了解到小姑娘遭遇的不公平对待后,特意雇人敲锣打鼓将女孩的荣誉证书送到家里,为其表彰和正名。一个小小的"颁奖"环节,却充分体现了七一村对于村民的关心和爱护。也正是有这样的书记领导村民,才能够真正地激活底层,让每一位村民携手助力。

何德兴说,要想将农村建设好,必须坚持"四个好":政策好、班子好、制度好、思路好。结合时下政策,班子根据好思路制定出好制度,才能够真正推进农村建设。在七一村,何德兴带领村子探索性地提出了"美丽乡村+党建"、党内约谈制度、党员管理十二分制等制度,将基层农村治理不断优化,既调动了七一村村民积极投身村级事务管理的热情,又向更多基层组织提供了学习经验。

两问大家访,这也是何德兴在访谈中提到的一个创举。为了鼓励村民们主动建言献策,七一村向村民们提出了"我们村里明年发生什么"和"家里需要什么"两个问题。通过问题的征集并听取老百姓的意见,七一村才能及时发现并解决问题,减少了农村治理问题的无效堆叠,为老百姓提供了参与村庄治理的有效途径。

20余年的付出和奉献,何德兴带领着七一村实现了从脱贫到致富的伟大转变;带领着七一村实现了从物质到精神的全面提升;带领着七一村实现了从村内到村外的经验总结。在何德兴看来,中国的农村富,才是中国真正富。何德兴,用自己的实际行动,用七一村的发展历程,书写下他砥砺奋进、一心为民的伟大篇章。

黄昌潮：我是义乌四十年变化的见证者、亲历者和受益者

作者：李 晴 陈孔鸿 张又方 贾仪玮 唐凤英

中国义乌小商品城商会副会长、义乌市文化用品行业协会会长黄昌潮是土生土长的义乌人。从16岁初涉服装业开启创业路，赚得人生的第一桶金，到28岁辗转进入文具行业，后又自创品牌"鼎力"，再到现在义乌文具行业转型发展的领路人，旁人眼里，他的经历不乏传奇，但是他自己却说他只是比较幸运，能成为义乌四十年变化的见证者、亲历者和受益者。

黄昌潮在世界义商大会上发言（黄昌潮供图）

"鸡毛鸭毛换糖喽……"20世纪70年代,在义乌的村头巷尾,还经常能听到有人手摇着拨浪鼓,扯着嗓子喊出的鸡毛换糖的吆喝声。对义乌人来说,那是个物资匮乏、食不果腹的年代。黄昌潮就出生在那个年代,他的父亲在农忙之余,也会经常挑着货郎担,走街串巷。

黄昌潮的家位于义乌市城西街道新江村,父母都是地道的农民。家里人口多,除了务农,挑货郎担,他父亲还曾外出务工,能想到的养家糊口的方儿,他几乎都试过。直到后来学做服装,家里的生活才算稍稍稳定了些。

"我们家里开始做(服装)的时候,望江楼已经有了第三代小商品市场,那时候父亲和姐姐到那里看见一件中意的衣服,就把它拿回家拆开,框起来裁,一开始裁不对,就反反复复地裁。"虽然30多年过去了,说起当年一家人学做衣服的情形,黄昌潮记忆犹新。

"那个年代没有退路,必须做好,做不好就卖不了钱,吃不饱饭,而且父亲一直把品质和信誉看得紧。"得益于父亲的言传身教,同时受义乌当时浓郁的经商氛围的影响,1986年,16岁的黄昌潮和家里商量,想辍学学做生意。

虽然一腔热情,但那时的黄昌潮毕竟只是一个初中未毕业的毛头小子,一开始他主要是围着父亲和二姐转,边看边学。但因为有家人的支持,他上手很快,生意也慢慢顺了起来,特别是有一年春节前,家里请的工人马上准备放假了,突如其来的一个滑雪服订单让他和家人又惊又喜。

"因为家里已经停工了,就临时去拿了一些布料、棉花,还有拉链、里布……那一批货做下来赚了3000元不到,因为外快赚来的,我们就买了一台日立牌冰箱,那个时候日立牌的冰箱好像很有名气……还买了一个比凤凰牌稍微差一点的自行车……"

那次经历不仅给黄昌潮家里添置了一些像样的电器,同时也给了他要把生意继续下去的希望。

时间就这样走到了1998年,第四代义乌小商品市场建成并投入使用,义博会也已成功举办三届,黄昌潮也迎来了经商道路上的第一次转折。

"那时候我们很苦,不管冬天夏天都要熨衣服。家里楼上就弄了三个煤渣,每天早上妈妈都把火生起来,日复一日,所以我爸爸妈妈现在都有些肺气肿……"说到这儿,黄昌潮稍微停了停,然后不无感慨地说,"我这一生,我二姐给我帮助最大。"

原来,和黄昌潮10余年一直专注做服装不同,他二姐始终保持着义乌人走南闯北"买全国货、卖全国货"的经商习惯,并无固定的生意。20世纪90年代初,她开始做文具,生意很好,一度做到了长城牌订书机和明城牌订书机等品牌的全国总代理或华东地区总代理,看到父母年龄那么大了,身体又不好,晚上10点多还在忙,她建议黄昌潮跟着她改行做文具卖订书机。

听了家人的意见,加上当时已有一些做服装的朋友陆续转行,黄昌潮答应改行做文具,只是在卖什么的问题上,他有些迟疑:"当时我玩儿得好的,有做笔的,也有做圆规的,我考虑到笔经常要用,我说做笔,姐姐就不同意,她说做笔你没有供货渠道,没有供货渠道,你就没办法销售给客人!"

事实证明,黄昌潮听取姐姐的意见,做订书机销售是正确的,因为他姐姐不仅帮他解决了货源问题,还给他介绍了不少客商,这也让他的文具生意顺利步入了正轨。

讲着讲着,黄昌潮突然有点激动:"为什么我说我是小商品的一个受益者?我1998年来做的时候,中国在申请WTO,那个时候很多外商其实已经开始到广州拿货,当然广州价格很贵,一些有头脑的人,他会把广州、北京过来的客人带到义乌来拿货,所以那个时候我就想抓住这个契机把它做强做大。"

在采访中,黄昌潮一直感恩自己生在了一个好时代。他说他难以想象,如果中国没有改革开放和WTO,义乌没有义博会和国际贸易综合改革试点,像他这样的创业者该何去何从,但是因为有了这些伟大实践,即便在2002年，他姐姐因为代理合同问题，退出了订书机的总代理，也没能动摇他要将创业进行到底的决心。

昌潮文具品牌旗舰店里的起钉器和订书机（唐凤英　摄）

"那个时候我们就想一定要自己创牌，没有自己创牌不行。"就这样，黄昌潮的自创品牌"鼎力"应运而生。其实他也刚好赶上了中国加入WTO后，义乌掀起的品牌创建热潮，只是像他这样，能成功发展起来的不多。

随着生意越做越大，黄昌潮的鼎力文具开始走出国门，他到现在都还记得他接待的一位来自罗马尼亚名叫阿利的客商。

"他们都是带着专业的翻译过来的，比如他看到这个产品，说'How much'，我们（用外语）报不来，就用计算机把价格敲出来。"事实上，借助计算机和外国客商实现交流、交易的方法在义乌国际商贸城沿用至今。

不同的是，随着近年来义乌国际贸易综合改革试点的深入推进，越来越多的外国客商来到义乌，能讲中文的外国客商越来越常见了。

"好的，货的，好的，他的货……"采访当天，记者在黄昌潮的文具店里就碰到了一位来自阿富汗的客商，他告诉记者，他和黄昌潮的合作已有8年，并将持续进行下去。而他也只是黄昌潮众多外国客商之一。据了解，现阶段黄昌潮店里的文具除了国内的销售，也深受非洲、东南亚等海外客商的喜欢。

阿富汗客商在黄昌潮的店里下单（唐凤英 摄）

随着近年来电商产业的蓬勃发展，黄昌潮所在的文具行业遭受不小冲击。2015年，他接过义乌市文化用品行业协会会长的接力棒，并毅然挑起了重振义乌文具行业的重担。

"40年，义乌趁着改革开放最好的环境发展起来了，那么现在全国都在创业，都在发展的时候，它也面临着压力，这是必然的一个过程……但是现在这个'一带一路'，新丝绸之路'义新欧'中欧班列从义乌发车，我们义乌的契机又来了。"

采访中，说到最近几年义乌文具行业的不景气，黄昌潮很少避讳，相反，从他的眼神中，记者看到的更多是一种坚定和从容。他说义乌人以前在那么艰苦的条件下都能打拼出来,除了"实干",还有一个重要的原因是"思变"。而从他身上表现出来的就是"创新"。

例如前几年在带领协会成员去国内外市场考察学习的过程中,黄昌潮发现义乌品牌在全国各地的批发市场占有率不高,市场份额小,同时受各地展会的启发,他率先提出在义乌创办文具行业的专业展会,"以商招商",让行业抱团、大户联手,共同发展,截至目前已成功举办三届。

黄昌潮在2019中国义乌文具礼品展览会上讲话(黄昌潮供图)

"我们这个展会和别人的不一样,人家就是展示产品,我们是可以现金收入,我们2019年展会上现金收入6.75亿元。"

虽然在不少人看来,黄昌潮最近几年已经带领义乌的文具行业取得了不错的成绩,但是黄昌潮说,这还不是最好的时候,他希望5年以内,能够走遍"一带一路"沿线国家,推广义乌,带领义乌的文具行业更好更快发展。

劳模记者康伟：不忘初心，让生命远行

作者：陈淑敏

这是一起震惊全国的持枪袭警杀人案。深夜的现场有一个特殊的身影，匆匆赶来现场的他扛着摄像机，没有防弹衣，没有钢盔，一件普通夹克就是全部的装备。子弹射中了武警的钢盔，再反弹到屋顶瓦片上，冒出一缕轻烟。"你再拍我，我就打你了！"歹徒的枪口对准了他。他经历过生死攸关的时刻，被残留的催泪瓦斯熏得泪流满面。"我这个眼泪鼻涕就流下来了，后来公安局的同志从农民家里给我拿了块脏抹布，我啪地就捂到脸上，也不问脏不脏了。"他和全副武装的警察并肩冲在最前面，摄像机在肩上一扛就是十几个小时。他只有执着，没有怨言。

这个冒着生命危险拍到珍贵画面的记者正是康伟。"参战的武警、公安人员记集体'三等功'，却给了我个人'二等功'。我都没想到，还能立功。"他回忆道。

康伟现任诸暨市广播电视台融媒体生产指挥中心常务副主任，从业26年来始终坚守在新闻一线。他是震惊全国的持枪袭警杀人案、特大洪涝灾害和台风灾害的亲历者，经历过数次危险重重的暗访，也经历过远赴山区、帮助贫困儿童的艰难。出身农村的康伟，从小养成了吃苦能干、厚道正直的秉性。为了获取一手素材，他不计得失，有时甚至能将生命安全置之度外。

"卓越新闻传播人才培养见习营"的学生记者正在采访康伟（张文骁 摄）

康伟的后颈处有一道长约7厘米的伤疤，这是当年抗洪救灾在身上烙下的"勇敢勋章"。2000年，安徽发生了罕见的洪灾。水上漂着粪，因为洪水已经漫过了厕所。穿着新衣和皮鞋的康伟就这样下了水。洪水漫过胸部，他就把摄像机举过头顶，在行道树的指引下到达村庄。闷热的夏天，水里蚊虫滋生，头顶上是烈日，他却在泥水里泡了两三天。但最危险的时刻甚至是致命的——当他坐在疾行的冲锋舟前部，面朝后拍摄上级领导视察灾情的画面时，水面上方一根细细的广播线划过后颈，他的后颈被划出了长长的伤口。"如果在前面划的话就完蛋了，前面划喉咙会被勒断。"险些致命的伤口鲜血淋漓，但康伟却第一时间选择了完成采访。"当时说实话，第一时间想的不是处理伤口，而是要把镜头先拍好。"正是因为当时伤口处理不及时，后来感染了带状疱疹。

这次的抗洪抢险，康伟再次被授予个人"二等功"。"最精彩的画面不要漏掉，否则，你可能好几年甚至一辈子都会遗憾。"康伟说。

正是这种不留遗憾的韧劲，让不惑之年的康伟在足够严谨的同时，始终保持着青春的激情。凭着浙江人"敢打敢拼，勇立潮头"的精神劲，凭着用6年时间雕琢一部十几分钟的纪录片的匠心，康伟不仅两次荣立个人"二等功"，还先后被评为"全国广播电影电视系统先进工作者""十佳新闻工作者""十大杰出青年""爱岗敬业模范""实干担当好干部"等；他采写的上千篇新闻作品在《人民日报》、中央电视台等国家和省级媒体刊播，主创的40多件新闻作品分获"中国新闻奖""中国广播电视新闻奖"等国家及省级大奖。

但众多荣誉背后，是一种不图名利、乐于坚守的职业追求。"其实我工作这么多年，有很多机会可以到政府机关去，也有很多同行去了上级台。但我总觉得在基层比较接地气，有百姓生活的烟火味，很多东西值得去挖掘、去呈现。"喜欢扎根基层的康伟，也把自己留在了新闻一线。刚参加工作时，他就曾花了6年时间，拍了一部时长13分钟的获奖纪录片《小岛教师》。但这部纪录片的意义远大于此，它让社会开始关注那个四面环水、电都没通的村庄，关注那些需要划船才能上学的孩子们，以及村里划船接送孩子的唯一的民办老师。在纪录片的推动和各部门的共同努力下，村里的电通了，新建了学校，派来了公办教师，昔日的"岛村"也成了国家级湿地公园，村民的生活发生了翻天覆地的变化。"我觉得我们媒体的责任就在于此，举手之劳甚至可以改变一些人的命运。"康伟说道。

有得必有失，由于职业的特殊性，康伟已经很多年没有回老家陪父母过年了。因为暗访和监督，他遭遇过机器被夺、人身攻击，收到过威胁短信。但家人的支持和理解给了他很大的力量，连二胎两岁多的女儿被问及"爸爸在哪儿"时，都会开心地回答："爸爸在电视台。"这让康伟感到温暖，为坚守这份职业感到自豪。

"我认为劳模就是在各个领域默默无闻、埋头苦干的那群工匠，劳模精神是这个时代应该大力推崇的，假如人人都是劳模，我们的各项事业就会蒸蒸日上。"康伟说。现在的他，每年都给自己树立新的标杆，始终保持着劳模的干劲和初心。在个人专著《闻新路上》中他曾这样写道："为了那颗不安分的心，为了自尊的生存，一路追寻。路上的辛酸融进眼睛，心灵的困境化作坚定，在路上，用心灵的呼声；在路上，是生命的远行……"

康伟在广西壮族自治区东兰县贫困山区采访（康伟供图）

联通世界：从计算器到"义新欧"

作者： 李　晴　贾仪玮　陈孔鸿　张又方　唐凤英

"归零""五零""Good！"苏丹商人哈姆迪又完成了自己在国际商贸城的一笔交易。

临近年关，义乌国际商贸城的商铺间有些空旷，一间间整齐的店铺里时不时传出计算器的声响，来自伊朗、阿富汗、苏丹等国家的外国商人正赶在春节放假前在这里进口大量的货品。

靠计算器"翻译"的国际生意

诚信计算器商行创始人陈晓在市场经营计算器已近30年。1989年遭遇下岗，在家人的反对声中她还是敏锐地捕捉到了市场的动向。"当时在改革开放的大环境下，义乌的市场环境很好，做生意的人越来越多，不少外国人来到义乌。"顶着压力，陈晓做起了计算器生意。从义乌第三代小商品市场搬迁至今天的国际商贸城，她见证了义乌市场蓬勃发展的30年。

每一个创业者都会经受创业的艰难，刚刚进入市场的陈晓从认识的朋友手中拿货在自己的店铺中销售，后来自己跟厂商进行对接，接入一家又一家厂商，生意也越来越有规模。现在，陈晓面临最大的问题是语言。自己文化水平不高，和本地人做生意还算顺畅的陈晓面对外商犯了难。"我的英语只能听懂客人需要什么，但我不会表达。"

陈晓与哈姆迪交流议价（张又方 摄）

苏丹商人哈姆迪来到陈晓的摊位采购计算器，此次是他想要购买5个学生用的科学计算器，带回国内作为样品试用。哈姆迪会的中文不多，借助肢体语言和简单的中文单词表达自己的需求，反复强调计算器的质量要高。陈晓通过这样简单的沟通，为他推荐了几款产品，但最后拍板定价还是得借助计算器。由于哈姆迪购买的数量少，陈晓在计算器上敲出10元每个，哈姆迪并不满意，通过计算器打出自己能接受的价格。计算器在两人中间传递，议价砍价顺畅进行，这笔买卖最终得以实现。

"做生意也是需要情感上的沟通，去和客户建立信任的，没法交流生意就做不起来了。"计算器成为商户与客人之间重要的交流方式，按键之间沟通价格也建立起中外商人间的感情。

如今，国际商贸城有近70%的生意属于外贸，生意开始了，计算器的任务就开始了。不论做什么生意，商贸城的每一家店铺都备有计算器，每一场交易的背后都传来按动计算器的声响。一个小小的计算器就成为商家与顾客的桥梁。

北半球的金丝带，"一带一路"上的"义新欧"

到了今天，义乌小商品市场已经成为这座城市持续发展的坚实后盾。为了适应不断扩大的国际市场的需要，义乌这座城市又有了新的与世界连接的桥梁。2014年11月18日，第一列"义新欧"中欧班列从中国义乌出发，经新疆阿拉山口口岸出境，途经哈萨克斯坦、俄罗斯、波兰、德国和法国，历经21天抵达西班牙首都马德里，这条全长13052公里的货运班列如北半球上的一条金丝带，将"一带一路"上的沿线国家与中国义乌紧紧连在了一起。

截至2020年，义乌已经建设了通往各个方向的11条中欧班列线路，为义乌市场70%的小商品提供了销往世界的窗口，也真正实现了以义乌货源地为中心的内陆口岸。每年的圣诞节，西方人家里有80%到90%的圣诞商品来自义乌。"现在如果没有我们的小商品，外国人都很难过圣诞节！"义乌的小商品经营者很骄傲地说。

"义新欧"中欧班列（陈孔鸿　摄）

背靠中国，联结世界，"义新欧"中欧班列的作用远不止让世界用上"中国制造"。2019年，"义新欧"中欧班列实现了全年528列的开行规模，联动周边8个省市地区货源地，辐射7个国家和地区，给义乌带来了超过120亿元的贸易额。从贸易延伸到文化，"义新欧"中欧班列也成为浙江省的"金名片"，成立于2016年的义乌西班牙交流基金会在商界、学界、文化界和媒体等各个领域搭建了中西民间交流的平台。2019年的中国义乌进口商品博览会上，西班牙以主宾国的"特殊身份"亮相展会，携美食佳酿、文化艺术和足球文化带来了一场极具西班牙风情的"发现之旅"。

现在的义乌，计算器仍是国际商贸城里每个商户和外国商人谈价钱的必备品，"义新欧"也担负了成为国际贸易集散中心的使命。从义乌商人们人手一个的计算器到仍在扩大规模的中欧班列，义乌正成为一个起于财富传奇的中国丝路担当，南欧风情和东亚风采被"义新欧"中欧班列这条"金丝带"连接在一起，穿越人类文明的富矿带，连接五湖四海，也描绘出义乌这座城市充满无限可能的未来。

老外为啥爱来义乌

作者： 张又方　唐凤英　李　晴　陈孔鸿　贾仪玮

街头、酒店、商场，不同肤色的外国人随处可见。这种场景不仅仅会出现在北上广等国际大都市，在义乌——浙江省的一个县级市里，也不是稀奇事。

这座面积仅有1105.46平方千米的城市，吸引着来自100多个国家和地区的1.3万多名外国商人常驻，他们在这里通过贸易搭建中国和世界连接的桥梁。

作为全国300多个县级市中的一员，义乌有何特别之处，它为何对外国人如此有吸引力？

被称作世界小商品之都的义乌，是中国乃至世界的小商品重要集散地，26个大类、180多万种商品汇集于此，资源的集中对商人有着极大的吸引力。对于来自苏丹的商人哈姆迪·穆罕默德（Hamdi Muhammad）来说，义乌是他来中国做生意必不可少的一站，因为他"能够在义乌找到大部分所需要的货源"。2008年，在苏丹当地市场经商的哈姆迪·穆罕默德通过阿里巴巴发现了义乌这座城市，阿里巴巴平台上展示的商品吸引着他来探访中国义乌，由此踏上了追寻新机遇的旅程。2008年起，哈姆迪·穆罕默德在中国的生意已经持续了近12年，如今，他每年在苏丹和中国之间往返8—10次，每次在中国待8—10天，货物的年交易量达到了500万美元。

右三为哈姆迪·穆罕默德（Hamdi Muhammad）（陈孔鸿供图）

哈米在他的办公室里（张又方供图）

货物资源的集聚和信息的灵通是许多外国商人青睐义乌的原因，但义乌被外国人青睐的原因远不止于此。在东京大学修读完心理学博士几年后，来自伊朗的哈米到了中国，经过几年发展，在中国多地拥有公司的哈米最终还是选择了来到义乌定居。哈米说，看中义乌，是因为他首先看中了中国，而相对于其他大都市，义乌独特的魅力在于，这是一座正在高速发展的年轻城市，它拥有宽阔的发展平台。

2018年，作为一个县级市，义乌的总体出口额为382.78亿美元，占中国2018年出口额的1.5%。蓬勃发展的国际贸易也吸引了来自海外的留学生，大学生姆皮吉（化名）来自乌干达，他拿到了奖学金，将在义乌修读完国际贸易专业。

2019年，自义乌发出的"义新欧"中欧班列开行528列，开行线路增至11条，沿线设立4个分支机构、5个物流分拨中心，连通亚欧大陆37个国家和地区。正如哈米所说，丝绸之路串联起不同的国家，给拥有不同语言和文化的人们提供交流的机会。丝绸贸易马蹄疾，班列从义乌一趟趟驶出，让来自更多地方的人们感受到这座城市的魅力，也吸引越来越多的国外友人来到义乌，爱上义乌。

不怕吃苦，青岩刘村里的"斜杠青年"

作者：贾仪玮　李　晴　张又方　陈孔鸿

"青岩刘是我们梦想开始的地方，以后不管怎么扩大规模，我们也不会把办公室从这边搬走。"

"市政协工作先进个人""改革体验官"，周东亮办公室的玻璃柜里码放了大大小小的证书奖状，办公桌上的4台显示器和办公室里此起彼伏的提醒音则表达着他的另一个身份：电商创业者。

周东亮的"吖萌"现在已经是一家有着130多名员工、近8000种商品，集设计研发、生产、销售于一体的玩具礼品电商，而他的创业之路却经历了不少曲折。离开河南家乡后，他从保定、郑州、武汉又辗转到重庆、长沙等城市的玩具市场，专注于实体经营的周东亮却一直没能真正有效地推广。"但做着做着，我发现这一类的DIY产品在中国并不受欢迎，而且由于来自浙江的同类产品款式更多、价格更低，我们卖的东西家长和学校根本不买账。"

一次次的失败让周东亮开始重新思考自己经营的方式，也让他开始憧憬另一个地方：中国的国际小商品之都——义乌。

从1700户农民的城中村发展到今天拥有超过2.5万电商从业人员的"中国网店第一村"，每天数以万计的订单就从这个小村发往全国各地。

而这里也成为周东亮创业人生的转折点。

"当时在百度上搜了一下，看到有个'中国网店第一村'，当时有60%—80%的淘宝皇冠店就出自这个青岩刘村。"周东亮和伙伴们看到这个消息后当下决定转变策略，到义乌的青岩刘村实现自己的创业梦。"到了之后才发现，都说这里是国内电商企业创业的沃土不是没有道理的，背后有义乌市场7.5万的线下店铺和180多万种商品依托，街道党建中心的政策对创业者非常友好，店铺三年内减免一半的租金，初创企业的快递费用无论多少都是3.5元每单，在创业初期帮我们大大降低了成本。"

青岩刘村向创业者伸出的橄榄枝不仅限于成本，街道党建中心投资的创业学校为电商创业者提供免费培训。周东亮和他的团队也在这里入门电商，终于经营起了自己的淘宝小店。

周东亮正在展示新研发的产品（陈孔鸿供图）

一转眼，周东亮这个河南小伙已经迎来了在义乌的第六个年头，当年那个满腔热忱但一穷二白的他现在也已经是青岩刘村电商的带头人，作为曾经青岩刘村创业学校的学生，现在周东亮也走上了讲台，向更多怀揣梦想来到青岩刘村的新义乌人分享自己的经验和故事，"除了创业者，义乌还给了我参与政协工作和成为'改革体官'的机会,这种接纳和认可让我更想为义乌的发展建言献策,以一个新义乌人的身份建设我的第二家乡"。

青岩刘村这个植根于义乌的造梦空间,实现的不仅仅是周东亮一个人的梦想。义乌现在的各类市场主体超过50万户,是全国市场主体数量最多的县市。"依托电商"是青岩刘村发展出的新型创业模式,目前青岩刘村网店超过4000家,货运专线160多条,覆盖全国260多个大中小城市,年货运吞吐量超440万吨,电商从业人员3万人。义乌也成为创业者心中名副其实的"造梦空间"。

走向世界,被外贸改变的人生

一间两室一厅的出租房,40个刚刚中学毕业的学生,没有空调,更没有像样的家具,甚至是卫生间到厨房的过道上都要紧凑地放上一张席子睡上三人。这便是马信和马有良第一次到义乌实习时的栖居之所。

义乌,这个传说中"鸡毛飞上天"的城市,也从这一刻开始成为他们生命中的新坐标;新义乌人,这个无数年轻人圆梦的代名词,也从这一刻开始成为他们新的身份。

"我们都会阿拉伯语,我也想和老乡们一样做翻译,职高毕业自考了本科之后我是很自信的,到了义乌就立马给招人的外贸公司打了电话。"也正是这通电话给马信的热情泼了一盆冷水,电话里双方用阿拉伯语交谈时谁也没听懂谁说的话,对方甚至让马信去找一个翻译来接电话。翻译是做不成了,马信没有办法,只能退一步做了快递员。

尽管如此,马信从未打消过做生意的念头,他转而开始利用下班时间学习波斯语。"做快递的那段时间我就感觉到阿拉伯市场快饱和了,伊朗市场倒是很有潜力。"

掌握了波斯语的马信终于成为一家外贸公司的翻译。马信很有天赋,三年多的时间让他慢慢总结出了和客户打交道、做生意的经验,外国客户也纷纷鼓励他自己创业。"那会儿年轻啊,抱着试试看的态度我找了个合伙人一起创业。"

时机选得准,市场也要选得好。他很快确定了将不锈钢作为主要外贸产品后,马信一下子就迎来了事业的上升期,在伊朗打开了不锈钢的巨大市场,又很快在福田国际商贸城租了一个自己的商铺,有了稳定的客源和自己的公司。马信才忽然意识到,自己在这10年间已经不知不觉在义乌扎下了根。

"我虽然是临夏人,但其实每次从高速公路出口看到义乌的路牌时,我才感觉到自己真的到家了。"10年的时间,马信在义乌积累起了近30个长期客户,每年的销售量也能稳定在8000万元以上,这也让他越来越像一个真正的义乌人。"义乌遍地是黄金,这句话你只有来了才能理解它的含义。"

像马信一样来义乌打拼的回族青年还有很多。在义乌国际商贸城里,随处可见不同肤色的外国商人,这些西北小伙儿就在这里用外语一批又一批地将中国义乌的小商品销往世界各地。

不锈钢、箱包、文具……马信和他的老乡们现在已经把各种各样的小商品外贸做得风生水起。"这就是义乌这座城市的魅力,所有到这里的'新义乌人'都有机会,有希望,单是想到只要肯努力就什么都会有,浑身就有使不完的劲。"

对马信和所有来到这里创业的"新义乌人"来说,这座城市带给他们的绝不仅仅是庞大的市场、快递价格洼地和成熟的外贸产业链,更重要的是触手可及的机会和希望,和这片土地已经、正在和即将发生的无限种可能。

这个充满冒险精神的华东城市正吸引着全球各地的淘金者,在义乌123.4万常住人口中,外来人口超过了58.58万人,他们也让这座飞速崛起的城市迸发出新的活力。2018年义乌人均可支配收入超过7万元,超越上海成为全国第一。曾经靠"走街串巷,鸡毛换糖"发展起来的义乌如今已经成为世界小商品之都,正如马克·雅各布在《中国义乌:全球最大的小商品市场案例研究》一书中写的那样:"花上一美元或一块钱,你就可能在这里买到任何东西。"

王凌飞:"劳模"只是一个代表

作者:张又方

全国劳模、义乌港有限公司党群部主任王凌飞在工作(陈孔鸿供图)

2011年王凌飞担任义乌市江东货运市场主任时,一名保安在入职报到的第一天就查出了癌症。王凌飞在了解到这名保安的家庭条件不是很好后,组织单位职工进行捐款,带头捐了1000元,他说:"只要来一天,就是我们的职工,来一个小时,也是我们的职工。"

从业的21年间,从场站驾驶员到场站主管、场站负责人,到现在的义乌港有限公司党群部主任，王凌飞在工作中始终秉持对人真诚、关怀的原则，即使升任了管理层，考虑到同事的辛苦，仍然坚持亲力亲为。

"休息时间我绝对不会打他们（员工）的电话，除非是非常非常重要的事情，否则我不会占用他们的私人时间。"虽然尽量不打扰员工的休息时间，但王凌飞自己却始终绷着一根弦。在江东货运市场担任主任时，冬天半夜1点钟接到电话，说市场发生了火灾，王凌飞拿起手机穿上衣服就急匆匆赶去。"有时候电话一响，整宿失眠。"王凌飞笑着调侃说。

2012年评为物流行业全国劳模，2015年评为全国劳模，王凌飞说，自己只是"劳模"的一个代表。"一些基层的党员和收费员工作比我还辛苦，在收费亭里拿卡收卡，没时间吃午饭，需要别人拿过去。交通疏导员每天一站就是十几个小时，一天走三四万步，他们都是劳模，我只是一个代表而已。"在王凌飞眼中，有"劳模"称号后，工作还是一样做，只是对自己的要求更高，做得要比以前更好，别人看到劳模有成绩才会效仿，如果劳模都不认真做事，别人看到就会更有理由不认真做事。

在对自己的高要求下，王凌飞努力开拓进取，不断在工作中创新工作方法。2015年，针对卡车进港无序造成拥堵和资源浪费的情况，王凌飞主持推进了"义乌港集卡预约系统"的建设，通过网上预约系统对进港卡车数量和时间进行标准化管理，大大提高了港口车位的资源利用效率。

王凌飞认为，模仿很简单，创新进取更难，义乌发展取得的成绩离不开老一代劳模代表"勤耕好学，刚正勇为，诚信包容"的义乌精神，这种精神传承下来，启发着现在的劳模，无论大事小事，都要敢于担当，敢于拍板决策。正是在"劳模"称号代表的千千万万个"劳模"，勤耕好学、刚正勇为的奋斗中，义乌才得以与时代进步的节拍保持一致，成就大市场，实现大梦想。

百折不挠：竹林村的故事

作者：石雪洁

"以前来竹林村都是要捏着鼻子进来的，闻见臭味了，就说明竹林村到了。"1月14日，在嘉兴生态环境工作汇报片播放完毕后，嘉兴市南湖区新丰镇竹林村党委书记陈云华这样对"卓越新闻传播人才培养见习营"的营员们说道。

可眼前的景象却丝毫无法让人将竹林村和"乌黑的河水、冲天的臭气"联系起来。现在的竹林村不仅河水碧绿，空气清新，更有一条长长的木质长廊蜿蜒百米让人可以欣赏到10多个不同品种的竹子，沿街店面整齐划一，颇有古色风味。

曲折中发展的养猪业

生猪，竹林村唐代就有饲养，宋代初具规模，明中期因正德皇帝朱厚照忌猪音与其姓同，下旨禁养。据《浙江通史》载：当时生猪"一时埋弃俱尽"。

至清代，生猪饲养逐渐恢复。民国时期，因经济贫困，大多数农户能养上两三头。

1958—1961年，片面强调公养为主，致大幅度下降。

20世纪60年代，政府提出"猪多肥多，肥多粮多"的口号，养猪业又迅速发展。

20世纪80年代中期,生猪饲养进入市场经济时代。1985年,原竹林乡由嘉兴市农业局和外贸公司共同扶持,建立了供港(香港)生猪基地。1986年,成立了瘦肉型猪生产合作社。合作社从改良品种入手,第一批改良的母猪有600头。4月,第一批猪肉出口香港。随后,新丰人又把目光瞄准上海,将二元猪改良成抗病生长快、肉质鲜嫩且瘦肉率达57%—60%的三元猪。

竹林的生猪养殖业由于政策扶持、品种优良、饲养科学,发展势头异常迅猛。2002年2月成立了三元猪产业合作社。

为搞好养猪产业,新丰镇建立"竹林猪"专项扶持资金,实施"小型大规模养猪产业工程"。镇畜牧兽医站与浙江大学、浙江农科院等大专院校建立技术伙伴关系,定期邀请教授、专家来举办技术讲座。镇里还组织了生猪经销合作社,抓好持有营销证、检疫证、营运证的120多人的生猪营销队伍,为农户架设起通往沪苏杭等城市的"金桥"。

"竹林三元猪"还进行了商标注册,1998年获浙江省优质农产品称号,2001年荣膺中国浙江国际农博会金奖。当时,新丰镇是华东地区最大的养猪基地,竹林佳惠养猪场是华东最大的养猪场。

经过多年努力,新丰镇形成了一条完整的生猪产业链。年饲养量达100万头,出栏量70万头,产值达10亿元,利润4亿元,带动养猪户7735家,饲料企业26家。全镇有5万人从中获益。竹林村养猪收入甚至占了村民收入的70%。

当时的生猪养殖业,突出呈现"达、小、散、密"四个特点。一是总体数量达,竹林村存栏量超过15万头。二是主体规模小,散养户占比达90%。三是整体布局散,大多数养殖户依房沿河而建,甚至在承包田里搭棚。四是局部密度高,竹林村人均养猪达30多头。

每况愈下的生态环境

农民钱袋子越来越鼓,然而随之而来的是水黑了,河臭了。粗放的养殖方式和庞大的养殖总量已经远远超过了生态环境承载的极限，面对日益严重的环境污染，竹林村开始加大环境整治、污染治理方面的投入。

1999年下半年，新丰镇引进技术和人才，投资680万元开办了年处理猪粪10万吨，年产有机肥2万吨的绿神公司。筹建生态牧业园，采用干湿、雨污"两分离"、干粪堆积池、沼气池和沼液储存池"三配套"模式，部分猪粪尿还田灌溉，部分还鱼塘作饲料，部分送到村猪粪处理中心。

2005年6月，竹林村检测畜粪处理中心，严格按照"户集、村收、片处理"的模式，对猪粪进行统一收集处理，形成了年收集处理鲜猪粪1.8万吨，生产初级肥3000多吨的能力。

竹林村在环境治理上投入了大量人力、物力、财力，然而取得的效果十分有限。专家指出，一头猪对环境的污染，大体与6个成年人所产生的污染相当，猪的排泄物直接排入河道，会导致水体富营养化，使河道发黑发臭，再加上竹林村养猪业排放的COD和氮氧总量污染。由于竹林村散养户多、规模大、管理难，偷排、漏排时有发生，丢弃死猪等情况难以杜绝，使环境污染雪上加霜。

村民普遍反映，当时环境差极了：猪舍遍布，猪房包围农房、猪粪满地，蚊蝇到处乱飞、河里一层垃圾，鸭子不肯下水、天一热臭气熏天，外人进村都忍不住掩鼻皱眉。当时竹林人出去，其他地方的人甚至能从身上的味道就判断出"这个人是从竹林"来的。

支柱产业一刀切

2013年3月的"黄浦江死猪事件"，引发全社会广泛关注。当时，上海黄浦江上游河道内出现大量死猪漂浮，据媒体调查，这些死猪基本源于江苏、浙江等养猪大省。

一周内，全国50多家媒体涌入新丰，追问黄浦江死猪与新丰的关系；国家环境保护部也派出调查组来追查此事。媒体的追问，上级的责问，外地民众的责难，把新丰镇推上风口浪尖，尤其是养猪最多的竹林村，更是成为众矢之的。

随着嘉兴市"三改一拆"暨生猪养殖业转型升级大会召开，竹林村的整治行动也随之开展起来，2013年4月村干部便挨家挨户做思想工作动员拆猪舍。

陈云华第一个带头拆了自家猪棚。他家有1206平方米的猪舍面积，30头母猪自繁自养，年出栏量500头左右。"钱是挣不完的，再不改善环境，村庄就空心化了。"卖掉生猪后便把猪舍全部拆光。有劝说、有争议，甚至有一户村干部50次顾家门才下定决心拆除猪舍。

2013年拆除猪舍面积达17万平方米。到2016年，全村拆除近40万平方米猪舍、年生猪存栏量从15万头到清零。

绿水青山发展之路

支柱产业被砍掉，接下来的路该怎么走？

竹林村开始探索新的发展模式。2015年开始，竹林村统筹推进"五水共治""三改一拆"与建设四个美丽乡村点等各项中心工作；2016年竹林村投资2400万元谋划景致改造；2017年竹林村完成浙江省首批"3A"级景区申报，在原有生态绿道的基础上，重点围绕"猪、竹、姜"打造竹林村"3A"级景区；2018年4月，嘉兴远景旅游入驻竹林，合作成立了新竹景区管理有限公司，对竹林景区核心地块进行了规划、设计、施工、运营一体化管理；2018年6月，竹林村在美丽乡村建设基础上又投入近2000万元，进行了景区村庄功能化提升改造；2019年12月25日，入选第一批国家森林乡村名单。

截至2019年底，竹林景区共计接待游客30万人次，接待各类党政考察团280余个，实现综合旅游收入超100万元，带动竹林村直接就业48人，间接就业126人。村民投身乡村旅游的人数越来越多，老百姓的获得感越来越强。

不仅如此,竹林村还注重精神文化方面的建设,高以永史料陈列馆、竹林村史馆、党建馆、学稼公社等都让人对其的认识从环境方面提升到精神方面。

唐纪勋等人甲午中日战争后创办的"学稼公社",以"实事求是"为旨,提倡向西方先进科学文化学习,主张采用新的科学技术和管理方法发展农业,被《嘉兴市志》称为"新式农业经营的出现"。如今,在竹林村遵循学稼公社的宗旨,探索新时代背景下乡村农学的典范,讲求对耕读文化与庄稼农事的体验和传承,同时融合了私塾的教育文化与"红船精神"的红色文化等元素。

面对挑战,竹林村不回避、不辩解,在上级党委和政府的领导下,竹林村痛下决心,以"绿水青山就是金山银山"为思想指南,以"坚定理想、百折不挠的奋斗精神"为力量源泉。聚全村之力攻坚克难埋头苦干,治水拆违,转产变型,整治环境,完成了从脏乱差村到"3A"级景区村庄的蝶变,向世人递交了一份完美的答卷。

竹编：一次传统手艺的新生

作者：江竟达　苏　莉

2020年1月17日，浙江乌镇的新春水上集市开张。江南水乡河道密布，四通八达。附近居民们习惯带着蔬菜和家畜来到水上集市买卖。乡民吆喝，游人交织，好不热闹。然而很少有人关注到，水上集市十分常见的竹编器具正在经历一次新生。

50多年前，乌镇本地人钱鑫明或许不会想到，仅仅在农闲时候作为副业的竹编会成为他未来人生最重要的一部分。年仅15岁的钱鑫明拿起一根

乌镇北庄的竹编文化馆（苏莉供图）

竹篾，从此和竹编结下缘分。

竹编，中国最传统的编织工艺之一。从靠天吃饭的游猎生活转向靠地吃饭的定居生活后，人类面对的首要问题就是：如何储存足够的食物和水来应对变化不定的自然界。石器和陶器固然结实，却也太过沉重。干脆利落、轻便易织、具备弹性和韧性的竹子便被勤劳的人类编织成为竹筐、竹篮等工具。如果从新石器时代的竹藤胎陶培算起，中国的竹编工艺已经走过了千百年的历史。

历史："只会砍树不会种树"

来过乌镇的人绝对不会错过西栅景区内的一幅5米高的圆形竹编牌匾。这块竹编牌匾印着"乌镇"二字，倚靠在白墙青瓦之上，是当之无愧的"打卡圣地"。而少有人知的是，这块牌匾的作者是嘉兴市级非遗传承人钱鑫明和妻子沈月文，他们一共花费两个月的时间，平均每天制作10小时，总共消耗了32根毛竹才打磨出这个作品。

乌镇北庄的竹编牌匾（江竞达供图）

作为一名土生土长的乌镇人，钱鑫明祖上世世代代都和竹编有着不解之缘。他骄傲地向记者介绍"我们这里家家户户都是做竹编的"，"我只做了50多年，这个竹编有两千多年了，（相比起来）50多年只有一小点"。

多山多雨的地理环境和大量精于钻研的工匠，使得乌镇竹编工艺有了得天独厚的发展机遇。然而，钱鑫明却逐渐感受到了危机："以前农业上的竹制品非常多，现在都不用了。家用的东西都用金属的、塑料代替了。所以会的人不做，不会的人不学。像一个山一样，只有砍树没有种树。那这个树就没有了嘛。"

转机："播下新种子"

应对危机的答案出现下一代身上。

钱利淮是钱鑫明的小儿子，"从出生起就接触竹编"。直到2007年，大学二年级的钱利淮才第一次真正接触竹编制作。当时还在就读于工业设计专业的钱利淮发现，现代工艺的理论和传统手艺存在极大的落差，"更不用说手工艺的传承了"，这种差距的弥补"不是一朝一夕可以完成的"。

随后，钱利淮选择前往各地拜访名师，收集竹编的素材。他要完成的是最基础的材料工作。同时，钱利淮也利用自己的专业功底，开了淘宝店来做竹编工艺产品的销售。但在走访全国的路途当中，钱利淮坦言："生产的人也好，做手艺的人也好，他们的年龄都在不断地增长，都已经形成定势了，我自己一直都在和老年人打交道。"面对当时的竹编工艺行业，钱利淮有着一句辛辣的评价："这不是一个正常的行业。"

因此，钱利淮开始不断尝试竹编工艺的新可能。最初钱利淮尝试开发DIY产品进行销售。通过提供图解、视频和原材料，让顾客亲自动手来编制。但钱利淮陆续收到了来自顾客的反馈，"难以上手""很难看懂""做出来产品未必很好"……这些评价督促着钱利淮开发更高阶的产品——竹芸工房。

竹芸工房是钱利淮创立的竹编工作室。目前的竹芸工房占地约800平方米，包括工作坊、教室、展示厅、办公室、储物间等多个功能区。顾客可在此欣赏、把玩、购买竹编工艺品，也可以上手学习竹编，利用升级后的DIY材料包做出果盘、相框、钥匙扣在内的多种简单竹编工艺品。

竹芸工房内部（江竟达 摄）

父亲钱鑫明对儿子的做法十分支持，"没有培养新一代的年轻人，没有有文化的人来参与，那么我们这个山林就还是只有光秃秃的一座山"。在钱鑫明的眼中看来，父子二人的传承就是"下种子"，等待未来的"生根发芽"。

新生："老树吐嫩芽"

两代人的努力终于有了成效。

2010年，乌镇竹编被列入第四批嘉兴市非遗名录；2014年，第一届世界互联网大会的收藏家马未都相中了钱利淮的竹编工艺品，花费近2万元买下了它们；2015年，在第二届世界互联网大会期间，钱家父子的竹编麻鸭亮相中外记者招待晚宴，再度引起了大量媒体的关注……

在钱利淮的推动下，竹编还走入了中央美院、浙江传媒学院、乌镇植材小学。除此之外，在2016年，钱利淮尝试在网上进行直播，用视频来演示竹编的制作流程，吸引了大批传统文化爱好者的关注。

钱鑫明并不寄希望于通过网络就能一次性解决竹编工艺的传承问题，但网络的确让更多的人知道了竹编工艺。钱鑫明认为，"一万个人来体验，有一个人愿意做下去，你想想有多少"，"不是其他人想的那样，来了就是要喜欢，就是要在这一行做下去，我从来不是这样"。

正如互联网大会改变了乌镇一样。竹编，这一传统工艺也在数字技术和一代代青年人的努力之下，重新焕发出新的活力。

2018年，钱利淮将竹芸工房从桐乡搬回了乌镇。如今的竹芸工房正坐落于钱家的宅基地附近。未来，竹芸工房和青少年宫开发的研学旅游项目还将吸引到一批又一批来学习竹编工艺的孩子。

算一算孩子们的年纪，恰好也是在十五六岁左右。

在年华似水的乌镇里，一切好像都没变，一切好像都变了。

嘉兴生态环境成效显著，环境好了百姓也幸福了

作者：苏　莉

1月14日上午9点30分，"卓越新闻传播人才培养见习营"的21名师生乘坐大巴抵达嘉兴市南湖区新丰镇竹林村，他们此行的目的是调研嘉兴市生态环境保护和治理。

看着变得干净整洁的村子，嘉兴市生态示范市创建办宣传处、嘉兴市生态环境局法宣处处长蔡华晨表示，对于治水（生态环境保护），嘉兴人民比任何人都迫切，但同时也谈道："生产生活还在进行中，现在有的只是阶段性成果。"

竹林村街道一角（翟禹迪　摄）

从嘉兴市生态环境局获知，2019年，浙江省嘉兴市生态环境治理实现历史性突破，嘉兴市区PM2.5年均浓度为35微克/立方米，与2018年相比下降了5.4%，从2013年执行新的城市环境空气质量标准以来首次正式跨入达标城市行列，全年环境空气质量优良率为80%，自2013年执行新的城市环境空气质量标准以来首次跻身"八字头"，这两个主要考核指标都超额完成年度任务。

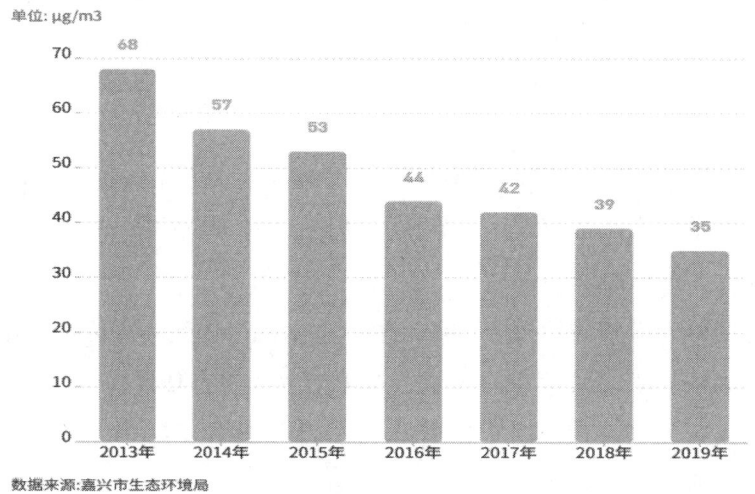

2013—2019年嘉兴市PM2.5年均浓度（作者供图）

自2013年实行新的城市环境空气质量标准以来，嘉兴市PM2.5年均浓度以及全年环境空气质量优良率不断呈上升趋势。嘉兴市生态环境综合治理成效明显，空气质量持续改善，公众满意度也逐年提升，与此同时2019年嘉兴市生态环境公众满意度更是首次进入"八时代"，达到83.9%。

2019年取得"两个首次"的显著成效离不开嘉兴市生态环境治理上持续不断地努力，近年来，嘉兴市生态环境治理虽取得了"四升一降"的显著进步，但与其他地区相比仍然还是存在不小差距。蔡华晨表示嘉兴市生态环境治理存在水环境质量相对较差、大气治理能力存在短板且空气质量仍需提升等两方面的问题。

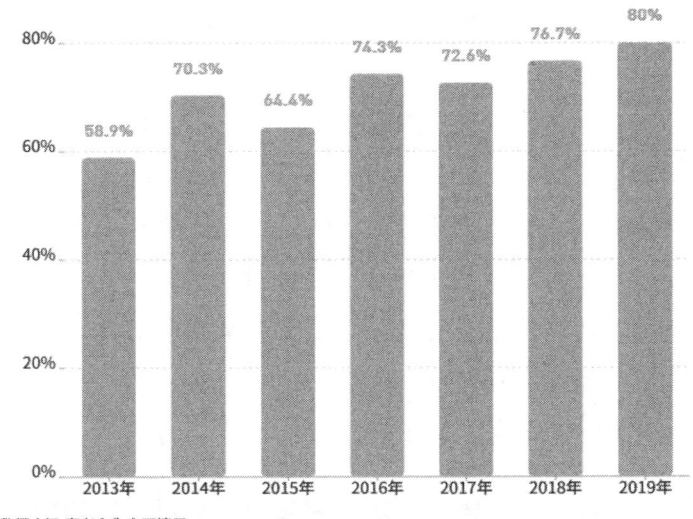

2013—2019年嘉兴市全年环境空气质量优良率（作者供图）

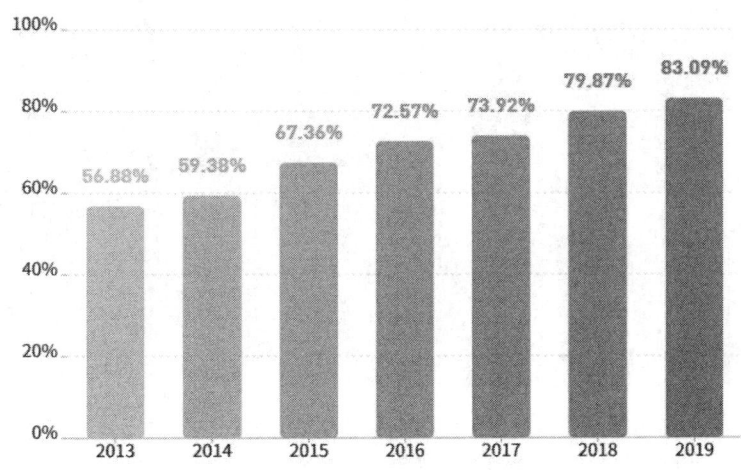

2013—2019年嘉兴市生态环境公众满意度（作者供图）

他解释道，由于本身基础较为薄弱，水环境整体质量仍然不高，如饮用水水源地水质达标率全省平均97%，但嘉兴市91.3%，是浙江省唯一一个没有全部达标的地级市。除此之外，嘉兴市污水收集处理能力存在短板，市域范围内13家污水处理厂的平均负荷率已经超过90%，污水处理能力已经达到饱和状态且存在超负荷运行的情况。

对于大气治理能力和空气质量这方面，蔡华晨指出："目前嘉兴市已经建成各类空气质量自动监测站116个，但是能更高水平分析监测空气污染的特殊污染因子站只有7个，科学治气的设施和基础仍较为薄弱。"除此之外，对于空气污染的形成机制、来源分析以及预报预警等能力依然存在不足，无法更大力度地支撑精准治气。

嘉兴市生态示范市创建办宣传处、嘉兴市生态环境局法宣处处长
蔡华晨接受采访（翟禹迪 摄）

2018年6月27日，国务院发布《打赢蓝天保卫战三年行动计划》，行动提出经过3年努力，大幅减少主要大气污染物排放总量，协同减少温室气体排放，进一步明显降低PM2.5浓度，明显减少重污染天数，明显改善

环境空气质量，明显增强人民的蓝天幸福感。2020年作为蓝天保卫战三年行动计划的收官之年，嘉兴市生态环境局将持续发展已有成果，努力改善仍存在的问题以迎接收官之年。

嘉兴市生态环境局为迎接收官之年做出了相应部署，将会继续落实各方责任，健全蓝天保卫战体系，完善大气污染防治网格长制度，完善各级政府和有关部门责任清单，配套建立考核办法，健全责任体系，强化督查通报，构建政府主导、企业主体、社会和公众共同参与的治理体系；此外聚焦重点领域和重点区域，持续深化废气治理，同时加强监管，加大力度推进工业废气治理、交通尾气治理、扬尘治理、餐饮油烟治理，健全相关治理项目的监管机制，以推进相关的整治工作，同时利用好科技治污的新模式，形成立体化空气污染监测，以科学技术作为支撑来加强监管力度，进而改善市区环境空气质量。

竹林村村民正在交谈（翟禹迪 摄）

蓝天幸福感的意义不止于蓝天，更在于水质、空气和环境。对于嘉兴市百姓而言，"最近几年环境开始变好"是他们看到的最直接、最明显的变化。"原来河里不可以洗衣服、淘米，现在可以洗菜和淘米，河道变得干净了！"回想起嘉兴往日到现在的环境变化，竹林村81岁村民陈惟忠说道。看着嘉兴市环境变化如此之大，第三次来竹林村游玩的嘉兴市市民徐刚不由得连连说道："这几年（嘉兴市环境）变得都很不错。"

竹林村风景一角（翟禹迪　摄）

"民标（百姓标准）与国标（国家标准）要结合起来，既要达到国标，更要达到民标。"嘉兴市生态示范市创建办宣传处、嘉兴市生态环境局法宣处处长蔡华晨说道，"环境质量的改善才是取信于老百姓的一个重要方面。"生态环境保护给老百姓带来了实实在在的获得感、幸福感，而嘉兴市的生态环境保护仍在路上。

探绿色竹林,访先进劳模

作者:石雪洁

"一条河的变化是生态环境质量变化、产业升级与环境理念的缩影,要用环境质量的变化取信于民。"1月14日,在嘉兴生态环境工作汇报片播放完毕后,嘉兴市生态示范市创建办宣传处、嘉兴市生态环境局法宣处处长蔡华晨这样对"卓越新闻传播人才培养见习营"的营员们说。

嘉兴市南湖区新丰镇竹林村曾是远近闻名的"华东第一养猪村",多年的野蛮生长导致环境污染、资源浪费、管理缺位等问题屡见不鲜。2015年开始,竹林村统筹推进"五水共治"、"三改一拆"、"美丽乡村"、小集镇综合整治等工作。到2016年,全村拆除近40万平方米猪舍、年生猪存栏量从15万头到清零。

养猪产业作为竹林村的支柱产业一刀切的政策实属果决勇敢,而在当时却是一片灯下黑的情景。支柱产业没了,未来的路该怎么走?要放弃养猪一年十几万元的收入,有争吵,有妥协,有牺牲。基于希望自己的家园越来越好的想法,村民们积极配合,努力打造更好的家园,为子孙后代创造更好的环境。

在调研竹林村的过程中,"卓越新闻传播人才培养见习营"偶遇了钓鱼的外来务工人员张先生,"以前这里没有鱼,政府前两年清理河道,水治好了之后才有鱼。"他这样说道。

除此之外,营员们还采访了几位村民,当被问及生活的变化时,"水清了,空气清新了,生活条件比过去好"是一致的答案。"总体来说像老百姓说的嘛,芝麻开花节节高。"78岁的陈玉明这样说道。

竹林村以打造景区村庄为重点,进一步改善人居环境,优化生态,提升人文内涵,引导农户开办农家乐、民宿等,由此走上了一条绿色转型之路。如今,竹林村省级"3A"级景区已初现规模,曾经臭名远播的养猪村华丽转身变成了芳名远扬的诗画小镇。要收入更要环境,竹林村全村人用时间交上了满意的答案。

离开竹林村后,下午三组成员自行安排时间地点分头采访先进劳模。包括加西贝拉压缩机有限公司工作室负责人钱辛慰、嘉兴振禾出租汽车有限公司出租车司机周勇和嘉兴市港航管理局思古桥港航管理检查站副站长吴建林。在加西贝拉压缩机有限公司工作了29年的钱辛慰这个月就要退休了。

1978年,钱辛慰进入嘉兴的动力机厂,当时的工作内容是把车床、铣床、磨床全部分解,重新加工,然后组装起来达到出厂的标准。40余年的设备维修工作最大的动力是兴趣与热爱。他平日喜欢修修弄弄,把拆开的东西成功组装视为一种挑战。1991年,单靠轻工机械厂技术力量不足以支撑产业发展,所有的冶金机械厂、化工厂、动力机厂,各大厂抽调力量投入嘉兴的建设当中。1991年10月,钱辛慰所在的动力机厂承包了加西贝拉的连杆加工,此后钱辛慰就一直在加西贝拉压缩机有限公司工作。加西贝拉压缩机有限公司给了钱辛慰一个接触进口设备的平台。在和设备打交道的过程中,钱辛慰并非囿于常规,而是不断提高自己的技能,学习新的技术,相互成长,为加西贝拉压缩机有限公司的发展贡献了不可磨灭的力量。

第三部分

全国抗击新冠肺炎疫情期间文字报道汇编

中国人的故事 | 防疫战场，普通人点亮"平凡之光"

在阻击新型冠状病毒肺炎疫情的斗争中，医护人员、科研人员、军人……他们在防疫"战场"上燃烧自己、义无反顾。还有这样一群人，他们很平凡，却有一分热、发一分光。让我们重温那萤火一般星星点点的善，上下同欲，共克时艰。你怎样，中国就怎样！

大爱之光：

"欠你的婚礼可以补，建设者的本分咱不能丢！"

这一天，原本是他人生中最重要的日子，因为他将和爱人一起步入婚姻的殿堂。可他却从荆州老家"逆行"，赶往火神山医院的施工现场。

"放心去吧，我支持你。""欠你的婚礼，等医院建好了补给你！"婚礼延期，值吗？"我是建设者，参与这个工程是我的责任。我善于跑马拉松，跑完了多次全马，我将用跑马拉松的毅力打赢这场战役！"

他叫袁绪强，中建三局智能技术有限公司项目经理。

网友评论截图（作者供图）

责任之光：

"抱歉说得有点重，但我真急啊！我要对村民负责到底！"

李德平接受连线采访（作者供图）

网友评论截图（作者供图）

为啥这暴躁怒吼的河南话，却被网友称为"好优美的河南话"？许多村民不听疫情防控劝告依然外出，他急得用大喇叭不停喊话，一天喊了四五次，嗓子都快喊哑了，喊话视频意外地上了热点榜。

他说："说得有点重，有点不好听，但我是真急啊！说轻了戳不到大家的痛处，不当回事哪儿行？我要对村民负责到底！"

他叫李德平，河南辉县大占城村的村支书。

善意之光：

"不能让冲在最前面的人心寒，连个饭都吃不上。"

看完疫情新闻，想到年前储备了很多货，她和丈夫做出了一个决定：24小时为医护人员送餐。"不能让冲在最前面的人心寒，连个饭都吃不上。"

她叫邱贝，武汉一家小餐馆的老板。

网友评论截图（作者供图）

平凡之光：

"当初捐献就没有考虑那么多。"

郝进接受采访（作者供图）

他曾在口罩厂打工，厂子经营不善倒闭，给了他价值两万元的口罩抵扣工资。

疫情来势汹汹，口罩等医用物资紧缺，他将15000只口罩全部捐出。村里曾提议出钱购买这些口罩，但他坚决不同意。

他说，要尽绵薄之力，尽一份中国人民的义务，不要一分钱。"虽然口罩是抵工资得来的，但我不能拿去卖发'国难财'。只有捐出去帮助更多的人，才能发挥更大作用。"

他叫郝进，澧县城头山镇黄河村的一个"90后"。

网友评论截图（作者供图）

师长之光：

"心疼那个创业的学生。"

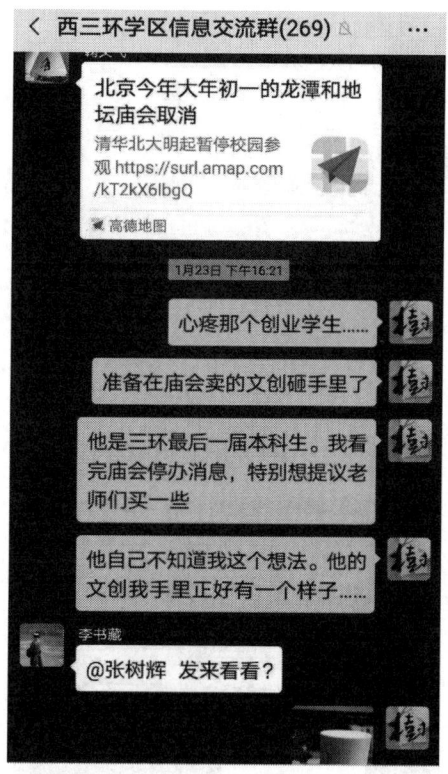

老师们在群里讨论帮助学生（作者供图）

他们是传道授业的师长，面对疫情，最牵挂的还是学生。

受疫情影响，北京的春节庙会全部停办，他担心刚刚创业的学生准备在庙会卖的文创产品会砸在手里，起步不久的团队没有成熟的线上销售渠道，亏损在所难免，就组织老师们接龙购买。

"保护学生的创业热情，激发他们战胜困难的决心，同时尽力帮他们避免因经济损失而造成的次生问题。"

他们是中国社会科学院大学的老师，是为疫情防控做贡献的教育工作者。

网友评论截图（作者供图）

志愿之光：

"我在，听你说。"

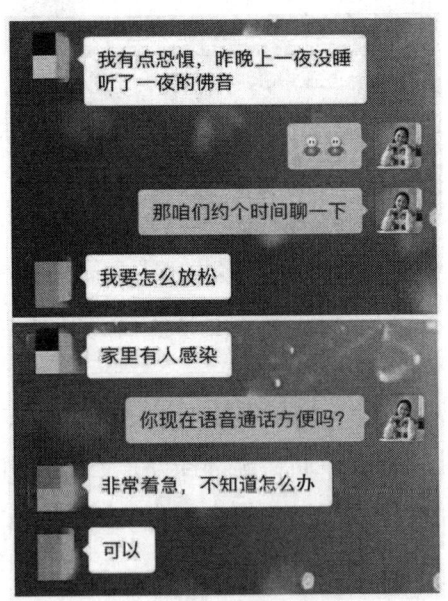

文霞与求助者的聊天截图（作者供图）

疫情带来的，除了身体上的病痛，还有心理的恐惧和折磨。接到濒临绝望的求助电话，她想，何不用心理学专业知识提供心理咨询？于是，陪伴、安抚、鼓励……帮更多求助者找到调试情绪、解决问题的办法。

"如果你或其他受到疫情困扰的人有需要，我们的志愿者每天都可以提供倾听服务和公益微课。"

她叫文霞，她是"爱的循环"同理心团队的一名倾听志愿者。

网友评论截图（作者供图）

母亲之光：

"我们经历过非典，更懂得守望相助的力量。"

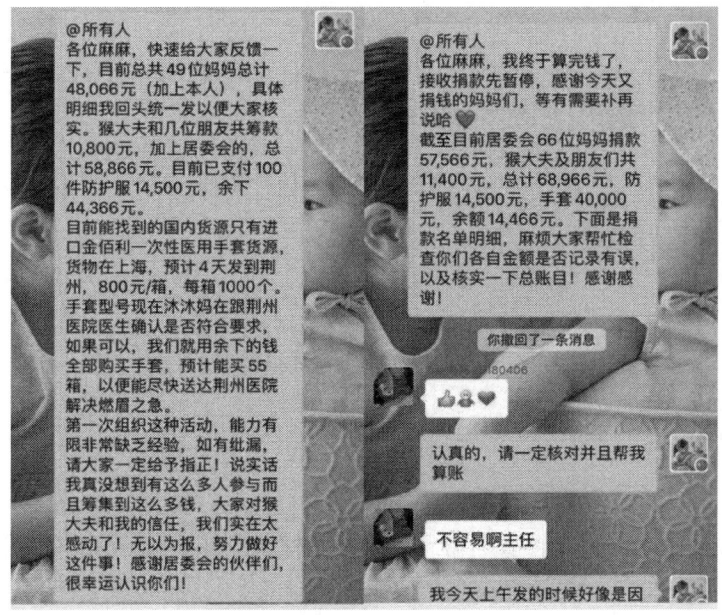

宝妈群的聊天截图（作者供图）

"说实话真没想到能这么快筹这么多钱,太感动了!"

这个宝妈群最近非常热闹,她们都是妈妈,可她们心里装着的不只是自己的孩子。火速募捐,联系防护用品货源,确保可靠……价值7万元的一批批防护服和手套送抵医院。"育儿经验交流群"秒变"募捐群"。网友:这样的"宝妈""土豪",来一打!

"我们经历过非典,更懂得守望相助的力量,我们始终和武汉在一起!"

她是发起募捐的Honey妈妈,她们是"土豪居委会妈妈群"的妈妈们。

网友评论截图(作者供图)

逆行之光:

"我自己打车来的,一个人都不认识。"

火神山医院施工现场,他迎着冷风捧着盒饭,一边吃一边看护定位旗。

"我自己打车来的,在这里没有熟人!"他放弃春节,自愿"逆行"来到火神山医院工地支援，憨厚一笑，一句"应该的！"让不少网友泪目。

他是一位河南师傅，是火神山医院的普通建设者。

网友评论截图（作者供图）

感恩之光：

"非要写名字的话，就写知恩者吧。"

与老伴靠捡废品为生的他，手捧1万元抗疫捐款送到了社区。"国家有困难，我就出一份力！我对得起我自己的心。"

他是一名老党员，不愿意留下名字，他说："非要写名字的话，就写知恩者吧。"

老人在捐助现场（作者供图）

网友担心他的生活，众筹1万元还给这位"知恩者"，他又打算将这1万元捐出，考虑老人家庭不宽裕，社区没接受，他辗转又到银行将钱汇入吴兴区红十字会。

网友评论截图（作者供图）

互助之光：

"一定把这些防疫物资带回国。"

三个家庭在搬运物资（作者供图）

从泰国曼谷到江苏南通，有2895公里的距离，3个本是来旅游的家庭，带回了146箱防疫物资！怎么做到的？

这是中泰商会紧急筹集的防疫物资，如果通过正常的报关运送，最快也要10天，商会找到旅游团的领队，游客随返程飞机带物资回国，最快！可每个人带的行李有限，这些来旅游的家庭就丢掉自己的行囊。大人孩子齐上阵，终于完成全部搬运和安检。"无论如何，都要将最紧需的物资带回国。"

他们是国家电网南通供电公司、如东供电公司的员工：朱力、黄文涛、陈海华。

网友评论截图（作者供图）

守望之光：

"没关系，会好的。"

机组人员合影（作者供图）

1月28日，一架航班主动修改了航线，从日本大阪直飞武汉。他们的任务是护送飞机上的武汉乘客回家。所有执勤人都知道，飞了这一趟就要隔离14天。

"没关系,今年春节过得有些坎坷,但是会好的。"

这架航班是吉祥航空HO1340,飞机上有94位武汉籍乘客和19箱口罩与防护服。为生命争分夺秒,凡人亦是英雄!

网友评论截图(作者供图)

多难兴邦,中国人从不缺少苦难,却也从不会畏惧苦难。致敬每一位平凡而伟大的中国人!明媚的阳光终会照亮这片土地,一切都会过去!武汉加油!中国加油!

(中国青年网记者李慧慧、杨月;通讯员王珩瑾、曾雷霄、闫曦丹)

中国人的故事丨守护者日记：他们挺身而出，用生命守护生命

新型冠状病毒肺炎疫情来势汹汹，挺身而出，用生命守护生命，这是医护人员共同的选择。抗疫24小时，每一秒，他们都在和"死神"抢人。

时间：1月21日
地点：武汉市普仁医院
守护者：黄晓霞
日记："只要国家需要，我们就会往上冲。"

在即将踏上归乡之路的时候，武汉市普仁医院（原中国一冶职工医院）医生黄晓霞接到了医院就地转岗到传染病科的通知。已经3年没有回家过年的她，毫不犹豫地退掉火车票，推迟带男友回家的计划，立即投入一线接诊病患。

"只要国家需要，我们就会往上冲。"持续8天的高强度工作，她早已筋疲力尽，但她觉得值了！

时间：1月23日
地点：武汉儿童医院
守护者：董宗祈
日记："我这一辈子为了啥，不就是为了病人嘛。"

17年前，他带领医护人员冲击在抗击非典的第一线。17年后，面对严峻疫情，86岁高龄的"中国儿科医师终身成就奖"获得者董宗祈坐着轮

椅，也要坚持到抗疫一线坐诊。

他说："看了一辈子病，放心不下患者。我这一辈子为了啥，不就是为了病人嘛。"

时间：1月25日

地点：四川省第四人民医院

守护者：佘沙

日记："我和其他护士不一样，我是汶川人呀！"

"这几天的新闻，让我想到了汶川地震的场景，我觉得我应该去。"

12年前，佘沙是汶川大地震的幸存者，她见证了全国各地对灾区人民无私的援助。而今她成为四川省第四人民医院的护士。当前线需要支援，她两次请战前往武汉。

她说："因为我和其他护士不一样，我是汶川的呀！"

时间：1月26日

地点：武汉大学人民医院

守护者：单霞

日记："头发没有了，还可以再长。"

为了穿戴防护服更加方便，尽可能避免交叉感染，武汉大学人民医院东院区护士单霞剃光了及腰长发。

"年前想去换个发型，结果还真'如愿'了。"

孩子指着她说："妈妈，你像个男孩子！"母亲心疼得直掉泪。

她却笑着说："头发没有了可以再长，首要问题是：保护好自己的同时，尽力去救更多人。"

时间：1月26日

地点：河南大学淮河医院

守护者：王月华

日记："国家有难，医护有责！"

河南大学淮河医院肿瘤科护士王月华即将"出征"武汉。

"王月华，我爱你，我爱你啊！"车窗外，丈夫徐国良没憋住眼泪。徐国良是河南大学第一附属医院泌尿科的医生，今年春节，他结束了一年驻艾滋病村的工作回家过年，妻子却背着她报名去了武汉。

在王月华出征的那天，家里的老人还不知道。

时间：1月26日

地点：武汉科技大学天佑医院

守护者：李慧

日记："如有不幸，捐献我的遗体研究攻克病毒。"

身着笨重的防护服，任汗流浃背，武汉科技大学天佑医院肿瘤科护士李慧在病区一线穿梭。

"如有不幸，捐献我的遗体研究攻克病毒，请大家不要告诉我的父母。"这是她的请战书。

爸爸隔空鼓励："有些事总要有人去做，保护自己，坚守岗位。等你回家。"

时间：1月27日

地点：武汉市金银潭医院

守护者：张定宇

日记："如果你的生命开始倒计时，就会拼了命去争分夺秒做一些事！"

隐瞒身患渐冻症的病情，顾不上已被感染的妻子，57岁的武汉市金银潭医院院长张定宇奋战在抗疫最前沿30余天。

凌晨2点休息，4点准时起床，接无数电话，处理各种突发事件，却一连三四天都顾不上去看一眼还在接受隔离治疗的妻子。所幸妻子痊愈。

他说:"我很内疚,我也许是个好医生,但不是个好丈夫。"

时间:1月27日
地点:福建漳州市中医院
守护者:蔡笔锋、吴伟强、吴丽榕、游岚岚
日记:"家国重托,义不容辞,我不是一个人在战斗!"

"不许去!""你疯了吗?""为什么一定要去?"亲朋的担心言犹在耳,可他们却义无反顾,奔赴抗疫最前线。

"家国重托,义不容辞,我不是一个人在战斗!"

临行前,福建漳州市中医院重症医学科4名"90后"护士蔡笔锋、吴伟强、吴丽榕、游岚岚写下了这样的寄语。

时间:1月28日
地点:专家组驻地
守护者:钟南山
日记:"武汉,是能够过关的!"

他告诉大家,"没有特殊情况,不要去武汉",可自己却义无反顾地冲向疫情一线。

时隔17年,84岁的钟南山院士再次为国出征。

提及武汉,他眼眶泛红,几度哽咽,"武汉,本就是一个英雄的城市!武汉,是能够过关的!"

时间:1月28日
地点:武汉肺科医院
守护者:胡明
日记:"如果我们都退了,那还能指望谁?"

当得知同行战友因连日救治重症患者而被感染，病情危重，武汉肺科医院ICU主任胡明突然情绪失控，泣不成声！战友倒下了，但病人还得继续救！

他说："不能因为身边战友倒下了，战斗就结束了。重症永远是疾病的最后一道关，如果我们都退了，那还能指望谁？"

时间：1月28日

地点：武汉大学中南医院

守护者：郭琴

日记："我不是英雄，但绝不当逃兵。"

她是武汉大学中南医院急救中心的护士郭琴，坚守战"疫"一线不幸被感染。

住院的第二天，她牵挂的还是病人。听着同事匆忙的脚步声，因不能过去帮忙，她辗转难眠。所幸，27日她痊愈出院了。28日，她重返战"疫"一线。

她说："在这个时候，我们更需要挺身而出，是不能退缩的。"

时间：1月31日

地点：中医药抗击疫情平台

守护者：曹洪欣

日记："同舟共济阻击疫情，更有效地发挥中医药作用。"

疫情防治的关键时刻，中国中医科学院首席研究员、中国中医科学院原院长曹洪欣主动请缨，携数百中医药专家，提供抗疫预防药方、在线咨询等服务。

他说："要通过中医互联网技术，探索中医药服务健康新模式，走出一条'中医+互联网+健康'有效融合的新路。"

前后方联动，就在2月3日，中国中医科学院医疗队接管的武汉市金银潭医院南一区8名确诊新型冠状病毒肺炎患者顺利出院!

时间:抗疫期间

地点:所有医院

守护者:所有医护人员

日记:"不计报酬,无论生死。"

想上厕所只能憋着,不少医生甚至穿上了成人纸尿裤,最长的一天12小时没喝过水,只为节省一件防护服。

汗水把双手浸泡得面目全非,长时间戴口罩,脸上留下了深深的勒痕。每天仅休息几个小时,累了困了,他们就躺在椅子上,甚至地上休息。

脱下白大褂,他们也是父母,是妻子,是丈夫,是儿子……穿上白大褂,他们让平凡的世界有了"英雄"的模样。厚厚的防护服挡住了他们的容颜,我们不知道他们是谁,但却知道他们为了谁。

谢谢你,为我们挺身而出!是你们,让我们相信"人间值得!"因为有你们,我们不怕!我们知道,病魔终将会被战胜,春天总会到来。

向所有医护人员致敬!

(中国青年网、中国社会科学院大学媒体学院联合出品。中国青年网记者李慧慧;实习记者曹若鸿;通讯员翟禹迪、王珩瑾)

中国人的故事 | 守护者日记：
守家为国，疫情中的心愿

突如其来的疫情，打乱了人们原本平静的生活。被病毒隔离的日子里，那些想见的人、被搁置的事，显得更加珍贵。

即便春风未至，人们心中关于家与梦的美好愿景依旧充满力量。

NO.1 | 湖南痊愈新冠肺炎患者袁彩华

心愿："我想再活20年，我们永远不分开。"

1月24日，我和老伴都被确诊为新冠肺炎，相继住进了ICU。

老伴79岁，而我也75岁了。我们俩一个26床、一个29床，相隔一扇门却难以相见。只能拜托医护人员，用手机视频相互鼓励。

他一直以为我住在普通隔离病房，可我没敢告诉他，我被评定为危重型患者，随时都有生命危险。我怕他受不了，就嘱咐医护人员一定帮我保密。所幸，我俩都痊愈了。

这段时间，是我们结婚50年来分开最长的日子。有他的地方就是家，到这个年纪了，我就想着时间能过得再慢一点，再活个20年，能和老伴永远不分开。

NO.2 | 陆军军医大学援鄂医疗队一病区主任李琦

心愿："让我们医疗队一个不少都回去。"

1月29日，我在医院度过了55岁的生日。

同赴武汉抗疫前线的队员们给我准备了一个惊喜。并肩作战的日子，他们像家人一样，给了我太多的感动。面对这场战斗，我一直坚信我们能赢。

吹灭蜡烛,我许了两个愿:

一愿,此次抗击新冠肺炎,我们能够圆满完成任务。

二愿,医疗队全队一个都不少地回去!

NO.3| 中建安装华西公司西安公共卫生中心项目执行经理刘博

心愿:"希望医院交付之后,可以救治更多病人。"

接到西安市公共卫生中心建设的消息后,我第一时间收拾行李奔赴施工现场,这已经是我第二次在工地过年了。

编方案、算量、划分界面、清理场地、搭建临设……几乎每天都忙到凌晨3点多。

10天的工期,我每天都处于精神紧绷状态,一边要与工程局协调工作面、设计院沟通图纸,另一边还要安排好生产进度和安全质量,确保施工进度。

同事开玩笑说,"泥泞的鞋套和通红的双眼就是我的'标配'",我很自豪!这是属于建设者的荣耀!现在,医院已经交付使用了,我悬着的心总算放下了。

我希望,那里可以救治更多病人。

NO.4| 云南普洱森林消防支队消防员陈熊兵

心愿:"想在罗平数十里油菜花绽放时,许她一生一世。"

我是一名消防员,她是曲靖市罗平县松毛山医院的儿科医生。

1月24日,我们本将结束8年的爱情长跑,走进婚姻的殿堂。但疫情来临,我们收回了请帖,取消了婚礼,又回到了各自的岗位。她说:"如果没有国家的安全,也不会有小家的幸福。"疫情之下,我们的想法是一致的。

现在的我,特别想在罗平数十里油菜花绽放时,迎着似海的金浪,许她一生一世。

NO.5 | 武汉方舱医院确诊新冠肺炎患者杨一帆（化名）

心愿："想考进武汉大学"

我是一名确诊新冠肺炎患者，也是一名即将参加高考的高三学生。

这次对我来说，斩杀病魔是高考前的一次"大考"，但学习不能落下。

在住进方舱医院之前，我已经完成了所有的寒假作业，把将要考试的六门课的复习资料也带进来了。我每天复习六门课，一般上午两门、下午两门、晚上两门，主要进行复习巩固，然后做一些习题。我要充分利用这有限的时间，进行最后的冲刺，不能掉队。

没有什么能够阻挡我对未来的向往，我想考进武汉大学！

NO.6 | 武汉儿童医院护士王姗姗

心愿："想把我们的婚纱照拍完，也想和他一起穿着防护服拍张合照。"

疫情暴发，我和丈夫都冲到了战"疫"一线。他在急诊科，我在新生儿隔离病房。

相隔仅仅百米，平时的聊天问候却只能通过视频电话实现。我所在的新生儿隔离病区没有空调，穿着厚厚的隔离衣，整个人被汗浸湿，但我知道他比我压力更大。

并肩作战，让我们有了更多的默契。我们说好：疫情不结束，我们不见面。

我最想做的事，是把我们的婚纱照拍完，也想和他一起穿着防护服，拍个合影作为留念。

NO.7 | 四川内江市中区全安镇洪坝村卫生站医生段开宗

心愿："我想为村民铺出一条健康之路。"

我是一名乡村医生,从1984年进入村卫生室,到现在已经36个年头了。

新冠肺炎暴发,今年的春节过得格外紧张些。除日常接诊,还需走村串户宣传疫情防控知识,日日夜夜,随叫随到,虽然辛苦,但全村无一例新冠肺炎病例,我感觉值了!

希望疫情快点结束,让村民恢复正常生活,我会继续同他们一起铺就健康之路。

NO.8|武汉社区保障车队志愿者司机龚斌

心愿:"好怀念曾经拥挤的街道,想陪陪我的家人。"

我叫龚斌,武汉社区保障车队的一名志愿者司机。如果没有这场突如其来的疫情,我现在应该在湖北襄阳老家陪伴家人。而现在,我成为一名司机志愿者。

穿着防护服、戴着口罩、护目镜,全副武装,接受武汉蓝湖新城社区工作人员的调度,帮居民解决紧急出行问题。

参与志愿工作之前,我在离家门口几米的地方,跟家人道了别,女儿想让我抱,被妻子拦住了。

我明白,现在不是伤别离的时候。所以请这一切快快过去吧,让我好好陪伴家人。

NO.9|河南平顶山市高中教师王蕾蕾

心愿:"我想告诉他,往后的路我们一起走。"

相恋718天,他是一名军人,我是一名人民教师。

疫情暴发,我在河南老家,他在山东坚守岗位。最幸福的时刻,就是能够互道平安、互相鼓励。最珍贵的,莫过于他说:"不用怕,有我在。"

疫情让我更懂得了平凡生活、一粥一饭的珍贵,更懂得了相爱相守的意义,我想飞往他的城市,告诉他:"往后的路我们一起走。"

NO.10|武汉大学生春儿

心愿:"我想为英雄点赞,亲口对他们说一声'谢谢您,辛苦了!'"

这几天,武汉出太阳了,多日的阴霾仿佛也被一扫而光。即便对这座城我已经很熟悉了,但此刻,我还是想四处走走。我想再看看这座勇于奋战的城市,看看它的一草一木、一砖一瓦。

身为武汉人,看到全国各地的硬核战"疫"支援,我才发现,原来我的身后不只有武汉,还有整个中国。

我想为这个时代的英雄点赞,亲口对他们说一声"谢谢您,辛苦了!"这是他们的愿望,来自武汉,来自全国。

从个人到国家,"家"是最重要的纽带。"小家"与"大家"的辩证法,阐释着我们的民族绵延不绝、生命不息的秘诀。

家是最小国,国是千万家,国家的命运牵动着千千万万个小家庭的命运,每一个小家庭的选择和坚持,构成了每个普通人守家为国的温暖图景。

武汉别怕!我们陪你!明媚的阳光终会照亮这片土地,樱花会再次盛开,我们会摘下口罩,去想去的地方,见想见的人。所爱隔山海,山海皆可平。

春天,不远了!

(中国青年报·中国青年网、中国社会科学院大学媒体学院、浙江传媒学院新闻与传播学院联合出品。中国青年网记者李慧慧、杨月;实习记者曹若鸿;通讯员唐凤英、郭正正、陈璐、翟禹迪)

中国人的故事 | 守护者日记：
所有坚守，都奔向团圆

疫情肆虐，闻令集结的他们，拿起行囊奔赴"战场"，他们也为人父母、为人子女，他们在前线日夜奋力救人，匆匆离家时，可能孩子还在熟睡，他们甚至没来得及告诉孩子：爸爸妈妈要去战斗啦！但是你别担心，因为爸爸妈妈一定会平安回来！心在一起，团聚有期！

"爸爸妈妈，曙光在眼前！"

守护者：

邵成君（浙江丽水市松阳县公安局古市派出所所长）

汪艳红（浙江丽水市松阳县叶村乡卫生院医生）

儿童画《曙光在眼前》感动了不少人。作画的11岁女孩名叫邵子珍，爸爸是警察，妈妈是医生，他们双双逆行而上，奋战在战"疫"最前线。因为思念，女儿以作画的方式为爸爸妈妈加油打气。

宝贝，你画得很棒！

在爸爸妈妈眼中，没有什么比你的画更能振奋人心，也没有什么比你的理解更加弥足珍贵。

宝贝请你相信，曙光就在眼前！

全媒体报道实践

★唯一的你♥ 👍30
祝愿所有奋战在疫情一线的人员，早日战胜疫情凯旋！

雅望天堂 👍22
想到能够为"大家"的无私奉献者，肯定是一个正义凛然、有爱心责任心的人，因此对于"小家"肯定是更加爱了，把自己的"父爱"和"母爱"表现得淋漓尽致。这样子一个人，在把笑容留给别人，眼泪留给自己的时候，在刚结束手术疲惫时接到的视频电话，听到稚嫩的一句句"爸爸/妈妈"怎么会不潸然泪下呢？这样子一个"日夜照顾关爱别人女儿和儿子"的理性的人，看到自己的女儿和儿子，却不能拥抱一秒，怎么不会感动得哭成泪人呢？不能感同身受，但是想要"惺惺相惜"，可是这些都是好多"不知名"的英雄啊，想到此，唯有隔着冷冰冰的屏幕致以崇高的最温暖的敬意！

我最可爱 👍19
看哭了，只能向他们致敬，默默地为他们祈福。更应该珍惜我们来之不易的平安生活，有他们为我遮风挡雨，还有什么可抱怨的。疫情早点结束🙏🙏🙏

网友评论截图（作者供图）

"我妈妈去打怪兽了！"

守护者：

孙岩（内蒙古支援湖北医疗队队员）

1月28日，内蒙古自治区赤峰学院附属医院呼吸科主治医生孙岩跟随内蒙古支援湖北医疗队奔赴武汉。

为了不让女儿担心，她在和女儿视频聊天时安慰女儿道："妈妈去和武汉人民一起打怪兽了，消灭怪兽，我就回来了！"

电话那头的女儿握紧小拳头，歪着小脑袋对妈妈说："妈妈，你真棒！"

多么可爱的宝贝啊！

你的赞美是妈妈坚持下去的动力，你永远不会知道，你给妈妈打气加油时的样子有多可爱！

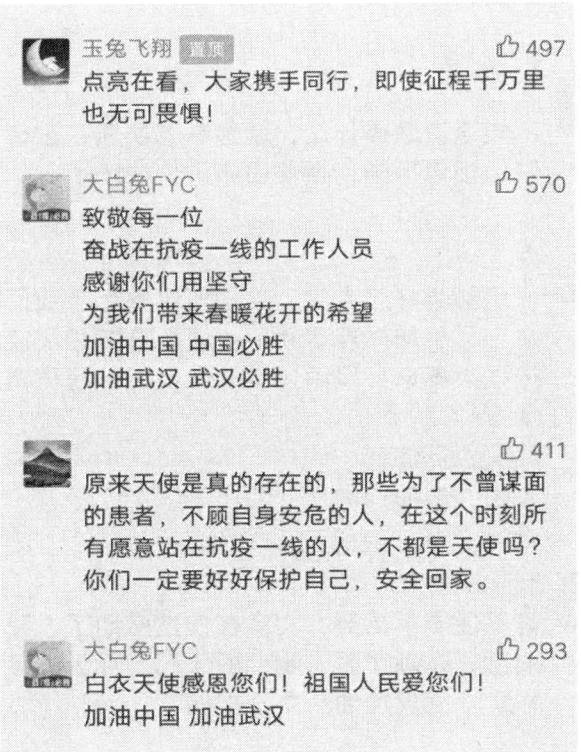

网友评论截图（作者供图）

"爸爸妈妈都不在身边的日子里，我要勇敢一些！"

守护者：

童依诗（浙江金华市交警直属一大队江南中队副中队长）

陈艳英（浙江金华市中心医院医务工作者）

12岁女孩童馨乐在爸爸妈妈不在身边的日子里，不仅自己学习、做饭，还把家打扫得干干净净。

她的爸爸是警察，妈妈是护士，从疫情防控阻击战一开始，他们就一直奋战在各自的岗位上。

懂事的小童说:"爸爸妈妈都不在身边的日子里,我要勇敢一些!"

一夜之间长大的宝贝啊!我们为你点赞,你知道吗?你是爸爸妈妈永远的骄傲!

> 五七 👍2
> 不知道该做点什么,就是老老实实在家待着,相信祖国,相信白衣天使✊✊
>
> 妹丁 👍2
> 一切都会好起来的,这些苦难磨炼了我们的意志,更加体现了我们的爱国精神和民族精神强大不息!风雨过后,让我们一起再谱新华章!🏆🏆
> 武汉,挺住!
> 中国,加油!
>
> 雁渡寒潭 👍2
> 禁不住流下热泪,实实在在被感动了,我们的世界充满了爱,我们的人民是那么的善良朴实。武汉加油!中国加油!

网友评论截图(作者供图)

"我把爸爸借给你,你们一定要好起来啊!"

守护者:

汤松兵(安徽天长市人民医院80后医生)

12岁的小姑娘汤瑷写给战"疫"父亲——安徽天长市人民医院重症医学科主治医师汤松兵的信,看哭了许多网民。

"我把爸爸借给你,你们一定要好起来啊!"

这是孩子对父亲浓浓的思念,也是对患者深深的祝福!

谢谢宝贝!爸爸想要对你说:"你是我今生写过最美的情书!"

> **HCY** 👍7
> 我们有信心战胜病毒，因为我们能凝聚中国大团结的力量，弘扬中国爱国的精神，我们心连心，不分离，即使我们不能冲上前线，但当需要我们时，我们会义不容辞地站出来贡献力量，武汉加油！中国加油！必胜！

> **何须浅碧深红色，自是花中第一流。** 👍6
> 感谢，您们辛苦了，白衣天使和所有帮助白衣天使的人，您们都不平凡，向您们致敬！

> **淡定从容** 👍6
> 感谢这些身份普通的无名英雄，感恩这个有大爱的伟大民族，我们相信，一切都会好起来的

网友评论截图（作者供图）

"乖，战胜了病毒，妈妈就回去了……"

守护者：

刘海燕（河南周口市扶沟县人民医院护士）

1月31日，河南周口市扶沟县人民医院门前，护士刘海燕与9岁女儿视频连线时"隔空拥抱"的画面，让很多人动容。

听着女儿喊"妈妈"，刘海燕泣不成声，安慰道："乖，战胜了病毒，妈妈就能回去了……"

擦干泪水，继续战斗！

致敬白衣天使，你是世界上最美的妈妈！

> **Chrissy** 👍98
> 感动，感谢，感慨，一定要挺过去，一定会挺过去，大家都要加油，越是关键时刻，越要团结振作，我们一定能成功！

> **吉祥三宝** 👍95
> 其实，哪有什么岁月静好，只不过是有人在替我们负重前行。哪有什么英雄，他们也只是穿上白大褂的普通人，他们同样为人子，为人夫（妇），为人父（母），但他们身赴一线，只因肩上的责任，只因愿自己的亲人健康。愿那些最美逆行者能诸事退避百事无忌。

> **怪兽-幸福** 👍93
> 刚刚睡醒，一字一句地看完这个，心情瞬间很压抑，忍住不让自己落泪，一线的工作人员辛苦了！

网友评论截图（作者供图）

"别过来，跟爸爸打个招呼就好。"

守护者：

陶挺挺（浙江台州市公安局椒江分局巡特警大队民警）

2月1日，坚守在战"疫"一线的浙江台州市公安局椒江分局巡特警大队陶挺挺回家拿换洗衣物。

看着蹦蹦跳跳奔向自己的女儿，他连连摆手后退说："别过来，跟爸爸打个招呼就好。"

从1月22日开始，陶挺挺再也没有进过家门。

多想抱抱你啊！宝贝，爸爸很爱你，你听到了吗？

网友评论截图(作者供图)

"别锁门,爸爸要回来!"

守护者:

梁亮(四川成都市成华区公安分局巡警大队民警)

"别锁门,爸爸要回来!"成都男孩担心爸爸回家没有钥匙,哭喊着不让妈妈锁门。

爸爸梁亮是四川成都市成华区公安分局巡警大队民警,他坚守在战"疫"前线,已经很多天没回家了。

孩子,爸爸就在你的心里啊!

你暖暖的心窝是爸爸温馨的港湾,宝贝别哭!

战"疫"当头,人人有责!爸爸决不退后,此战必胜!

"心传是更深刻的教育。"

守护者：

宋立强（军队支援武汉医疗队队员、空军军医大学西京医院医生）

> 侯华清　　👍126
> 除了心疼，我不知道说什么了，身在疫区的你们，一定要保重，还有家人在等着你们凯旋
>
> 繁星点点　　👍119
> 加油，令人尊敬的逆行者们，加油，广大人民群众，全国人民众致成城一定会胜利的。加油！！
>
> AO睡懒觉的　~喵　　👍117
> 看哭了，谢谢你们为国人做的一切，我们会铭记在心，也请一定要好好保护自己，谢谢！加油💪💪💪💪

网友评论截图（作者供图）

军队支援武汉医疗队队员、空军军医大学西京医院医生宋立强去武昌医院战"疫"。

在女儿宋美伦眼中，平时的爸爸爱工作胜过爱家人，他的整日忙碌加上她的青春期叛逆，父女俩的交流就更少了。

1月28日，女儿突然给爸爸写了一封信："看到收到通知的您前一秒还在休息，后一秒立刻准备，没有一丝犹豫，我想，这应该就是军人的作风。"

这一刻，女儿才真正懂得了爸爸作为一名军人的含义。

面对病人，宋立强总是放心不下，从2003年抗击非典，到现在奔赴武汉，在治病救人这件事上，他总是往前冲。

宋立强说："希望年轻人，包括我的孩子，都能通过这个事，树立家

国情怀,将来献身国家,成为对社会有用的人才。"

有样,学样。所谓"心传",就是家长以身作则,让孩子们明白,什么是使命,什么是责任,什么是担当!

北極裡的熊
看到他们就觉得心安,请平安回来🙏🙏🙏
2-17 11:59

巨蟹座de颜小花
有中国军人在的地方,就觉得安心安全。军医医疗队的进驻,无疑是给慌乱的民众一剂强心针!
1-27 17:57   41

沙漠军刀82
人民子弟兵!一切为人民!
2-2 12:09   1.6万

网友评论截图(作者供图)

"你没有英雄闪闪发光的盔甲,却做出了和英雄一样的选择。"

守护者:

丁淑红(山东大学第二医院主管护师)

2月7日,山东大学第二医院主管护师丁淑红跟随援鄂抗疫国家医疗队奔赴武汉,女儿陈昱竹在给妈妈的信中这样写道:

"你是我心里最好看的小护士,现在一下子变成了'前线战士'。可我知道,你有时也很孩子气,也喜欢撒娇闹脾气,也怕疼。我也知道,你就是个普通人,没有英雄闪闪发光的盔甲,却在沉默中做出了和英雄一样的选择。"

宝贝,我永远忘不了你的那句"去吧,去做你想做的事吧!"你无条件的信任与支持,是我继续前行的最大动力!

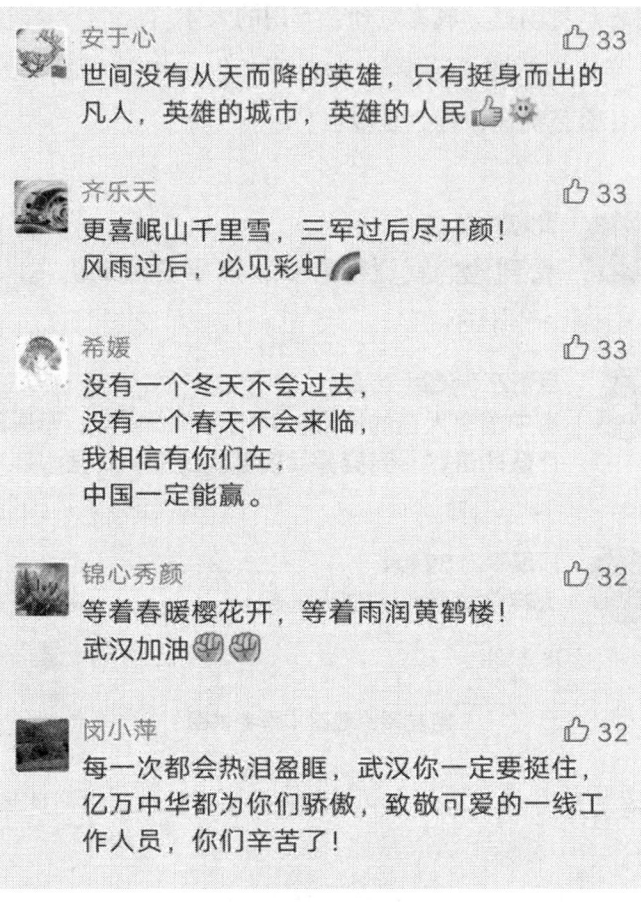

网友评论截图（作者供图）

"妈，我不再是您那只懂买买买的女儿，我的心里也有家和国！"

守护者：

曲慧（通用技术集团环球医疗鞍钢总医院呼吸专科医院主管护士）

1月26日，护士曲慧跟随辽宁省首批援鄂医疗队抵达武汉，进驻武汉协和江北医院。

她在给家人的信中这样写道："我来武汉就是想通过自己所学，尽自己一切努力，守住这道关、这条线，不让疫情扩散到你们的身边。妈，您懂我了吗？我不再是您那只懂买买买的女儿，我的心里也有家和国！"

爸，妈，现在我已经长大了，有能力保护你们，你们就好好待在家，安安心心地等我回来吧！

网友评论截图（作者供图）

此刻，我们"宅"在家里，他们在拼尽全力与时间赛跑、与死神抗争，厚重的防护服、数小时的站立，让他们连走路都觉得疲惫。他们多想亲亲自己的孩子、抱抱自己的家人，可是他们知道，总要有人奋起担当。

殷殷之情俱系于骨肉同胞，寸寸丹心皆忠于国家使命。战"疫"胜利那天，一定要给你一个大大的拥抱！等花开疫散，我们一起回家！

（中国青年报·中国青年网、中国社会科学院大学媒体学院、浙江传媒学院新闻与传播学院联合出品。中国青年报·中国青年网记者张瑞玲、杨月、王聪聪、李若一、宋宝颖；通讯员苏思怡、陈孔鸿、臧秀儿）

中国人的故事 | 【榜样家书】新冠疫苗志愿者莫诗琦：我是"探路者"

年轻代表着什么？年轻，是无所畏惧的果敢，是敢做"探路者"的豪迈，是激情澎湃、永无止境地奔跑向前。

这两天，重组新型冠状病毒疫苗（腺病毒载体）Ⅰ期临床试验受试的第84位志愿者、29岁的中国电信湖北10000号客服中心客服代表莫诗琦刚刚结束隔离回到家中。看到莫诗琦，就感到一种青春朝气迎面而来。她是一名运动爱好者，喜欢健身和跑步，参加过7场"全马"比赛和35场"半马"比赛。在注射疫苗后的观察期间，她记录隔离生活的Vlog在微博走红——在隔离房间里还不忘跑步锻炼，端着饭菜进入隔离房间时总是感激连连、笑意盈盈，阳光开朗的她，被网友亲切地称为"武汉最美马拉松女孩"。

谈及报名成为新冠疫苗试验志愿者的经历，她淡淡一笑，说："我不是英雄，只是想为我爱的城市做些什么。"

亲爱的爸妈：

这应该是我长大后第一次给你们写信，有很多话想说，提笔却不知从何说起。2020年，新冠肺炎疫情来势汹汹。1月23日清晨，我被手机铃声震醒，一条条封城的新闻弹出来，我整个人都蒙了。看着我们的城市被病毒包裹，我很害怕，但还好有你们在身边，给我温暖和依靠。

武汉封城以来，我看到了全国各地的医护人员都来驰援武汉，他们穿着厚厚的防护服，与病毒做斗争，和死神搏斗。我满心感激，我明白，我的身后不仅有你们，还有整个中国。那些日子，我也总在想，作为武汉青年，我能做些什么？

工作中的莫诗琦（本人供图）

2月1日，我接到单位要在家办公的通知，负责接听10000号客服电话。我想，虽然我不能像医护人员一样冲锋在抗疫前线，但我也要用自己所长贡献出一份力量。为了让"宅家"的用户们足不出户就能排解网络故障，我倡议湖北10000号客服中心专门组建一支"万号工程师"队伍，负责在武汉市的装维工程师下班后的时段，为遭遇网络故障、客服代表远程支撑依然无法解决问题的用户上门提供应急服务。调度工作虽然经常加班加点，但能为居家隔离的家乡人解决网络问题，我挺开心的。用有温度的服务，为这座城市稳定正常运转出一份力，就是我的成就感所在。上班的时候，为了不打扰到我，你们连看电视时声音都开得很小。这些小细节我都记在心里，现在想起来还是暖暖的。

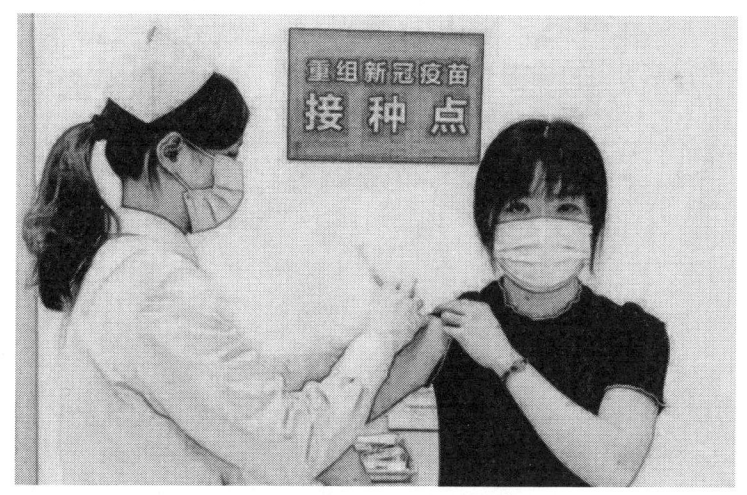

莫诗琦接种疫苗（本人供图）

我在新闻里听到钟南山院士说，疫苗是解决新冠肺炎最根本的办法。全国人民都在期待着疫苗能尽快研制出来，终于我们等来了好消息。3月16日，我国科研团队研制的重组新冠疫苗获批启动了临床试验，一期临床试验就在武汉进行。我的朋友、"马拉松达人"任超加入了新冠疫苗志愿者的队伍，他说，那里很缺年轻的女性志愿者。我想，也许我可以试试。爸爸妈妈，很抱歉，没有提前和你们商量，我就报了名。得知我报名的消息时，我想你们一定担心坏了，可你们还故作轻松。妈妈开玩笑说："让你爸也去贡献，他是党员。"爸爸也笑着说："可惜我年纪大了，报国无门啊。"爸爸妈妈，谢谢你们的教诲，让我知道，年轻一代，要有做"探路者"的勇气和担当。我想，你们一定会为我骄傲的吧。

记得我去体检的那天中午，接我的车到了，你们非要送我下楼。爸爸一句话也不说，默默地帮我拖着行李箱，妈妈一直念叨，担心我东西没收拾齐。我的记忆闪回到了大学报到那一天，炎炎夏日，爸爸也是扛着大包小包送我去学校，泪水瞬间湿了眼眶。虽然时间变了，地点变了，但你们对我的爱和关心永远不变。同样不变的，还有我因为被爱环绕而从内心生发出来的温暖与善意，还有我那"初生牛犊不怕虎"的热血和勇气。

全媒体报道实践

莫诗琦参加马拉松比赛（本人供图）

莫诗琦参加体检（本人供图）

这次，我顺利地通过了体检，怀着期待又兴奋的心情接种了疫苗，成为第84位完成疫苗接种的志愿者。你们绝对想不到，我和这群志愿者都是从4800位报名者中筛选出来的，最终包括我在内的108位志愿者成为首批新冠疫苗受试的排头兵。大家都笑称我们是"108好汉"。所以，你们不用担心我，我不是一个人在战斗，我的身边还有很多优秀的年轻人与我并肩前行。

莫诗琦隔离期间看的书（本人供图）

隔离期间，我在正常工作之余，也会看看电影、看看书。我带来那本《追风筝的人》快看完了，还计划着和其他志愿者一起交流心得呢。来这里的第一天，我就开始在微博上记录自己成为志愿者的日常，记下我人生中最有纪念意义的一件事。没想到获得了那么多网友的支持，还有人向我咨询如何报名。每天持续更新视频日记成了我的日常，和网友互动，解答问题，我从一位报名者向受试者转变，如今我又成了一位科普者，我感到自豪。

莫诗琦隔离期间的餐饮（本人供图）

爸爸妈妈，我要再次谢谢你们的支持。从小到大你们对我的爱和以身作则的教育，让我成长为一个有勇气、有担当的人。有人说，我们是人民和人类的"探路者"。可在我看来，我们只是在用自己的力量，守护我们所爱的城市。

现在，全国各地很多医疗队都撤离了，武汉也解封了，我们的城终于恢复了生机，我也已经结束了14天隔离期。我多想立刻去东湖绿道上奔跑，呼吸着新鲜口气，大喊着："永远年轻，永远勇敢，永远激情澎湃！"

女儿：莫诗琦

快问快答

小青：在决定成为志愿者时，有没有一瞬间曾犹豫过？

莫诗琦：犹豫过。我还没有成家，如果真的有意外，父母该怎么办？我报名前跟哥哥交代过，一定要照顾好爸妈。

小青：你觉得年轻的定义是什么？

莫诗琦：我觉得年轻就是要有一个积极健康的心态，永远对生活充满激情、充满希望。

小青: 大家给莫诗琦打个call吧!

巾帼不让须眉。你是年轻人的骄傲更是国家的希望。为你的正能量加油! 旭日东升

成功捕捉一个素材,72天后必写进高考作文! Mr.A

感谢你,感谢所有与你一样伟大的、为战"疫"无私奉献的人。你们是高尚的人,是人人敬仰的真正明星。 平安

人比鲜花美,心比雪花纯。 山的那一边

啥也别说了,等我跑完一场全马,做我女朋友吧! 力

记者手记

　　没有人生而英勇,只是他们选择了无畏。年轻,并非人生旅程中的某一段时光,它是直抵心灵的一种状态,是勃勃的青春朝气。

中国的年轻人从不缺乏"探路者"的勇气。不只是莫诗琦，许许多多青年正把爱心播撒到人们心间：在社区中送货，维护秩序，不知疲倦；在病床前忙碌，抢救病人，不顾安危……其实对于他们而言，这就是日常工作的缩影。只是在疫情这一特殊时期，一度按下暂停键的社会更有机会关注到他们，把他们一以贯之的敬业精神和拼搏精神集中展现出来。

"探路者"们做出选择的背后，支撑他们的是责任、担当、使命，这些种子正在他们的心底生根发芽，成为当代青年的精神内核和生活方式，激发起一代青年在未来人生道路上的爱国热情和奋斗精神。参与过、感动过、探索过，这些记忆将如荧荧之光，为更多人照亮前行的道路。正如习近平总书记在给北京大学援鄂医疗队全体"90后"党员的回信中所指出的："广大青年用行动证明，新时代的中国青年是好样的，是堪当大任的！"

为青年"探路者"们喝彩！

［中国青年报·中国青年网、中国青年作家报、中国社会科学院大学媒体学院建设性新闻工作坊、广东财经大学人文与传播学院联合出品。记者张琦敏（实习）、梁明子（实习）；策划周伟、王岑予、杨月；文案李慧慧、杨月；编辑张琦敏（实习）、梁明子（实习）；播音和剪辑张琦敏（实习）、莫诗琦］

一堂特殊的"感恩课"

记者:高莹　通讯员:曾雷霄　闫曦丹

2020年初始,一场来势汹汹的新型冠状病毒肺炎疫情袭击中华大地。这场疫情不仅严重危害人民群众的生命安全和身体健康,也带来了巨大的经济损失。中国社会科学院大学大四学生刘任耕的创业计划在这次疫情中遭受重创,损失惨重。一筹莫展之际,中国社会科学院大学的多位老师伸出援手,力求为创业学生解决燃眉之急,也为学生上了一场特殊的"感恩课"。

创业同学:庙会取消,理解但也忧心忡忡

为响应国家"大众创业,万众创新"号召,刘任耕和同伴们组建了创业团队,尝试进军文化创意产业。他们原本打算抓住2020年鼠年春节这个商业契机,在地坛庙会、龙潭湖庙会上销售文创产品。地坛庙会和龙潭湖庙会是北京久负盛名的两大庙会,人流量预计近百万。2019年底,刘任耕和伙伴们多方奔走,终于争取到了以商户身份参加这两场庙会的资格,这对一个多数还是在校学生的创业团队来说是不可多得的宝贵机会。为了这两场庙会,他们自主研发了鼠年小夜灯等文创产品,花费两个月的时间来回奔波于广东、浙江等地,总共生产出了3000套产品,并租下了地坛公园附近的一个仓库用于货物存放,总投入将近12万元。

谁也没有料到,就在刘任耕和同伴们为创业计划辛勤筹备的时候,新

型冠状病毒肺炎疫情突然暴发。短短数天，全国多个省级行政区出现确诊病例。随着确诊人数持续增多，为做好疫情防控工作，1月23日下午，北京市文化和旅游局发布消息，宣布取消全市包括庙会在内的大型活动。

得知这个消息的时候，刘任耕和同伴们正在租来的仓库里抽检货物。庙会取消，近百箱货物没有了销售渠道，这个局面让所有人的心情在闷热的仓库中瞬间降至冰点。没有质疑、没有抱怨、没有愤怒，甚至没有人说一句话。大家明白，在疫情发展的关键阶段，取消庙会、减少人员集聚，是科学、正确的决定。然而，创业团队两个月来的辛苦奔波以及大量的资金投入，在此刻也全都化为乌有。

带着一丝残存的希望，刘任耕和同伴们立即赶往地坛公园管理处确认消息。然而情况并没有转圜的余地。在疫情笼罩下，线下销售渠道几乎完全被封闭，起步不久的创业团队又没有建立起成熟的线上销售渠道，亏损在所难免。

社科大老师：学生有困难，我们不帮谁来帮

就在刘任耕束手无策的时候，他接到中国社会科学院大学张树辉老师打来的电话。原来，张树辉老师一直关注着这位学生的创业情况。在寒假放假前，他得知刘任耕同学决意不回家过年、留京创业时，就约其长谈，为他们的创业团队加油打气、出谋划策。北京庙会取消的消息传开后，张树辉老师立即打电话询问。他在电话中说："我知道你们现在挺困难的，就想着帮一帮你们。"

随后，张树辉老师在教师微信群里介绍了刘任耕团队的创业规划和文创产品，通过照片、小视频等方式向老师们展示小夜灯的创意。很多老师知情后自发在微信群里发起了购买接龙，解囊相助，陆续买下了100多个产品，为刘任耕和同伴们挽回了将近5000元的经济损失。其中，不少老师并不是刘任耕的任课老师，甚至与他素未谋面。购买了3个鼠年小夜灯的

王凯山老师说:"虽然这位学生我没有教过,也不认识,但当前这个特殊时期,我们不帮自己的学生,还有谁能帮他们?"

除了直接购买产品,老师们还想尽各种方法,为学生分忧解难。杜智涛老师在得知刘任耕及其团队的遭遇后,不仅购买了鼠年小夜灯,还担当了产品"代言人",在亲朋好友中做起了产品宣传。此外,杜老师还为刘任耕团队当起了"军师"。他向相关行业的朋友咨询求助,对产品定位和设计提出改进建议,为产品销售出谋划策。

爱心接力:疫情背后的温情

在教师微信群里,"我买一个""我买两个"的发言络绎不绝。这样"买买买"的爱心接龙一直在继续。刘任耕团队研创的鼠年小夜灯,就像一支支微弱的火炬在老师们手中依次传递。

老师们的举动让刘任耕热泪盈眶。他说:"我能做的和我要做的,就是要做出更多好的产品,给社会带来价值,回馈各位老师的奉献和培养。我今年大四了,老师们给我上了这辈子都不会忘记的一堂课,这堂课的名字叫'感恩'。"他写下了长长的感谢词,委托张树辉老师转达给帮助他的老师们。

漆亚林老师认为,面对重大疫情,我们首先要遵守相关防控制度和规定,原来的创业计划受挫可以理解。但同学们创业不易,作为老师,一是要尽量保护他们的创业热情、激发他们战胜困难的决心,二是要让他们减少直接损失,避免出现因经济困难产生次生问题。他说:"我们以微薄之力支持大学生的创业行为,其实也是希望通过这种'爱的接力',让温暖传播开来、传承下去。"

王凯山老师表示,在复杂严峻的疫情形势面前,中国社会科学院大学教师自发购买学生创业产品的爱心行为虽是小事,却是全国人民共同参与抗击疫情的一个缩影。涓涓细流汇集而成的无疆大爱,必定能为我们战胜疫情点燃信心、凝聚力量。

中国人的故事 | 不怕难,我是中国青年

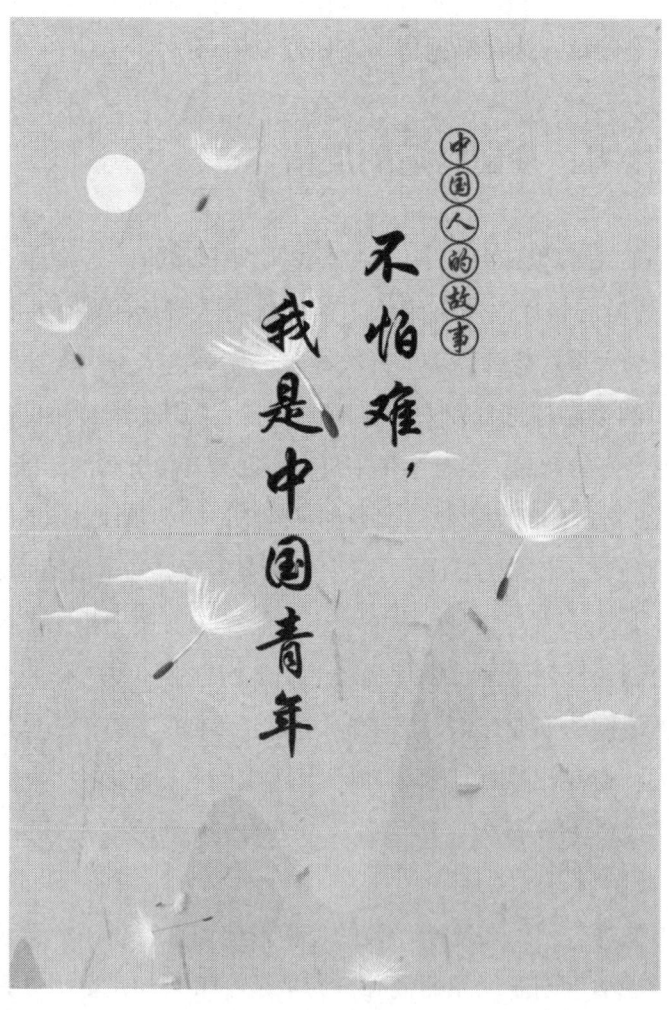

飘似舞，絮如纱，生来志趣向天涯。

我是一株蒲公英，随风飘散，落地生根

常被视为『勇敢无畏』的象征。

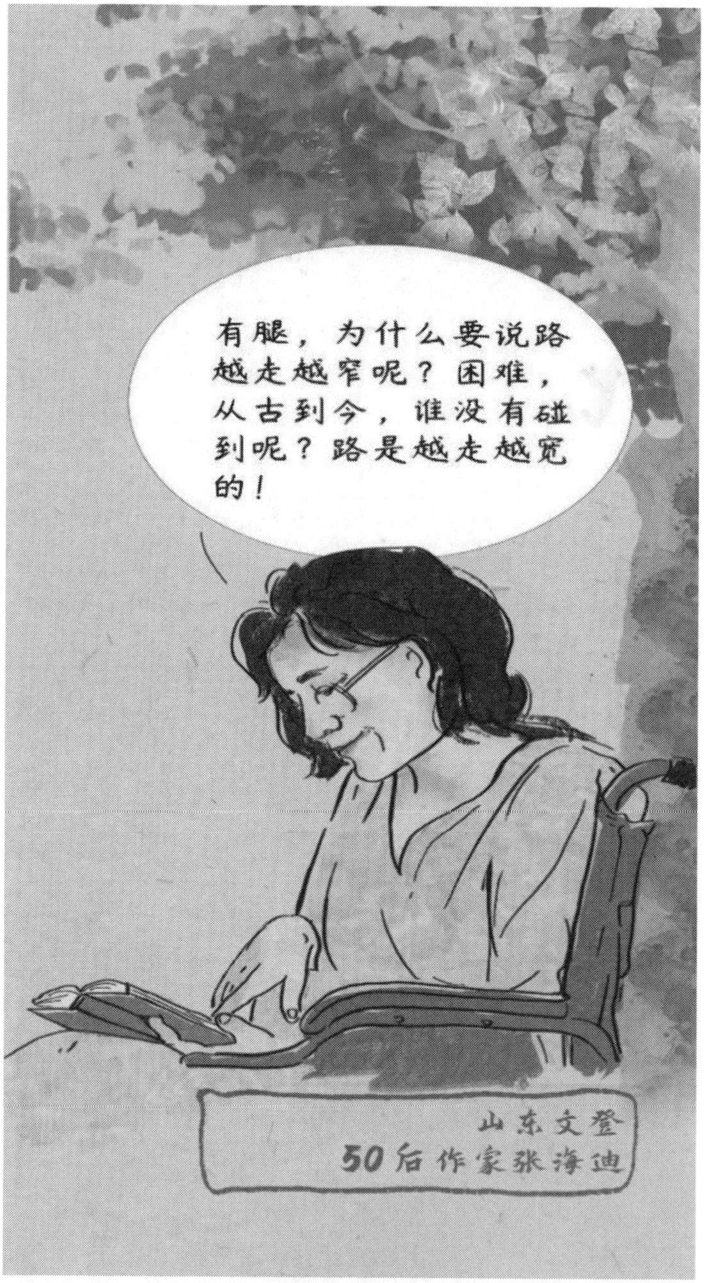

不怕难，是颗流星，
就要把光留给人间。

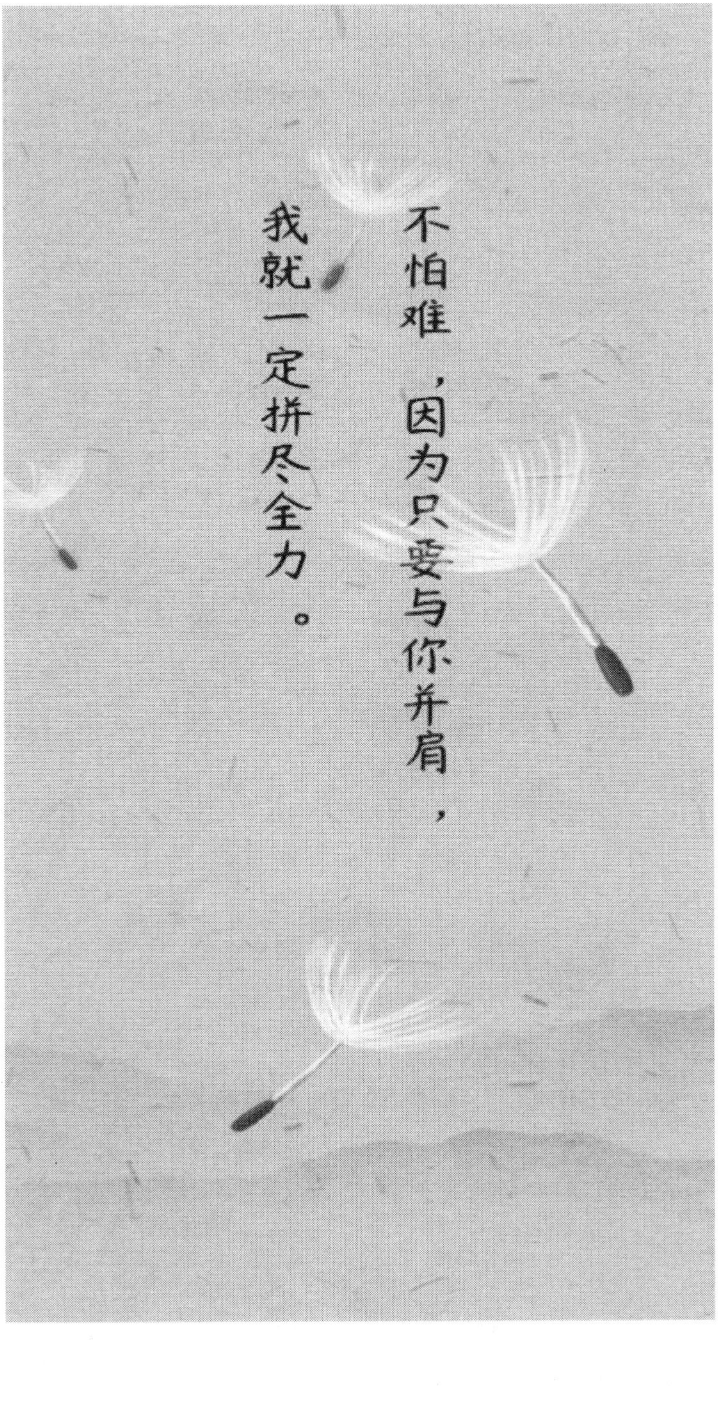

不怕难，因为只要与你并肩，我就一定拼尽全力。

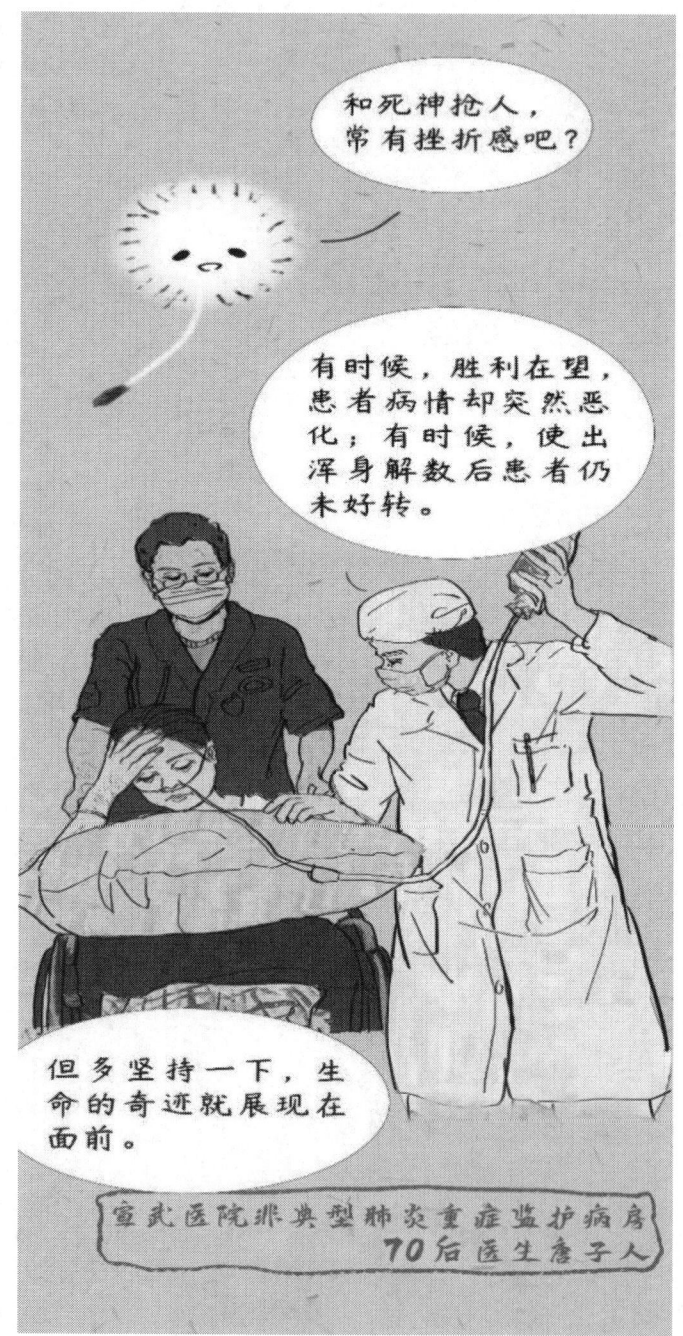

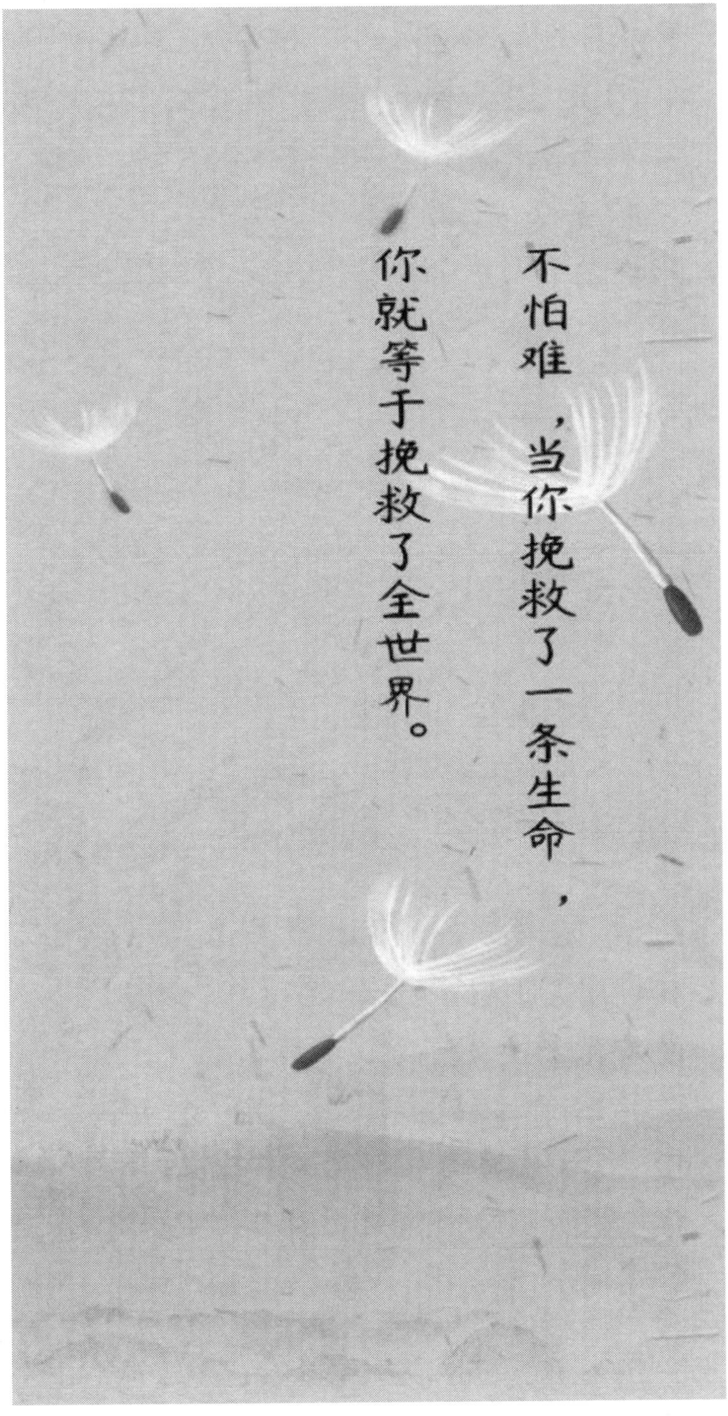

不怕难，当你挽救了一条生命，你就等于挽救了全世界。

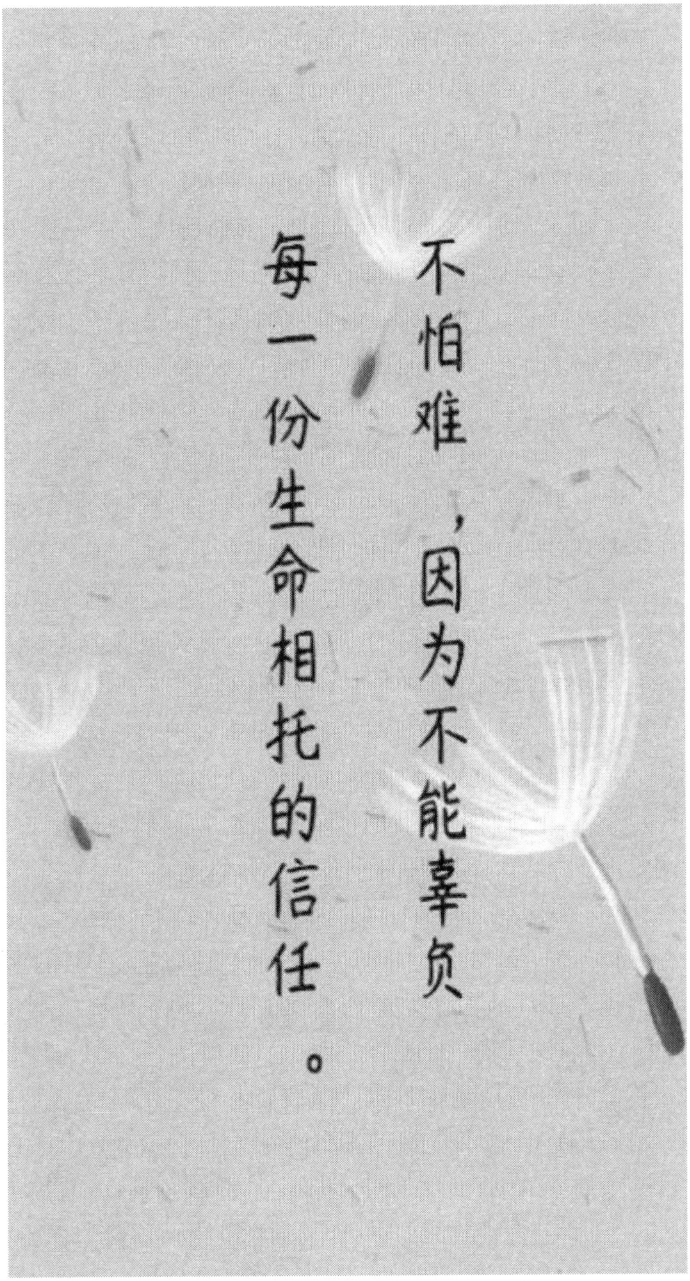

不怕难，因为不能辜负每一份生命相托的信任。

全媒体报道实践

是"垮掉的一代",还是重写标签的一代?

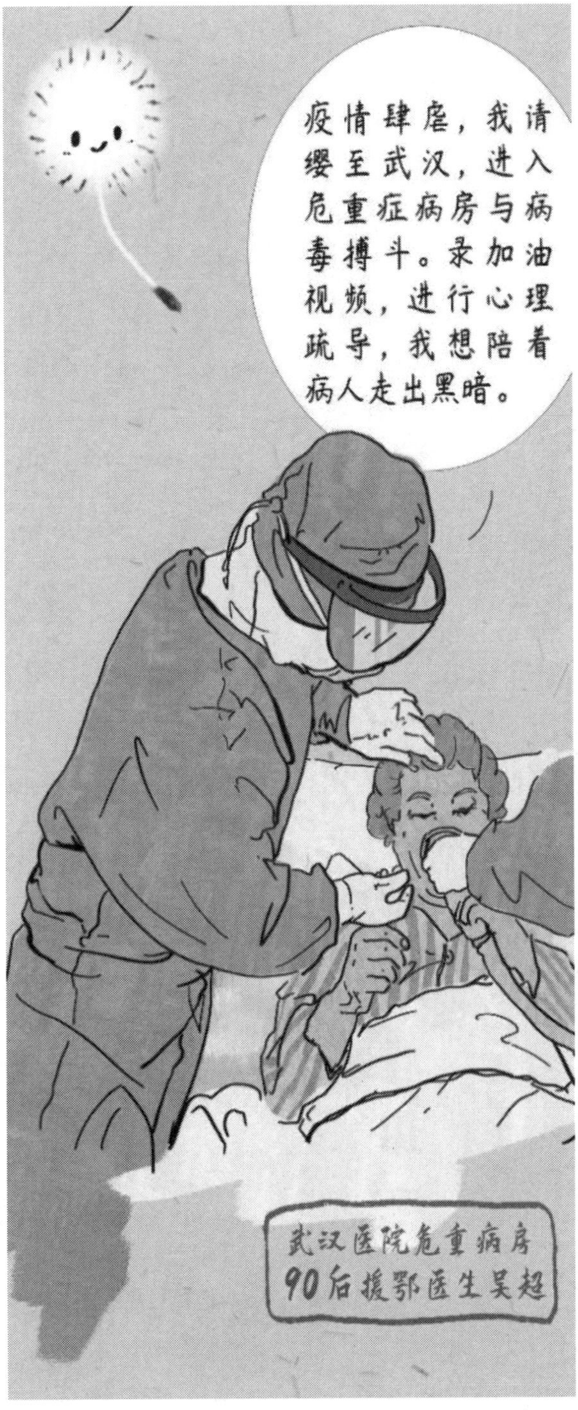

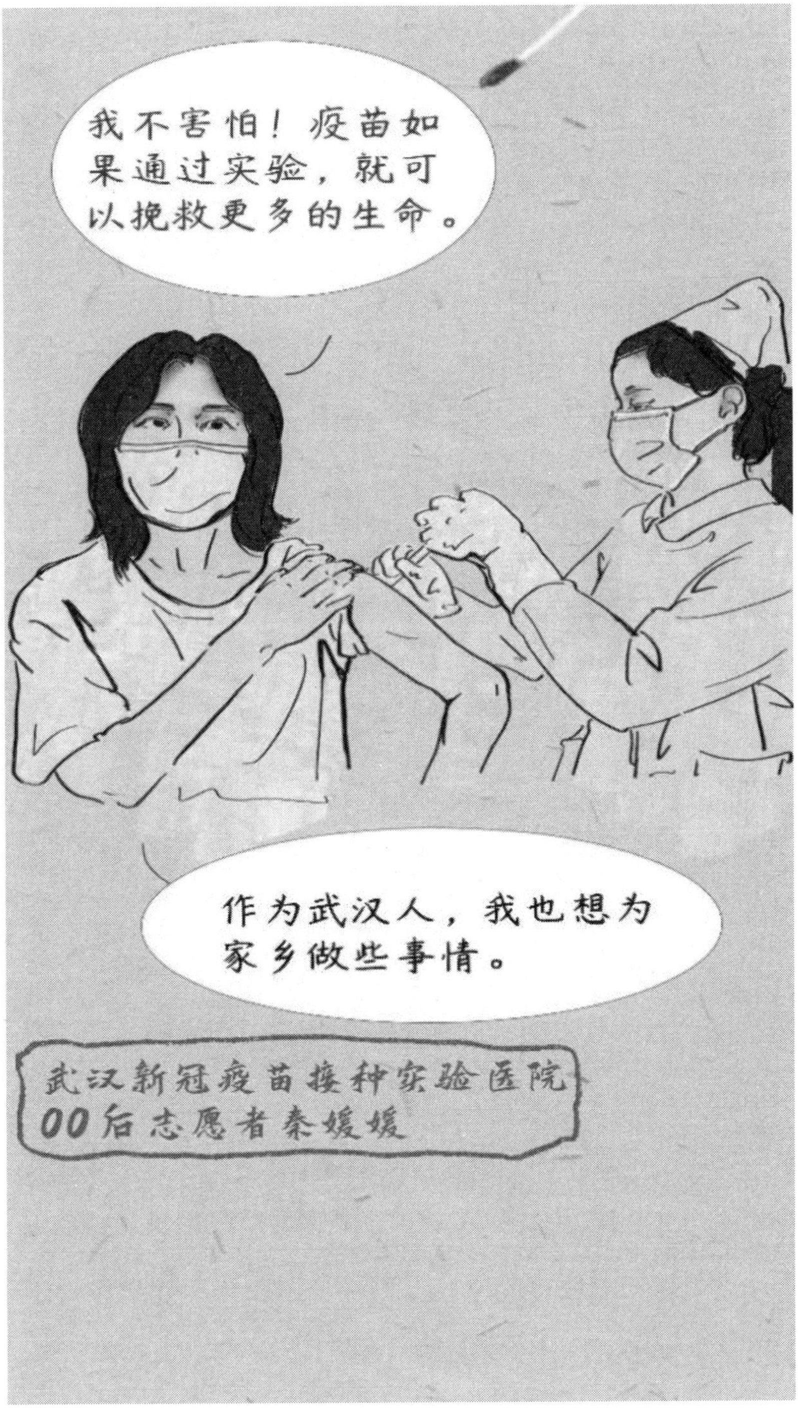

全媒体报道实践

不怕难,是即使平凡,也甘作『探路者』。

每一次拨开迷雾，都成为更好的自己。
青年不怕难，中国就不怕难。
迎难而上，逆风飞翔，
愿你在困境中也把自己活成一束光。

2022年1月28日,中国青年网和中国社会科学院大学新闻传播学院共建的建设性新闻工作坊的作品《中国人的故事 | 不怕难,我是中国青年》获得由中央网信办主办的 2021 中国正能量"五个一百"网络精品评选"百篇精品网络正能量图片"奖。

学子战"疫" | 父母奋战疫情一线，社科大是我温暖的家

作者：曾雷霄

2020年初，一场来势汹汹的新型冠状病毒肺炎疫情席卷了整个中华大地。面对凶猛蔓延的疫情，许多人却选择了迎难而上，共克时艰，他们中有救死扶伤的医护人员、苦心钻研的科学家、日夜赶工的工人、坚守信念的记者、古道热肠的志愿者等。而何怡萱的父母正是这些在一线奋战的工作队伍中的一分子。

春节被按暂停键，父母齐上阵

何怡萱是中国社会科学院大学劳动经济系在读博士研究生，来自河南省信阳市。信阳市地处大别山区，淮水之畔，豫风楚韵。距离武汉200多公里，东南部地区毗邻湖北孝感麻城、黄冈红安。也正是如此地理原因，信阳也是疫情高发区，截至2月4日已有112例确诊新冠病例，居于河南首位。

何怡萱说："因为这场突如其来的疫情，全国人民仿佛按下了暂停键，本来欢乐祥和的团聚时刻都增添了许多焦虑和紧张。我们家则有些不同，更多了些忙碌，因为爸爸妈妈都需要无休上班。"何怡萱的母亲在地方疾控中心工作，在接到单位的工作指令后，立刻回到工作岗位，参与疫情防治的相关工作。而她的父亲则抽调为临时应急指挥办成员，协调指挥当地

的疫情防控工作。

整个春节,她的父母无眠无休地坚守在工作岗位,在信阳市的一线与疫情做斗争。面对这样的情况,何怡萱虽没有和家人吃上一顿安心团圆的年夜饭,但她说:"我理解他们。防控疫情是他们应尽的责任和义务,但也很担心他们的安全。希望他们保护好自己,也希望所有的一线工作人员都能保护好自己。"

"不得已"提前返校,学校是我们温暖的家

为了防控疫情的蔓延,中国社会科学院大学应各有关部门要求,规定寒假归家学生不能提前返校。何怡萱在1月27日也接到了此项通知。于是,她改变了原本的返校计划,立即改签了返程车票,延后了返京时间。而当天晚上,何怡萱又不得不再次改变计划。"晚上妈妈回来说工作任务会有调整",她说,"为了我的安全和他们能方便自由地回家,建议我申请返校。"

不得已的情况下,何怡萱和班主任王炜老师取得了联系,向老师和学校说明了家中的情况和当下的处境,老师和学校非常体贴和谅解何怡萱的情况,经学校研究后,很快就批准了她的请求。学校表示:"何怡萱是我们自己的学生,她的父母在前方抗击疫情第一线,学校有义务照顾好他们的子女,请家长放心,请大家放心。"何怡萱于1月28日晚上返校。她回忆道:"最令我感动的是,我提出申请后学校和老师都十分关心,很快批准了我的返校申请,解决了我的实际问题。返校后,学校老师也很细心照顾我们,真的让我感到了学校也是我温暖的家。"

回到了学校后,何怡萱在老师的安排下自觉进行长达14天的隔离。这些接受隔离的同学们都被安排入住南综合楼(原党校楼)五楼的"豪华大床房"。何怡萱说道:"学校在党校楼为我们返校同学提供了集中隔离区域,隔离期间的点点滴滴都让我感受到了学校无微不至的关心。良好

的隔离环境，营养均衡的早中晚餐，每日体温检测，定时消毒清洁。"何怡萱表示，"我十分感动，也非常感谢学校在这个关键时刻给我的关爱和支持。"

面对可怕的新型冠状病毒，她也在给自己和所有人打气："只要我们拧成一股绳终将战胜疫情。越是紧急的时候越要保持冷静，不信谣、不传谣。保护好自己尽量不出门，不给疫情增加负担，就是在为一线战斗贡献自己的力量。"

在此，何怡萱也希望通过网络呼吁："信阳城市小，此次疫情面广，医疗资源一直处于紧缺状态。爸妈上班所用口罩还是我在年前下单的一盒口罩。希望看到的老师和同学能帮忙转发，有资源和渠道的能和他们联系，谢谢大家！希望所有奋战在一线的工作人员都能平安健康！"

第四部分
全媒体报道的理论总结

中国新闻传播教育革新的两大路径

作者：罗自文*

新闻教育是众多专业教育中的一个单元，很难不受整个社会环境的影响，特别是受到传播技术的影响，甚至成为传播技术的奴隶。新闻教育改革发展的另一极点、另一个方向是面向社会实施新闻素养教育。如果把新闻教育看成一条坐标轴的话，一端是面向新闻传播专业的精英新闻教育，另一端是面向所有学生的通识教育——新闻素养教育，中间是介入通识和专业之间的传统大众化新闻教育。未来中国的新闻传播教育就是要逐步压缩中间的传统大众化新闻教育，而着力发展两端的专业精英新闻教育和大众新闻素养教育。

一、精英人才教育

培养高端新闻传播人才，走精英化发展道路，是我国新闻传播教育第一梯队和部分资源禀赋比较好的第二梯队的新闻院校可以选择的道路。培养高端新闻传播人才，不仅可以在未来的岗位中独当一面，整合产品生产和经营管理两个维度，而且能够与一般的公民记者建立区隔，在未来的人才竞争中处于优势地位。

---

* 罗自文，中国社会科学院大学新闻传播学院教授，博士生导师，原执行院长。主要研究方向：传媒与社会治理、视觉传播和新闻教育。

（一）人才定位

就目前的新闻改革而言，培养新闻传播的高端精英人才，根据生产信息和数据的类型又可以有两个维度。如果信息和数据偏向新闻，那么就是培养卓越新闻传播人才；如果信息和新闻偏向一般资讯，那就是要培养首席信息官。①

两者的相同点在于都是复合型融合媒体高端人才，都应该包含三大核心素质。首先，需要具有宽广的视野和扎实的人文社科基础，重点突出双专业能力，除新闻传播专业之外，还需要辅修一个其他专业。其次，具有融合媒体技能，能够胜任多媒体、全流程、全环节的新闻信息生产和传播的工作，进入公司以后，能够一专多能，发挥多面手的特长。最后，具有市场营销和经营管理的能力，具有产品思维，能够针对特定项目，搞好运营，能够获得足够的社会效益和经济效益。

两者的不同点在于前者偏向于社会责任，后者偏向于技术能力。对于卓越新闻人而言，更多的是要发挥媒体引领社会的作用和功能。因此培养卓越新闻人才，最为重要的是培养学生具有崇高的职业理想，拥有高度的社会责任感，能够将传播正能量、引领社会责任作为一切工作的出发点。当下，我国媒体特别是一些市场化媒体，不时传出以新闻监督的名义，进行敲诈勒索的事实勾当。这一方面固然是媒体运营艰辛，另一方面也与新闻传播院系弱化了职业理想教育有关。当下，很多新闻院系由于过于重视专业技能的培养，一方面压缩了人文课程的比重，另一方面没有开设伦理类课程，结果由于缺乏伦理的约束和人文的底色，导致学生成为单一的技术工种，出现商业利益至上也就可以理解。

对于培养首席信息官（Chief Information Officer，简称CIO）而言，由于肩负所在单位的信息环境建设，对所在单位的信息循环起至关重要的把

---

① 罗自文.首席信息官：后大众传播时代新闻传播人才培养的目标转型［J］.新闻与写作，2017（9）：25-29.

关和协调作用，因此需要有与之相关的技术能力和管理能力。对于技术能力而言，应在一般传播技术基础上，开设网络架构和数据结构方面的课程，使之能够对于一个单位或者组织的内部数据、网络建设有整体的把握，这其实与计算机科学方面的教学单位合作就可以实现。至于管理能力，可以与公共管理或者商业管理的教学单位合作，让学生辅修一个类似于MBA的项目学分，进而形成相关的必要能力。

（二）课程体系

当下中国新闻传播教育的课程大都由四部分组成：公共基础课、公共选修课、专业必须课、专业选修课。从学分构成来看，公共课程一般在40%—60%，专业课程在60%—40%；相对应的是，美国的公共课程学分一般占全部学分的60%—70%，专业课程则占全部学分的40%—30%，相比美国的学分分布，中国专业课程的学分比例偏高，公共课的学分比例偏低。对于专业课程而言，由于历史因素，中国新闻传播教育的改革整体上采用"加法"原则，由于传播技术和媒体平台的增加，结果增加了不少课程，但是总的专业学分不能增加，结果导致单门课程的学分越来越少，课程越来越碎。这样的结局由于受到师资固化的影响，一时难以获得大的改善；其结果导致学生的人文社科基础越来越薄弱，学习了大量的专业课程，却一方面基础不牢固，另一方面业务也不精湛；毕业生流于一般新闻人才的水平，难以胜任卓越新闻岗位和首席信息官的要求。

培养精英新闻人才和首席信息官，必须改革现有的课程体系，走双专业、主辅修专业之路。在拓展课程容量的基础上，进一步理顺课程之间的逻辑关系，提升课程的教学效率。对于精英新闻人才，必须走双专业之路，在这方面无论是复旦大学还是中国人民大学的新闻学院都做了比较好的示范，本文不再赘述；关于辅修专业，主要是所在培养单位是否具有类似的教学资源，也不是新闻专业教学单位所能完全把控的。

对于新闻传播教学单位而言，真正的调整在于如何压缩专业课程体系，实现融合媒体人才培养。这里主要针对新闻采写，对课程融合教学谈一些改革思路。国内对于这个基本能力的培养非常重视，这本没有错，问题在于过度重视，开设多门相关课程，造成重叠交叉，教学效率低下。这里以某大学的培养方案为例，先后开设了"新闻采访""新闻写作""电视采访""广播电视新闻写作""新媒体写作"等五门课程，更有甚者，在此基础上，还加开了"高级新闻采写""社交媒体写作"等课程，导致核心业务课程包不断膨胀，课程交叉重合在所难免；更为不当的是分平台教学，不可避免地导致学生的能力断裂，难以整合。可以参考美国新闻院系的做法，采用"1拖N"方法，将新闻采写整合在一门课程进行，理论课讲解基本原理和方法，实际课程分成几个不同的媒体板块，最后设置一个融合采写的模块，这样能够有效地将这些教学内容整合在一起，防止了不同课程内容之间的交叉重叠，也有效锻炼了这些平台的采写实务能力，最后还能通过整合传播的理念进行媒体融合采写训练，夯实了学生的多元报道能力。

（三）师资来源

中国新闻传播院系的师资单一地来源于自有全职教师，由于中国高校普遍采用事业编制，基本上是能进不能出，这样的一个沉淀效应导致课程改革的艰难。反观美国高校，一般都有三种形式：终身教职、兼职教职、临聘教职。其中终身教职类似于我们的事业编制，流动性比较差；兼职教职一般是针对业界和其他高校的人才设置的，类似于我们的外聘教师，只是美国的兼职教师相对更加稳定，整体的聘任适应度更高而已；美国过去临聘教职主要是对拟长聘的人选设置的一种过渡岗位，近些年美国高校一方面面临改革压力，逐步减少长聘教授的比例，有利于提升行政管理层的执行力；另一方面，美国高校还面临招生和财务压力，增加临聘教师的比例，有利于减少薪酬的开支。

关于教师的学位问题，美国高校有两种处理办法。在以理论为主的新闻传播类高校中，所有教师都必须拥有博士学位，例如美国宾夕法尼亚大学布隆博客新闻学院的教师队伍中，100%拥有博士学位；相反，在以实践教学为主的新闻传播类高校中，则不强求是否拥有博士学位，特别是对有丰富实践经验的业务课教师一般只看重候选人的实践成果和社会影响。反观我国，由于学科评估中，博士学位是一个重要的测评指标，加上我国近些年博士规模的扩大，很多高校都一刀切地要求新入职的教师必须具有博士学位，导致很多优秀的退休媒体高管和知名记者、编辑不能流动到高校任职。

新闻传播专业是一个专业性和实践性非常强的专业，为了培养与时俱进的精英新闻人才和首席信息官，中国的新闻传播院系也必须保证师资来源的多元化。第一个方面，继续引进国内外高校的高水平博士，但是总量应该不超出全部教师的1/3；第二个方面，持续引进传媒产业的杰出编辑、记者和高级管理人员，让他们担任实践类课程的教学任务；第三个方面，设置临聘岗位，高薪聘请在岗的业务人员和其他高校的高水平理论人才，弥补亟须的重要教学岗位人才的不足，通过临时合同建立彼此应该承担的权利和义务，以动态调整新闻传播行业和教育、教学对师资的需要。

（四）办学模式

我国新闻教育大都采用单一的办学模式，培养单位向上级教育主管部门申办相应的专业，获批后根据教育部的专业学科目录，制订自己的培养方案，然后招聘教师完成对应课程的教授任务，整体上呈现为一种相对封闭的独立办学模式。受多种条件的制约，专业、培养方案和课程的设置和调整都是一个比较艰巨的任务，因此常常滞后于传媒业的需求。

美国新闻传播教育办学的积极性、主动性和灵活性相对较强，一般会针对自己的教学资源和行业的需求，打造自身独特的人才培养模式。除学位培养之外，还有灵活多样的项目和课程培养方式；针对不同的培养方式，有时采取多校合作的模式，有时采用校媒联动的模式，有时采用和社会机构联合办学的模式；总之，一句话，根据市场需要，灵活采用多元化的办学模式，以适应不同的人才培养模式，优化教学资源，提升办学效益。

在媒介融合、人工智能和新文科建设的大背景下，未来卓越新闻人才的培养必须走联合办学模式。针对中国高等教育和新闻传播产业的发展状况，联合办学可以循序渐进，逐步从广度和深度两个方向发力。从广度而言，可以从校内合作逐步走向校际合作、校媒合作乃至多校合作共同体；从深度合作而言，从初步的资源共享、学分互认，逐步发展到共建培养体系、实践教学环境乃至切实的合作办学。多维度的合作办学模式，不仅可以弥补彼此的短板，较大程度地降低投入和软硬件沉淀成本，也在相当程度上实现了强强联合，优化了办学效益。

二、新闻素养教育

随着信息服务产业在国民经济中的比重不断增加，越来越多的人将进入信息服务行业，这意味着信息素养的重要性日益凸显。在美国，随着传统媒体产业的变迁，泛媒体传播的日益拓展，无论从事何种实体行业和服务业，新闻素养都是一个不可或缺的能力。应对这一变化，美国新闻传播教育压缩了传统的一般新闻人才培养项目，相应地增加了面对其他专业和社会人士的新闻素养教育项目。从学科属性来看，新闻素养教育呈现出一种从专业教育到通识教育的一种回归。

（一）人才定位

所谓新闻素养，核心在于运用批判性思维，对新闻信息真实性进行判断的能力。新闻素养教育是媒介素养的一部分，着重在于以新闻信息使用者的角色，分析判断新闻信息真伪的能力。这也是信息社会每一个社会人的基本素养之一。

在美国，新闻教育很多起源于文理学院，类似于中国新闻教育是从文学院分家而来。这就是说，美国新闻学专业很多课程和师资直接来源于文理学院，特别是三大基础课程：写作（Writing）、演讲（Public Speaking）、传媒和社会（Media and Society）。这三大基础课程也是所有文理学院的通识基础课，文理学院的学生在学习完这些课程之后，也就具备一定的媒介和新闻素养，对于今后从事各自的工作，对于获取信息的质量和效益都有一定的基础作用。后来，由于社会需求的增多，新闻教育逐步从文理学院中独立出来，成为一个单独的项目，甚至成为一个单独的院系。当下，美国新闻传播教育在传媒行业萎缩的大背景下，开办新闻素养教育，为新闻院系的发展找到了一条新出路。

对于我国新闻教育而言，应该将新闻素养教育视为通识教育的一大模块，作为大学生继外语、计算机之后的第三大基本能力。新闻素养教育不在于培养专业记者和编辑，而致力于培养大学生具有新闻信息真实性的判断能力和进行新闻资讯的基本应用和传播能力。基于这样的人才定位，新闻素养教育虽然由新闻传播教育机构执行，但是受教育的对象应为新闻专业之外的其他专业学生。至于具体教学方式，可以针对大一、大二开设相应通识课程，也可以针对大三、大四设置辅修专业，甚至在暑期开设学分项目也未尝不可。

（二）课程体系

课程体系是为人才培养目标服务的，既然新闻素养教育致力于培养具有新闻信息真伪判断能力的非新闻专业人才，那么这个课程体系就应该是相对粗线条的，虽具有一定的覆盖面，但是整体深度一般。

在美国，一般而言，一个课程模块由三至六门课程组成。比如美国加州大学伯克利分校的新闻素养暑期项目就是一个由两个模块、五门课程组成的，其中必修课程模块由"新闻写作"（Introduction to News Writing）、"多媒体导论"（Introduction to Multimedia）两门课组成，选修课由"社会化媒体"（Social Media）、"高级多媒体"（Advanced Multimedia）、"调查性报道"（Investigative Reporting）、"视觉叙事"（The Future of Visual Storytelling）、"专题报道"（Specialty Reporting）、"数据新闻"（Data Journalism）、"国际新闻"（International Journalism）、"商业新闻"（Business Journalism）等八门课程组成，学生需要从中选择三门课。① 美国石溪大学主要面向中学和高中教师开展一年一度的新闻素养暑期培训，同时在线开展"理解新闻"（Making Sense of the News）和新闻素养简要概述（Condensed Overview）的新闻素养教学。② 具体承担教学任务的新闻素养中心还通过Twitter、Facebook、YouTube等社交网络发出声音，扩大影响，传播新闻素养的理念、核心概念及教学内容。两个模块相比，前者强调专业能力，后者强调新闻意识。两者的共同点都关注新闻的采制流程和基本的新闻采写能力。

借鉴美国新闻素养教育课程设置体系，我国的新闻素养课程体系可以采用"基础"+"拓展"的双模块方式。其中基础模块主要包括"新闻读解""新闻伦理"；拓展模块主要包括"新闻采写"、"多媒体概论"和"媒体制作"等。需要说明的是，基础模块是必修课程，拓展模块的课程可以是这些选修课程，也可以是针对各自培养单位的教学资源和项目人才素质需要，选择设置其他课程。

针对目前我国新闻素养教育的环境，可以先行开设辅修专业或者通识模块课程。其中通识模块课程主要在通识课程模块内开设，为便于操作，可以利用先修课逻辑进行绑定，对于学生修完全部的课程颁发"通识课模块"结业证书，由新闻教育机构或者机构下设的新闻素养教学研究机构执行。对于辅修专业，则需要学校统一协调、规划，其操作难度更大一些。对于完成全部辅修课程并结业的学生颁发辅修专业证书，由学校教学管理

---

① 参见美国加州大学伯克利分校新闻研究生院官方网站，https://journalism.berkeley.edu/programs/summer-minor-program/。
② Digital Resource Center.Get Trained—The Stony Brook Model [EB/OL].（2016-01-19）［2019-10-25］.https://digitalresource.center/get-trained /.

机构来执行。

（三）办学模式

当下对于新闻传播机构而言，最为困难的是如何启动这样的教育、教学项目。正如前文所言，美国新闻教育机构开展新闻素养教育主要是基于两个方面的考虑：一是肩负提升美国民众的新闻素养这一使命，主动开展新闻素养教育，主要是针对特定的人群，如高中学生、政府工作人员，以培训项目的方式进行，如石溪大学；二是由于新闻专业招生的萎缩，针对校内其他专业学生被动进行的辅修项目，如加州大学伯克利分校。

当下的中国，由于经济发展水平和传媒发展状况的不同，这两个方面目前都没有强烈的现实需要。但是，这并不意味着新闻传播教育机构就没有开展新闻素养教育的必要。其实，回顾传播产业和新闻传播教育的发展轨迹，人们很容易发现，中国的上述发展轨迹总体上滞后于美国5—10年，因此美国传媒业和新闻教育业的今天很可能就是中国传媒产业和新闻传播教育行业的明天。如果中国的新闻教育机构不未雨绸缪，很有可能5—10年之后，大量的新闻传播教育机构会像美国一样不得不压缩规模甚至关闭。

有鉴于此，可以借鉴"石溪模式"和"伯克利模式"，根据自身所在的生态位有选择地开展通识素养教育和技能培训教育。对于通识素养教育，主要面对校内进行。具体可以采用课程、项目、辅修专业三种层次，分阶段、分批次实施。首先，开设"新闻素养""媒介与社会"等基础课程；其次，当学生有一定的积累后在开设"新闻理论""新闻基础采写""新闻基础制作"等课程，形成新闻素养专业技能课程模块，这些课程既可以在暑期集中讲授，也可融合在通识课程的教学体系中；再次，主要开设新闻素养的"辅修学位"，面向非新闻专业的学生进行。对于技能培训教育，主要是面向社会进行。由于中国缺少NGO经费的支持，这种技能培训教育模式需要依托政府的相关部门进行。比如，结合当地网信管理部门，在网络素养培训项目中植入新闻素养教育的理念和内容，在培养中小学生网络素养的基础上同步提升新闻素养。当然，也可基于行业主管单位，比如针对卫生管理系统，在各级医院开设舆情素养的基础上注入新闻素养的教育内容。

总之，21世纪是一个科技的世纪。传播技术不断地推陈出新，全面而深入地影响着传媒产业和新闻传播教育行业。当下，美国传媒业和新闻传播教育的动向非常值得中国对应行业的关注和分析，因此中国新闻传播教育行业应该结合中国的现实，提前进行有针对性的改革，才能在技术大潮到来之前炼就赶潮的能力，从而在新闻传播教育的转型升级中立于不败之地。

"融"与"融"

——基于"卓越新闻传播人才培养见习营"的全媒体教学实践样本剖析

作者：王凯山*

带团队出行采访，人生中经历过多次：印象最深的一次是2009年秋，商务部组织"中国创新经济全国行"采访活动，整个团队成员来自30多家中央媒体，我被任命为采访团团长。团内一位中宣部的处长，总在有意无意间打听我跟商务部领导到底啥关系？（笑谈）

从记者转型到学者，带领学生团队，一切得从2018年8月9日开始说起，因为开创了全新的人生体验，这里最大的不同来自两个融：融媒体的"融"和融洽的"融"。

今天看，我们2018年的团队是后来"卓越新闻传播人才培养见习营"的前身，其全称是"社科大新时代融媒体采访团"，官方微博是"@社科大融媒体采访团"（欢迎关注）在当时申请这个暑期融媒体社会实践项目时，我就开宗明义提出，"本研究试图在媒体融合的技术图景下，探索对学生开展融媒体社会实践的训练与培养。这将有别于清华大学李希光教授曾经开展的'新闻大篷车'活动……"所以一切项目的设计与实施，都是以融媒体当头。

此外，带领记者出行，与带领学生出行，尽管都是成人，仍然有质的

---

* 王凯山，曾任中央人民广播电台记者。中国传媒大学博士，中国社会科学院大学新闻传播学院教师，研究、讲授、实践媒体融合前沿及实务。

区别。媒体派出的随团记者都是新闻战线的老兵,有着丰富的采访尤其是与人打交道的经验;而这次带领的"学生军"则有着鲜明的年龄特点,他们都是90后,重团结,喜融洽,有冲劲,当然还有不成熟的一面,正如一位学生跟老师说:"我们自己在家是宝宝,出来老师也会把我们当宝宝。"基于以上特点,带领学生出行,安全考虑之外就是要营造一个融洽的氛围。当然,不能为了融洽而融洽,如果在树人育人与表面的融洽面前,我会毫不犹豫地选择前者。

"融"字当头　融媒体采访的全新探索

清华大学李希光教授曾经开展的"新闻大篷车"活动,在新闻学界留下了难以磨灭的印记。但是从新媒体的视角分析,其前些年的社会实践采访活动,更多是基于对学生的传统媒体报道理念与技能的培训。而今天结合融媒体的采写,则更多要求学生在场景、观念与现实中自由切换,适应媒体融合的现状,努力寻找到与之配套、适合表达的形式与内容,从而从实践层面,让学生深刻体会新闻生产与新闻解读的平衡与张力。

为此,我的初衷,既然是融媒体采访团,每一位学生都经历过采写编评的训练,同时也熟悉各种采访机器以及报道技巧,那就给每一位同学提供不同报道角色的机会,让他们真正从文字到摄影到摄像,再从新媒体撰写到推送与运营,得到全方位的锻炼。充分体现"融"媒体的魅力所在。但是现实情况决定了,设想往往与现实有较大的出入,而我们就要因势利导。在此引用学生冯南文章中的一段话:

"凯山老师提到,希望在行程结束时,大家能在包括采访、写作、拍照、摄影等多方面都得到锻炼和提升,所以在接下来的安排中不但要实行'绩效'管理,还要每个人轮换岗位职责。

听到这儿我就头疼了,因为摄影摄像虽然上过相关课程,但是实在非我所'长',拍得不好事小,影响团队的整体进度事就大了。事实证明,只有不想,没有不能,行程结束后,我的摄影技术有了质的飞跃,剪辑的技能也在搁置了3年后,重新拾起来了。"

学生各项技能的提升,来自老师对学生的洞察与了解,当然还要坚持"融媒体当头"。出发之前,我根据媒体从业经验,制定了"绩效"考核目标:个人表现得好坏,直接与你的报道作品挂钩,而检验的唯一标准,就是数据说话。8位同学,轮流做主编,对其他同学提供的融媒体产品有终裁权。评价主编的成绩,就依据其值班当天的官方微博"@社科大融媒体采访团"的粉丝增长数+点赞数+转发数。这不仅锻炼了学生的选题、策划能力,同时也锻炼了学生的沟通、协调能力,相当于把学生放在了主编的位置上进行锻炼与萃取。

现在回头看,设计初衷,是希望在更大程度上接近于媒体实战。但是事实证明,一开始对学生的采访技能以及各自专长本身,我考虑得不够充分。在出发前,我了解学生们的实践经历,有在人民日报社实习过,有在央视、财经传媒、腾讯以及中青网等各大媒体实习过,即使本科学生也在多家媒体有过实习经历。我想当然认为采访和写作关,他们应该跨越过去了。但是实践中却发现,学生们的基本功还需要老师手把手带领提高。恰如学生余程程所写:"印象最深的是,当时我负责张婆婆的稿件,把初稿发给凯山老师后,凯山老师对我的稿件提出建议,并且要我带着稿件去他的房间,他亲自面对面地教我如何写出更好的稿子。当时很晚了,当我到凯山老师房间的时候,发现王凯师兄和我的同班同学尚俊旭都在,原来凯山老师真的是对每个人的稿件都在亲自修改,并且面对面地教授怎么修改。后来,以我的名字发出的那篇稿件,是凯山老师带着我一字一句修改来的,在我写稿的路上画上了重要的一笔。"

在言传身教的过程中,采访技巧、寻找故事的角度等实用方法,让学生也逐步找到了报道的感觉,恰如文字记者递给他一支笔,摄影记者给他一台照相机。正如学生王美华所写:"我满脑子想的都是如何找选题,如何找亮点,访谈的时候要注意什么,拍摄的时候有哪些要点。从刚开始的眉毛胡子一把抓，到后来渐渐明白什么是重要的，明白'故事'的重要性和发掘故事的难度。12天还是太过短暂，刚刚找到一点感觉，行程就要结束了。不过，这12天还是给我提供了非常珍贵的样本，让我了解在情况复杂的采访现场如何快速采集信息。""巧妇难为无米之炊'，采集素材是最基础的第一步，有了下锅的米，接下来如何做就成了关键。此次我们社科大融媒体采访团为了体现'融'字，使出了十八般武艺，微博账号每天更新自不必多言，图片、文字、视频齐上阵，后来还尝试为采访团制作了H5。我们发现视频尤其是短视频逐渐成为主流，在这个节奏越来越快的视频时代，短视频成为传播的有效手段。"

同样，学生支慧媛也深刻体会到融媒体的好处："事实证明出门在外，多掌握一门技能也是有用的。之前我总觉得，自己所学过的技能在这次出行中用不到，而融媒体采访团所需要高强的采访能力和写稿功底我也没有，一度害怕拖团队的后腿。由此也感谢融媒体的'融'字，文字、图片和视频相结合的融媒体采访报道方式，让我得以发挥了一次自己的软件技能，Photoshop、Premiere、Illustrator、After Effects 等，但凡接触过一点点的软件，在这一次调研中都用上了。"

"融洽"的团队氛围　来自树人之心

带领一个团队出行，讲规矩、立威信固然重要，在团队中建立一种和谐相处、坦诚沟通的氛围更为重要。其中就要善于倾听团队中每一位成员的声音，从中寻找到老师与学生之间的契合点。

我清楚地记得，出发后的第三天晚上，已经将近12点，我指定的两位队长郝源和冯南，敲门来到我的房间。他们相视，有点欲言又止。我让他们坐下，开始倾听：昨晚8位同学忙碌了一晚，感觉有些吃不消。

我忽然想起，白天带队采访，观察到学生们一窝蜂围绕一个采访对象，就开始七嘴八舌地提问。当时就隐隐感觉不对，能感觉出来，大家对真正的采访没有切身的体会。只是考虑到学生们连续两天高强度运转,让他们好好休息,第二天再开会解决问题。没想到当天晚上,两位队长直接找上门来。学生们认为,老师让大家在报道中"轮岗"的初衷是好的。但是感觉各自有所擅长,同时有短板……

他们最核心的表达,希望老师放弃这种"绩效"考核方式(前文中提到)。正如冯南在文章中提道:"凯山老师提出的'绩效'管理,在第二天的团员碰头会中被大家集体'否决'了,责任分工明确落实到个人是好的,但也同时限制了大家的行动。在这一点上,不得不提的是,凯山老师给予我们的自由民主和高度信任是我们能够在自己的所学所长的基础上大展身手的重要保证,我们每个人都有说话和表达意见的权利,并且会得到老师和团队成员的重视和认可。"

印证这段话,是当晚我的做法:耐心听完他俩的想法,我跟他们俩介绍做记者时,尽管都是单兵作战,但是效率很高,原因在于对采访报道流程的梳理。我的建议,同学们可以根据意愿分成三个组,在三个组里根据特长,可以有所倾斜。然后在组内写作、拍摄、推送等可以轮换。最关键,我提醒他们俩,让大家学会按照预订选题分头采访,不要扎堆儿。现在回头看,这个建议其实是一种折中方案,一方面淡化了绩效考核的色彩,让学生们以自己最舒服的方式发挥特长,另一方面也在一定程度上让他们从不同的报道角色,深刻体会到融媒体报道的魅力所在。

事实证明,我的分组建议被学生采纳,以及手把手传授采访技巧,效果明显。还是学生冯南的文章就可以证明:

"在印坝村,四川隆昌馥巍农业科技开发有限公司负责人罗刚接受我们的采访后感慨道:'本来以为就随便问问,没想到大家的问题都这么专业。'

重庆日报新媒体事业发展中心常务副总编辑王方杰,更是用'妙趣横生'来形容采访团的作品。

采访团成员更是兴奋地坐在电视机前,等待着观看内江电视台视点栏目对此次调研活动长达5分钟的跟踪报道。

  我们的成果也得到了广大网友的认可，短短10天时间，我们的微博粉丝量从0涨到了600+。

  这个世界上没有比努力结出的果实更美妙的食物了。"

  但是必须承认，抱着"树人"的态度，就要学会付出与努力，学会坚持与纠错，哪怕有些许不快。出发之前，我邀请了业界朋友，专门给团队成员做了一个"圆桌培训"。"显学"顾名思义，新闻访谈的那些专业知识；"隐学"则是为人处世的道理。而恰恰是这方面需要总结的内容很多：每到一地，地方宣传部或者外办负责人都专门等候，而老师们跑下去后，有时学生们却因为种种因素不愿意下来。"学生们都到齐了吗？"每当对方微笑着这样询问时，我都会报以歉意的微笑，再回头叫学生下来。几次之后，作为老师，我强烈地感受到：本来不是问题的内容，竟然被学生们不经意的表现，弄成了问题。这也为后面给学生上的"最后一课"埋下了伏笔。

  摘自学生冯南的文章"事实上，我们的整个旅程不是完美的，回成都的前一天，我们违背了和老师之间的承诺：'大家可以安排自己的时间，但是任务今晚一定要完成，无论多晚老师等着你们。'老师对我们的宽容、平等和友善，让我们过分的解读为可以放纵。那一天，当老师和同学们都红了眼圈，我们才意识到自己的错误所在，而我们已经过了可以叛逆可以不负责任的年龄……"

  好在经过这次"最后一课"，老师与同学们达成了共识，一个人成长的过程中，都会有从不成熟到成熟的阶段，期待大家更快成长。

附录：

"融"与"融"的背后

作为带领社科大融媒体采访团的带队老师，我倾尽心血，具体可从我随机摘取的两篇日记可见：

2018年8月7日　北京

这篇文字其实想从10多天前的一次聚会喝酒说起。为了哺育下一代，我已经一年多不沾一滴酒。但是这一次，为了我负责的一个项目"中国社会科学院大学媒体学院新时代融媒体采访团"，我也是拼了：扎啤、瓶啤轮着上，就为了能够在行动的宣传上，赢得朋友们的支持。

对方是几家中央媒体的部门负责人，都是多年的硕士同学，一直关系良好。饭桌上，我在心中盘算，如何开口？是"各个击破"，过后分别再谈；还是机会难得，"一锅烩"？许是过于自信，我决定单刀直入。这样的谈话效果，并没能达到预期的效果。一位坐在对面的朋友，一边盯着我看，一边做出了"抵抗"的神态。我感到不妙。果然，他一开口大意是，别说一所大学学院的社会实践行为，就是他所在媒体地方记者站的稿件也有积压。其他朋友们也随声附和，表示报道出来有难度。

我低头不语，忽然抬起头，要来一打啤酒，"先不谈事，把酒都给我干了"。一打啤酒下肚，还是挑起"事端"的那位朋友说，要不这样，实践本身我们可以宣传一下，但是实践过程中学生们做出的报道，即使老师帮助把关，但是没有媒体记者的亲自参与，不能确定报道内容的准确性，所以就不能帮助发文了。

另外一位负责新媒体的朋友则提醒我，你们可以先自己开办一个自媒体账号，如果报道有料，自然会有个人转载、媒体追踪。当晚，这位朋友又在微信中，中肯地提出：开始不要忙着形成热点，先扎实地做出内容，待慢慢形成品牌，再逐渐拓展影响力。

8月14日　周二　四川内江

虽然有些恶心、头晕，很想躺下。但是一想7天过去了，行程过半，还是决定晚上9点开一个会。

做个小结：

一、初战告捷

中央、全国性及地方主流媒体将近10家已报道我们；但是欢欣鼓舞的同时，也要看到问题所在：

1.都是各种朋友的帮忙，主动转载的媒体较少；

2.我们的新闻报道本身存在一些问题，需要及时调整；

3.我们的影响力还未真正形成，表现在：微博涨粉缓慢，微信公众号还未利用起来。

将来在微信公众号申请成功后，我们的思路会做些调整：将微信公众号与微博一样放到较为重要的位置。同时争取，以公众号推动微博涨粉。（提醒，微信转发时都要标注一句话："感兴趣，请关注微博：社科大融媒体采访团"）

二、报道流程梳理

返程的车里欢声笑语。但是仍然有值得总结的地方，初见效果。

（一）值得总结巩固的成功思考

1.围绕选题，分组展开有针对性采访，而非一窝蜂；

2.摒弃非相关选题，简化报道选择；

3.依托故事性，寻找个性化的讲述，聊中出故事；晚间吃饭时间压缩，灵活处置，既要学显学，又要学隐学，吃饭也是交流，获取信息的方式。

（二）暴露出的问题

1.仍然有"逮到篮子都是菜"的现象，暴露出我们新闻线索捕捉能力的不足;埋头阅读资料,寻找线索能力的不足。

2.包括视频录制,仍然存在大段录制的现象。

(三)解决的方法

1.通过之前做足功课;通过找到新闻当事人,与之聊天解决;通过现场的随机捕捉;

2.要善于在采访对象表达精彩言论时记下时间节点,以利于后期剪辑;要善于引导对方,说出你想听到的话。

三、团队制度建设

(一)财务公开

作为一个项目,财务的公开、透明运行必不可少。为此,我们从组团之初,就注意采取了如下措施。

带队老师坚决不碰钱。选取团队中的学生作为第三方,坚持每天群内报账制度,每天的花费项目以及截至当日的所有花费,一目了然;同时学生很细心地将不同天数用不同颜色标注,更为醒目。

同时,我们还将院领导拉入群内,客观上也起到随时监督把关的作用。

总之,作为整个项目运行的直接负责人,尽管主观上做人可靠、为人清廉,但是从长远的角度思考,事物建立之初,在其运转与发展过程中,建章立制必不可少。

(二)舆情监控

我们的主题是精准扶贫与乡村振兴,出发之前就考虑到了舆情的问题。当前我国各地都在努力开展乡村振兴,都在通过乡村旅游业,建设美丽家园。在此次调研过程中,如果哪位乐于分享,再加上定位图。如果恰巧周边有个旅游景区,被某个"有心人"盯上,就有可能酿成一个子虚乌有的"社科大师生公款旅游"的话题。而这样的结果是我们整个团队"不能承受之重"的。

为了规避这个也许根本不存在的问题，我们出发之前就明确规定，不准发任何朋友圈。后期随着推广的需要，才允许学生在各自的朋友圈里发布，老师审定需要推广的内容。

回首整个报道过程，社科大融媒体采访团，前后共创作融媒体视频报道14个，融合新闻稿件13篇，微博46条，其中报道《神奇的脱贫户——黄老汉》于8月17日在自媒体——微博"社科大融媒体采访团"上发表后，次日涨粉500+，截至日前微博粉丝共960人，受到了学界、业界的认可和好评。而在8月23日，拥有112万粉丝的微博大V共青团中央学校部，也转发了这个视频。而在中青网"青蜂侠"栏目上推出后，短短4天，25万点击率，传播效果惊人。

8月12日《中国社科大新闻学子"长江故里行"，融媒体聚焦精准扶贫》原创报道中的视频，引用了采访团的作品《长江印象》；当地媒体内江电视台视点栏目于8月16日对此次调研活动进行了专题报道；据不完全统计，中央级媒体工人日报、法制日报、科技日报、中国青年报，以及全国性新媒体中青网、凤凰网、腾讯网、工人日报官微，国内知名媒体重庆日报、成都商报，地方媒体内江日报、内江新闻网、内江电视台，以及中国社会科学院大学网站和中国社会科学院官方微博等，都对此次行动进行了详尽报道。其中中青网、重庆日报社网站等媒体，还多次转发视频及融合新闻，从专业角度对团队的报道产品，予以较高评价。

论数字交互叙事结构中故事空间的拓展

——以"卓越新闻传播人才培养见习营"中参与式非虚构影像的创制为例

作者：薛 亮[*]

导言

新的技术、重新调整的社会关系和新出现的文化形势要求重新审视非虚构影像（纪录片、短视频等）的形式、功能和作用。非虚构影像不再是一个固定的对象，它正以迭代、变形的轮廓，在多个媒体界面上迁移——即开放空间的参与式非虚构影像。由中国社会科学院新闻传播学院创立的"卓越新闻传播人才培养见习营"系列实训活动，便是探讨开放空间的参与式非虚构影像对当今社会、文化、媒体生态的一种创新性实践，其对于非虚构影像的理论建构、创作策略以及传播生态是一次卓有成效的深入探究，积累了丰富的理论洞见和典型的非虚构影像作品案例。

尽管新的方法层出不穷，但却很少上升到非虚构影像的方法论层面，尤其在叙事方法层面仍主要集中在传统的模拟形式上，其消极影响忽视了正在蓬勃发展的非虚构影像的叙事方法——这种方法在更基于地方性的实践中发挥作用，包括在地社区主题、共同创作以及线上协作制片等。简言之，本文以"卓越新闻传播人才培养见习营"的实践为研究起点，深入到

---

[*] 薛亮，电影学博士，中国社会科学院大学新闻传播学院教师。主要研究方向：影视传播。

方法论层面，从理论架构层面试图解决当下参与式非虚构影像创制的叙事方法，并挖掘该类型叙事方法的历史、文化以及文学之根，对其深入认知可以有效地提高非虚构影像创制过程中叙事感，更适合当下数字化深、交互感强的媒体生态特点。参与式非虚构影像的叙事方法避免了垂直的生产层次，采用了水平结构，增强了各工作流程的协作关系。参与式非虚构影像跨越差异、跨学科进行互动性创制。

在新兴的数字平台上，非虚构影像的导演不再是导演，而是在地话题设计师，他们把人们聚集在当下情境和叙事话题周围。而拍摄、后期制作等过程成为临时小型公共领域内社区动员和更新的持续进程。开放空间参与式非虚构影像的创制促进联系，传播思想，推动对话，有时还能实现社会议题的塑造。开放空间参与式非虚构影像的叙事研究属于当今媒体研究的前沿主题之一，"卓越新闻传播人才培养见习营"的实践成果在一定程度上对上述亟待研究的主题做出了实践反馈。

非虚构叙事常常以一种"实用"的方式被使用——"叙事学自创立以来，主要以文学叙事小说为研究。"[①]语言学家、民俗学家、心理学家和社会学家继而将研究扩大到"口述"，但叙事学仍然主要关注语言为基础的故事。故事的"化身"很多，在文学之外，其他媒介承担了叙事的功能，如今，数字叙事正当其时。通过与语言和技术以外的符号化媒体（印刷以外的媒体）斗争与融合，故事最终得以超越文化和媒介的形式意义，通过在多个"化身"下呈现多样性。不同媒介有不同的叙事模式，例如功利性的、说明性的、不确定性的、隐喻性的、参与性的、紧急性的和模拟性的。

1989年美国NBC电视台推出了一系列小熊队和巨人队的棒球转播、电视真人秀节目《幸存者》和电影《楚门秀》等视听文化文本。在所有这些文本中，我们看到的是一种叙事，这种组织意义的叙事形式预见了电脑游戏的实时性。继而研究者们转向了新媒体叙事。例如基于文本的交

---

① RYAN L. Avatars of Story [M]. Minneapolis: University of Minnesota Press, 2006: 14.

互式小说（Spider and Web 以及 Galatea），超文本（如 Califia 和 Patchwork Girl），跨媒介作品（如 Juvenate），以及交互式戏剧中的人工智能项目（如 Façade）等。这种不断迭代的叙事新媒介表现出共同的特征：将叙述性与交互性协调到一定的难度，以提供体验故事的新方式给玩家（受众）。

然而，在学术界和专业领域围绕数字交互叙事的讨论并没有涉及对叙事结构的实际意义，我们只看到一小部分占主导地位的基本模式在发挥作用。例如，在早期游戏研究的所谓"游戏学vs叙事学"（ludology vs. Narratology）的争论中，游戏学家们所坚持（并与之抗争）的"叙事观"受到了对这一概念的狭隘认识的限制——部分受西方文学传统中某些霸权主义式叙事结构的影响。① 大量数字交互（例如电子游戏）的叙事结构仍源于约瑟夫·坎贝尔 Joseph Campbell 和亚里士多德提出的"主流模式"，即"个人英雄之旅"② 和"戏剧弧"③。

继 Pamela Jennings、Marie-Laure Ryan、Barry Ip 和 Hartmut Koenitz 等学者对这些普遍使用的叙事结构展开系列批评之后，西方新媒体叙事研究领域便掀开了一场探索，认为数字交互叙事模式需要彻底地革新，不仅应该超越亚里士多德和坎贝尔的所谓"主流模式"，更应该将目光投向非西方叙事传统，扩大数字交互叙事设计者（编剧）的叙事结构语料库，并有针对性地设计一些解决方案。到目前为止，新兴的叙事结构尽管还没有达到对"主流模式"完全替代的地位，但随着新媒介技术的快速发展以及相应叙事产品的快速迭代，对更交互媒介更"匹配"的叙事模式的需求，达到了历史新高。本文通过进一步提高对替代性的、可实施的叙事结构的认识，试图为彻底解决这个挑战提供一种可行的论证。

---

① KOENITZ H. The "Story Arc": a Ghost of Narrative Game Design [C]. Digra 9, 2017: 17.
② WALK W. The Myth of the Monomyth [EB/OL]. https://www.gamasutra.com/blogs/WolfgangWalk/20180514/318014/The_Myth_of_the_Monomyth.php
③ FULLERTON. SWAIN. HOFFMAN. Game Design Workshop [M]. Burlington: Morgan Kaufmann, 2008: 45.

一、定义数字交互叙事（Interactive Digital Narrative）

首先，应该阐述我们对"叙事"的理解，以便后文提出其他类型的叙事结构。随着数字媒介的出现，针对媒介特异性而从叙事视角展开探究的必要性越来越明显。学者凯瑟琳·海尔斯（Katherine Hayles）认为，在以往的语义学视角中，作为一种"表意层"的媒介的作用在很大程度上被忽视了，因此通过引入"特定媒介"[①]分析来矫正这种历史失误。力弗·诺森（Liv Nausen）则提出了对人文学科中普遍存在的"媒介盲"[②]（media blindness）的批评。在这种情况下，知名的当代叙事学学者，如杰拉尔德·普林斯[③]（Gerald Prince）和杰拉尔德·热内特[④]（Gérard Genette）等人在20世纪80年代所提出的"叙事"的定义就表现出明显的局限性，因为他们并没有对叙事媒介的相关方面提出论述。从这个意义上说，埃斯帕·奥塞斯Espen Aarseth在1997年对网络文本的叙事定义[⑤]也是忽视媒介属性的。相比之下，"游戏学"的学者甚至保守地认为叙事只有在非交互式的媒介中才是恰当的，故得出"电子游戏并非叙事媒介"[⑥]的论断，从而将"叙事"局限为非交互媒介所特有（例如小说和电影），及至2017年，仍有学者坚持这种看法。[⑦]因此，界定数字交互叙事，首先应防止概念漂

---

① HAYLES K. Print is flat, code is deep: the importance of media-specific analysis[J]. Poet Today, 2004（12）: 67-90.

② NAUSEN L.Coda In: Narrative Across Media[M]. Nebraska: University of Nebraska Press, 2004: 391-403.

③ PRINCE G. A Dictionary of Narratology[M]. Lincoln: University of Nebraska Press, 1987.

④ GENETTE G. Narrative Discourse, an Essay in Method[M]. Ithaca: Cornell University Press, 1980.

⑤ AARSETH J. Cybertext[M]. Baltimore: JHU Press, 1997.

⑥ JUUL J. A clash between game and narrative[J]. Danish literature, 1999（6）: 13.

⑦ BOGOST I. Video Games Are Better Without Stories[EB/OL]. [2017-04-25]. https://www.theatlantic.com/technology/archive/2017/04/video-games-stories/

移，应锁定其媒介特殊性。此外，这一定义需要考虑到程序系统性、互动过程以及由这个过程产生的线性的或静态的故事。

交互式数字叙事是数字媒介的一种表现形式，其实现方式由数字算法系统支持，其中包含了一个潜在的原型故事，参与者介入叙事过程，在推进叙事体验的进程中，产生具体故事情节并完善故事细节。

这个定义有若干后果：（1）作者/编剧转变为一个动态"系统"的创造者；（2）参与者（观众）通过与系统接触，对叙事的进程有一定的影响；（3）要求有更多的附加元素存在，允许多重可选路径的选择。

对数字交互叙事中媒介特殊性的研究视角也意味着，叙事结构应当利用数字媒介的特定能力。然而遭遇到了双重挑战：（a）"主流模式"将替代性叙事结构边缘化；（b）缺乏典型的、代表性的数字交互媒介叙事作品，以及对这种作品叙事结构的研究，我们将在下一节进一步讨论。

二、数字交互叙事中的叙事结构

（一）亚里士多德诗学与英雄之旅

在西方叙事传统中，无论何种媒介，影响最大、最普遍的两种叙事结构是"戏剧弧线"和"单一神话/英雄之旅"。前者起源于亚里士多德的《诗学》，它规定了一个包含开头—中间—结尾结构的故事情节，其中"叙事的强度增加到高潮，然后逐渐达到一个与开头基调平行的结尾"。然而，重要的是要认识到，詹宁斯的描述（以及其他人的类似解释）是新亚里士多德重新解释的结果，它至少从古斯塔夫·弗莱塔格（Gustav Freytag）的"五幕剧金字塔模型"［Freytag, G.: Die Technik des Dramas（1863）］中汲取了与《诗学》同样多的内容，包括"开始、上升动作、高潮、下降动作（中间）、解决"。此外，亚里士多德的著作常常被误解为对叙事的一般描述，其实仔细阅读后会发现恰恰相反：它其实是针对两种不同叙事媒介的总结和论述——它区分了史诗（散文）和模仿（戏剧）两种形式——并以对悲剧的详细分析来解释后者。亚里士多德本人也告诫他的读者，叙事不能简单地在史诗和模仿两种形式（不同的媒介）之间切换，史诗叙事不适合用模仿的方式处理。

"英雄之旅"又称"单一神话"，是约瑟夫·坎贝尔在其跨文化研究《千面英雄》(*The Hero with a Thousand Faces*)中首次提出的概念，后来又有人对其进行了阐述。英雄之旅将其主人公的故事大致分为以下六个阶段[①]：

1. 介绍主人公所处的平凡世界；
2. 冒险的号召，往往一开始被主人公拒绝，然后勉强答应；
3. 遇到良师，他（她）将指导英雄日后的旅程；
4. 当英雄离开其平凡的世界，开始直面考验其决心和毅力的艰难险境时，他（她）跨过了第一道坎；
5. 对英雄的终极考验——须完美地处理外部宿敌/内心阴影/人生挫败；
6. 旅程结束，英雄带着从终极考验中获得的奖励踏上"归途"。

虽然坎贝尔研究了世界各地的故事，但他从这些不同的故事中得出的"普适性"的叙事结构与亚里士多德和弗莱塔格的"单高潮"戏剧弧惊人的一致，因为这两种结构都遵循类似的模式："展述日常—紧张升高—冲突—高潮—回归正常。"事实上，许多关于（银幕）叙事写作的书籍都倾向于将这两种结构统一起来[②]，西方文化中许多有影响力的故事似乎都非常紧密地遵循这些结构——如《奥德赛》、《简爱》、《指环王》以及《星球大战》。尽管规范之外的例外情况也确实存在（在西方叙事传统内部和外部），但更多的人却将其理解为规则之外的少数派而已，更能说明"普适

---

① CAMPBELL J. The Hero with a Thousand Faces [M]. New York: Harper & Row, 1949.
② FIELD S. Screenplay: The Basics of Film Writing [M]. New York: Random House Publishing Group, 1979; YORKE J. Into the Woods: A Five-Act Journey Into Story [M]. New York: The Overlook Press, 2014.

性"叙事模式的有效。

（二）对于数字交互叙事而言，"英雄之旅"的不足之处

认为"戏剧弧/英雄之旅"是叙事结构的典范、不分媒介的普适性形式的观点，在几个重要方面是有问题的。在一般层面上，它使学者、编剧、作家、设计师对非西方的叙事形式视而不见，这些形式被视为"原始的"或"欠发达的"。这种观念事实上会阻止人们把握数字交互叙事的未来发展机会，造成人们无法想象非戏剧弧/英雄之旅结构的数字交互叙事可能带来的截然不同的审美体验。

具体而言，英雄之旅结构对数字交互叙事的不足之处既表现在叙事本身，也表现在创作者对这些叙事的理解上，共同的问题是这种模式并没有真正地挖掘数字交互媒介的"叙事弹性"①。例如，与其他媒介形式一样，许多最受欢迎和最有影响力的电子游戏都采用英雄之旅的叙事模式，尤其在为玩家提供男性权力幻想的游戏中体现得最为强烈。如第一人称射击游戏（《使命召唤》《半条命》）和角色扮演游戏（《上古卷轴》《塞尔达传说》），但类似的结构似乎也存在于更"温和"的解谜冒险游戏中，如《雷顿教授》和《最长的旅程》。经过对游戏中叙事结构的详细分析，Barry Ip 始终认为戏剧弧/英雄之旅的叙事模型与作品的实际呈现之间存在巨大的差异，玩家在该叙事模型的中间部分——即英雄修炼自我以跨过第一道坎——花费了90%的游戏时长，而在非交互媒介的叙事中，最多只会占到50%左右的时长。②这种变化意味着，在实际的交互叙事作品中，并没有按照"普适性"的主流叙事模式来规划情节，其时长比例失当，叙事节奏

---

① AYLETT R. Emergent narrative, social immersion and "storification"[C]. Presented at the 1st International Workshop on Narrative Interaction for Learning Environments, Edinburgh, 2000.

② IP B. Narrative structures in computer and video games: part 2 emotions, structures, and archetypes[J]. Games Cult, 2011（6）:203-244.

显然是错误的。如果把这种变化看作是对"普适性"叙事模式的进化，那么就应当与原初的主流叙事模式加以区分考察。

由于在叙事理念上强行套用"英雄之旅"结构，在实际执行时，玩家游戏体验过程要求的规定时长与叙事结构内在的发展规律，两者各自强调的重点产生了严重的撕裂，因此产生了大量的负面评价，久而久之形成了"电子游戏叙事写作往往品质不佳"①的刻板印象。为了叙事的流畅，一种极度依赖非交互媒介所特有的媒介属性，例如极度依赖剪接镜头和屏幕文字的"电影游戏"（Cinema Game），之所以将其称为游戏，是因为保留了最低限度的"交互"，有限的屏幕选项以保持一定的剧情分支选择。西方主流的"叙事"概念要求设置被动的观众，一个单一的主角、一个中心冲突和一个单一的高潮——英雄之旅——那么当涉及新的叙事表达模式时，显然不足以释放游戏等互动媒介的潜力。

我们需要的是设计者和学者对数字交互叙事"可以是什么"和"应该是什么"以彻底地思考、论证以及实践。②这首先需要摒弃所谓西方经典的"普适性"叙事概念（英雄之旅）为数字交互叙事的首要地位。在下面的章节中，我们通过提出各种交互式叙事的替代结构，尝试为后续在数字交互叙事作品中的应用打下一定的基础。

三、超越"英雄之旅"的叙事结构

本研究采用的方法是将文本分析与文学评论结合起来。我们首先寻找前人研究中已经确定的叙事结构——例如起源于中国文论并广泛用于亚洲叙事文化中的"起承转合"结构；广泛存在于尼加拉瓜民间的"罗

---

① TAVINOR G. The Routledge Companion to Video Game Studies [M]. London: Routledge，2014: 57.

② CALLEJA G. Narrative involvement in digital games [C]. Proceedings of the International Conference on the Foundations of Digital Games，2013: 128-133.

贝托"①（Robleto）叙事结构，其特征是明显的重复故事线；以及来自印度和阿拉伯民间文学的口述叙事传统，其特征是同时包含两到三个不同叙述者等。这些有别于西方传统的叙事结构清楚地表明，世界各地文化中广泛地存在着很多可行的替代性叙事结构，它们的存在说明赋予"英雄之旅"和"戏剧弧"以普适性叙事结构地位仍存商榷空间。

我们目前的研究进度，主要聚焦于来自印度、阿拉伯、北美土著和北非文学传统的各种叙事，以及当代（后现代主义）作品和西方数字交互媒介作品。对于非西方文学传统，我们侧重于殖民前的作品，以尽可能地排除西方的影响。原始文本的选择基于人类学研究中发现的当地口述故事和前殖民文化中记录的故事译本。我们采用新结构主义的方法，注意事件和冲突如何推动叙事的发展，不同的阶段是如何相互区分的，以及紧张关系是否影响到一个特定的阶段或阶段之间的过渡。我们在处理这些"异类"叙事结构时，需要保持一种既理性又热情的研究态度，因为下面所列举的叙事结构代表了西方叙事传统的边缘地带，在一个被英雄之旅/戏剧弧充斥到饱和的媒介环境中，做到这一点其实需要不断的自我反思。

（一）病因学口述②

遵循这种古老的叙事结构的故事并不以传统的结局，而是以一个关于故事如何解释当下生存状况的教训——通常是一些自然现象。

这种结构是以 Ruth Finnegan 的《非洲口述文学》中所叙述的病因动物叙述为基础的。东非的基库尤部落和塞拉利昂的林巴部落用它们来解释某些动物与物质世界的关系。遵循这种结构的叙事，首先要介绍环境和主要

---

① ROBLETO 结构基于尼加拉瓜的传统故事，是 CHERYL DIERMYER 在 2010 年从圣胡安德尔苏尔到圣卢西亚的旅行中提出的概念。DIERMYER 注意到，当尼加拉瓜社区成员讲述他们的生活和文化故事时，有一个共同的叙事结构。这个结构是以尼加拉瓜的牛农和医生 ROBERT ROBLETO 的名字命名。

② 与单一神话比较接近，但其结构上始终归为一种病因式的解释，让故事整体成为一种隐喻。

人物。然后，其中一个人物因接受了另一个人物的服务或物品而欠下了另一个人物的债，这是一个煽动性事件。接下来的内容是欠债不还，导致其与债权人发生冲突。经过一段时间的追索，债务最终得到偿还，是自愿的（往往是通过其他手段，而不是最初的打算/计划），或通过武力（即债权人狡猾的报复）。叙事的结尾是一个病因学的解释，用前面叙事的事件作为自然界现状的理由。虽然前面的变体可以在设计中表现为玩家选择的结果，但正当性方面可以通过呈现玩家之前的选择来实现。

在其他文化中，病因学故事也很常见，因此可以作为不同受众群体的参考点。在希腊和罗马神话中，我们看到了解释某些动物起源的故事，其中许多故事可以在奥维德的《变形记》中找到，与一些北美易洛魁人的叙事也有相似之处，例如解释了为什么美国人会受到秃鹰的保护之类"信念"。

（二）孟加拉寡妇的叙事

"孟加拉寡妇"的叙事结构，要么在高潮之后上升到主人公被家人抛弃的悲剧结果，要么折回成为儿子新娘的对立面开启另一条对抗线。

对在西孟加拉国民间流传的不同故事结构进行比较，得出了这一叙事结构，这些故事侧重于表现流离失所的丧偶母亲的无奈和无力。这样的叙事结构提供了一个批判性的视角，来审视妇女在婚后被认为已经获得的表面稳定的家庭地位，这种稳定却在配偶去世后出现了问题，特别当她的孩子已经成年的话，这种问题便显得非常严重。因此，"孟加拉寡妇"的叙事结构说明许多妇女所面临的一个不那么浪漫的现实。乍看之下，这种叙事结构让人联想到戏剧弧，然而有一个关键的变化与叙事"主题"有关。高潮之后并没有一个阶段性的结束，相反，紧张感不断增强，如果丧偶的母亲成为儿子新娘的对立面（婆婆）——重复从结婚到结束的循环，或者，通过继续向前展示母亲在丈夫死后被儿子和儿媳抛弃的过程，她将在乞求和孤独的高潮中结束。这里值得注意的是，母亲为子女所做的牺牲而期盼在年老时得到回报的期待与现实中寡母的困境之间形成潜在张力，她在年轻的儿媳眼中从主角到配角甚至成为反面角色的逐渐转变构成一个叙事中的两个变体——这种从统一中酝酿的分叉，多线程同时存在符合数字交互叙事的媒介属性，不同的结果可以和参与者的选择联系在一起。数字交互叙事还可以增加更多的变体，例如，寡妇成为儿媳的好婆婆、值得信赖的长辈及育儿"顾问"等。此外，寡母的角色也是相对的，儿媳在不久的未来也很有可能成为新的寡母，与自己的婆婆一道迎接孙子的妻子……

（三）恒河漫画

这种结构是基于印度神话漫画的改编，一个冲突的解决也会立即引起下一个冲突的产生。恒河漫画提供了另一种有趣的叙事结构可供研究。恒河漫画源自《阿玛尔-奇特拉卡塔》[*Amar Chitra Katha*（ACK）]，这是一个插图漫画系列，描绘了数百个来自《如来藏》、《摩诃婆罗多》、《班禅那陀》和《瓦萨瓦达》（Rāmāyana、Mahābhārata、Panchanatra 和 Vasavadatta）的故事，以及印度的许多戏剧、史诗和浪漫故事。这个特殊的故事源于《摩诃婆罗多》，这是一部神话故事和寓言教诲故事集，围绕着一个主叙事，讲述两个表兄弟，即考拉瓦 Kauravas 和潘达瓦 Pandavas 之间的权力斗争。《摩诃婆罗多》代表了印度教发展的一个开创性文本，它既可以理解为 Dharma（道德律），也可以理解为 Itihasa（历史）。恒河漫画是这一叙事的一个特殊类型，它利用了其媒介的能力。

叙事结构被安排为"责任"和"后果"两极之间的调和与折中。叙事从最初的刺激性行动（Irritative Action，IA）开始，产生特定的后果（Consequence）；接着寻找一个解决方案（Solution），下决心实施（Result）；然而这将伴随产生其他持续的后果（Consequence 2）。这些进一步的后果将开始叙事的下一部分，作为进一步行动的次要诱因，不断升级和重复，直到所有主要问题都得到解决。恒河漫画叙事结构的特点是一种累积模式，即每个问题的解决后果都会影响整体叙事。这方面也与数字交互叙事的媒介属性相一致；玩家的选择会影响到他们以后在故事中会遇到的问题/冲突,这是一个强大的想法,有很大的潜力,可以从同一个系统中创造出许多单独不同的叙事。

(四) Sīra 叙事

西拉叙事结构有一个中心枢纽,许多较小的、偶发的旅途叙事从中心枢纽发散,并在一个团队或社区的生存和最终消亡的大框架下返回。Sīra 叙事叙述了一个被称为 Banī Hilāl 部落的生死轮回。叙述了该部落在前往突尼斯寻找新牧场时的冒险经历,目的是让民众保留对勇敢战士的记忆,这些战士在为保卫部落和平的战斗中牺牲。该叙事结构的特点是"准确"地搭建了部落迁徙和对外征服的历史叙事框架,透过"一系列建立在中心人物之间紧张关系上的错综复杂的故事",将关键的男性角色与单一的女性领袖角色相对立。

在故事中,贝都因部落的生活以"重复循环的模式"来组织,从主人公的出生到死亡为故事总体的起点和重点,中间情节则以主人公的每段旅程(征程)来组织,每一段旅程(征程)的开始和结束都可看作一次模式的重复循环;每一集都在叙述一段旅程(征程),加入的人物各不相同,事件的构成也在不断变化;每一集的不同和独特的前提都强调了每一个个体旅程(征程)的意义。旅程(征程)主题具有的双重性,既可以理解为寻找新生活,也可以理解为战争,"两者构成了一组张力",如"饥荒—丰收""沙漠—牧场""战争—和平""生命—死亡"。每一集的开头,都是部落组织的出征。在探险过程中,总会出现一个巨大的阻碍,迫使众人回去重新准备。之后,他们再次踏上旅程,并圆满结束。

这些旅程(征程)故事的多变性适合于数字交互叙事媒介所能提供的多重性。旅程(征程)主题与数字交互的叙事空间承受能力极为吻合。此外,每个旅程(征程)故事的五要素结构(匮乏—起程—契约—突破—解除匮乏/新的匮乏)提供了充足的交互契机,让参与者参与到不断重复的障碍、紧张局势的建立和持续的挑战中去。

（五）顿悟结构

这种独创的叙事结构特点是设计一个冲突循环，以创造顿悟时刻，使参与者突然从不同的角度理解故事事件，随后又从头开始探索故事，获得最终的、新的启示。像"英雄之旅"这样的传统叙事结构，几乎都是通过对线性的、形式多样的叙事媒介的分析得出的，而没有考虑到互动叙事的参与性。相较之下是受Platinum Games公司2017年的动作游戏 *NieR: Automata* 的两个玩法分析的启发，并部分基于对该游戏的分析，在该游戏中，玩家两次看到同样的事件，但分别通过两个主角的眼睛。

第一遍游戏建立在一个顿悟、一个认识或回顾的时刻，从根本上重新设定了该遍游戏的事件；第二遍游戏则让玩家以这个顿悟的方式体验同样的事件，这将导致玩家对自己的行为和主角的行为所赋予的意义发生（假定）重大的转变。另一个可以说是遵循这种结构的文字类游戏是《纸恐龙之拯救约会》，该结构描述如下：

1.开局：故事世界的介绍；

2.冲突周期：主角面临挑战——身体上的（战斗或寻宝），情感上的（与其他角色的关系），心理上的（寻找故事世界背景的线索）——并克服它们；

3.高潮：冲突周期叙事目的的实现（其结果）；

4.顿悟：作为高潮的结果，一个灵光乍现的时刻，从根本上重新设定事件的背景；

5.（可选）顿悟后重启：顿悟后或隐含或明确地重新连接到冲突周期前，引入改变的观点之后，重启冲突周期，而结果必然不同于第一次的冲突周期；

6.结尾：叙事的结束。

结语

在开放空间的非虚构影像中，技术、地点和人相遇。主题、导演和观众的非虚构三角关系是核心。相比之下，开放空间非虚构影像的范式是循环的，媒体制造者成为核心设计师，观众成为持续话语的参与者。开放空间非虚构影像尝试多种多样的策略和界面。这种实践模式是人类尺度的、充满细节的、多元交互以及充满反思的。与演绎论证或宏大叙述不同，开放空间的非虚构影像的叙事策略采用多视角的马赛克结构，重新想象并改变了非虚构影像与人互动的方式。开放空间非虚构影像以全新和不可预知的方式探索技术与地点和人相遇的地形，为对话、历史和行动开辟空间，因此其叙事方法就格外重要。

研究非虚构影像的数字交互叙事，其现实意义是制定一套行之有效的决策，实现在新媒介上创造叙事体验的目标。本文描述了一系列来自西方印刷文学和影视作品主流经典之外的叙事结构。它们代表了分析和设计数字交互叙事的崭新机会。"卓越新闻传播人才培养见习营"的工作揭示了在新媒介叙事方法研究中对传统"普适"叙事结构的"迷思"，事实上，除了戏剧弧线和单一神话/英雄之旅之外，还存在许多其他的选择。这些结构其实更适合开放空间中数字交互叙事的媒介属性。特别重要的是，这些新的替代结构普遍拥有循环、迭代的特点，由此产生很多既关联又独立的叙事变化，为数字交互叙事的设计提供了特殊的机会。此外，这些结构往往又是可重构、可扩展的。在叙事设计实践中，可以混合上述不同结构，以产生更有趣、更复杂、更独特的叙事结构。

目前的论文还只是一个初步的努力，它开始探索开放空间中非虚构影像叙事的独特性，超越所谓的普适叙事模型。进一步的研究探索工作的方向将是深入研究每种模式及其变体和组合，最终目标是形成一套或数套全新的"公式"。这些新的结构代表了对叙事概念的挑战,因此也要求进一步发展理论观点。就目前而言,这些替代结构可以作为研究者和设计者在非虚构影像的叙事设计上初步实践的踏脚石。

马克思主义新闻观助推高校课程思政建设的创新模式探究

作者：张薇薇 *

  习近平总书记在十九大报告中明确提出，要"加快一流大学和一流学科建设，实现高等教育内涵式发展"，进一步指明了高等教育的前进方向，赋予了高水平大学新的历史使命。

  新文科是发展社会主义先进文化的重要载体，要把握好新时代哲学社会科学发展的新要求，推动哲学社会科学与新科技革命交叉融合，培养新时代的哲学社会科学家，创造光耀时代、光耀世界的中华文化，提升文化软实力，助推学校"双一流"建设和国家级一流本科专业的建设。

  通过中国期刊全文数据库搜索关键字"新文科"，检索核心期刊，即"SCI来源期刊""EI来源期刊""核心期刊""CSSCI"共有108条检索结果。其中，围绕"新文科"的文章35篇，"文科建设"的文章30篇；从学科分类层面，主要涉及教育学、语言学、科学与科技管理、新闻传播学、管理学等；从期刊发表的时间分布情况：2008年1篇，2018年2篇，2019年72篇，2020年25篇。可以看出，近年关于新文科建设的研究呈现上升趋势。

---

 * 张薇薇，中国社会科学院大学新闻传播学院教师，中国人民大学新闻学院新闻学博士，澳大利亚昆士兰大学文学院媒体研究联合培养博士，中国人民大学国际关系学院政治学博士后，比利时根特大学传播学博士后、教科研人员。主要研究方向：马克思主义新闻观、新闻理论、国际传播、公共外交等。

互联网的传播方式从传播主体到方式、路径均为发散式的，实现各种媒介资源、生产要素的有效整合，实现信息内容、技术应用、平台终端的共享融通，对推进高校思想政治工作的创新研究具有重要的意义。运用传播学中的传—受关系理论，无论是高校思政工作的主体高校管理者和理论教育工作者，也即传—受关系中的传者，还是开展思政工作的对象和客体高校学生，也即传—受关系中的受者，反之亦然，都有必要加强马克思主义新闻观的学习。坚持用时代要求审视新闻宣传工作，按照新闻传播规律办事，创新观念、创新内容、创新形式、创新方法、创新手段，努力使新闻宣传工作体现时代性、把握规律性、富于创造性。

一、马克思主义新闻观助推高校思政建设和课程思政的创新研究

中国社会科学院大学新闻传播学院在"十四五"期间将以科教融合为契机，聚焦"融合"，优化同新发展格局相适应的教育结构、学科专业结构、人才培养结构，积极推进学校一流大学和一流学科建设的步伐。紧紧围绕培养社会主义建设者和接班人这一根本任务，把立德树人融入教育全过程，科学设计和建设学科体系、教学体系、教材体系、管理体系，把思想道德教育（或思想政治）工作体系建设作为重要内容贯通其中。着力提高人才培养质量，转变教育发展方式。努力提高高等教育办学水平，加快"双一流"建设，提高教育教学质量，提升创新型、复合型和应用型人才培养水平。

2013年5月4日，习近平总书记《在同各界优秀青年代表座谈时的讲话》："中国梦是国家的、民族的，也是每一个中国人的。""中国梦是我们的，更是你们青年一代的。中华民族伟大复兴终将在广大青年的接力奋斗中变为现实。"大学生作为青年群体的重要组成部分，大学生思想政治工作是高校思政工作中很重要的一部分。如何在新媒体环境下创新大学生思想政

治工作的思路和方法成为当前高校思政工作建设和提升关注的焦点。

2016年2月19日,习近平总书记在党的新闻舆论工作座谈会上将党的新闻舆论工作的职责和使命用四十八个字来概括。同时,习近平总书记指出:"要承担起这个职责和使命,必须把政治方向摆在第一位,牢牢坚持党性原则,牢牢坚持马克思主义新闻观,牢牢坚持正确舆论导向,牢牢坚持正面宣传为主。"

新闻观是新闻舆论工作的灵魂。马克思主义新闻观是科学解释新闻现象,认识新闻传播规律和研究新闻学不可或缺的思想武器。学习马克思主义新闻观,有助于更好地运用辩证唯物主义和历史唯物主义的观点和方法去分析新闻现象,去回答新闻传播活动中的各种问题。加强马克思主义新闻观教育,是培养造就合格新闻人才的首要任务。

习近平总书记在全国高校思想政治工作会议上强调:"要坚持不懈传播马克思主义科学理论,抓好马克思主义理论教育,为学生一生成长奠定科学的思想基础。"高校是意识形态工作的前沿阵地,在灵魂涵养、价值滋养中,昭示着国家和民族的未来。高校思想政治工作者如何在新媒体环境下学习和运用马克思主义新闻观对于加强高校新闻宣传思想工作队伍的建设,把握正确舆论导向,提高新闻传播和舆论引导水平,具有重要意义。

重点围绕研究阐释习近平总书记一系列重要讲话中的新思想、新观点、新论断、新要求,探讨新媒体环境下研究和探讨新闻学子马克思主义新闻观教育,特别是在课程教育教学过程中加强对于推进高校思想政治工作创新思路和方法有着重要的意义,进而提出应对策略和完善思路。

高校教育工作者、思政工作者以及宣传工作者应当认真学习和积极践行马克思主义新闻观,真正站在时代的前列,满腔热情地深入实际、深入生活、深入学生,用马克思主义新闻观去认识和解决学生工作和新闻实际工作中的各种现象与问题,以实现新闻业的社会功能,完成新闻业的社会使命。高校思想政治的管理者和理论教育工作者如何在新媒体环境下学习和运用马克思主义新闻观对于加强高校新闻宣传思想工作队伍的建设,把握正确舆论导向,提高新闻传播和舆论引导水平,具有重要的理论意义和实践意义。

二、明确的人才培养目标与教育教学实践相结合

传播技术的发展和全球政治、经济、文化格局的变化给国际传播带来了前所未有的机遇和挑战,如新闻众筹的兴起、人工智能的发力、社交媒体的壮大、新闻平台的更替。数字化时代下,媒体正朝着一个全新的多元化的方向发展。媒介多元化的发展,对于未来独具国际化视野的、复合型的新闻从业人员的要求越来越高。

建设世界一流大学和一流学科的关键在于创新人才培养模式,培养具有国际化视野、通晓国际规则、能够参与国际竞争的国际化拔尖创新人才。对于高等院校而言,本科生的国际化拔尖创新人才的培养既是基础,又是核心和关键。"双一流"大学的建设和国际化发展可以依托与世界一流大学联合办学、深入国际化的办学模式等。

本科国际新闻方面专业类和选修类课程的设置是在国际交流和合作日益频繁,传媒产业飞速发展,媒体亟需能够进行国际新闻运作的专业新闻人才背景下应运而生的,为了能够培养能与国际接轨的复合型新闻传播专业双语人才。"双一流"大学建设的"着陆式"发展更要依托"双一流"专业的构建、建设、发展和建成作为突破口。

教育制度本意是培养高质量的人才,却在不知不觉中忽视了学生的创造力。发现并培养学生与生俱来的兴趣爱好,才是教育的真正目标。创造力是非常难于教导和传授的。萨尔曼·可汗在《翻转课堂的可汗学院》一书中告诉我们:只要我们给予学生充分的时间和自由,让他们以自己的好奇心为导向,沿着兴趣之路一直向前,那么,创造力就会自然而然地产生。

在课程架构的设计上既要体现其科学性、完整性和条理性，同时如何能更加有助于国内新闻学、传播学等学子的理解和吸纳，建立较为完善的学科知识架构，在讲授过程中注重将专业理论和本土化研究相结合。

一是，特色化——制订符合本校学生培养目标的人才培养计划，培养符合时代发展、具有核心竞争力的新型复合型人才。

二是，灵活性——主要指本科生培养方案中课程设置、培养方式的灵活性、多元性的提升。

三是，平衡性——注重课程体系的平衡性，体现课程体系的开放性、人文性、理论性和实践性。

三、充分理解通识教育的内涵和重要作用

教育部明确提出把思想政治教育贯穿人才培养全过程，把思想政治理论课作为落实立德树人根本任务的关键课程。媒体竞争关键是人才竞争，媒体优势核心是人才优势，拥有一支政治过硬、本领高强、求实创新、能打胜仗的新闻工作者队伍，是取胜的关键。思政教育和专业教育是两把双刃剑，可以更好地有机结合起来，打通通识教育和专业课程间的壁垒。

首先，理解通识教育的核心。

通识教育不只是开设的通识类课程的总称，更重要的是一种教育理念。通识教育所要解决的是把学生培养成什么人的问题，而专业教育解决的则是职业技能的问题。

其次，提升通识教育的比重。

通识教育可以帮助搭建一个完整全面的知识体系，帮助了解各类学科，应用学习过的知识，在遇到问题的时候可以积极主动地去思考去解决，构建自己的世界观、价值观。通识教育可以丰富知识结构，提高个人文化素养以及道德水平，从而全面提高综合素养。

最后，发挥课程思政的能效。

以媒体学院为例，有部分专业课是可以与思政课有交叉的，比如新闻学专业课中的《马克思主义新闻思想》《大众传播通论》《新闻采写》《新闻编辑》《新闻理论》的课程中都会涉及新闻从业人员的新闻伦理与道德、媒介素养、新闻专业主义等。这部分专业课程内容的讲授可以与新闻传播学院本科生的思政教育有机地结合起来，实现思政教育和专业技能的双提升，更好地发挥课程思政的能效。

四、品读经典原著助推学生探索并逐步明确其研究兴趣和方向

专业领域的经典原著是经过历史的淘涤而沉积下来的文化精髓，呈现出该专业领域在某个时期的经济、社会、政治等背景下其学科自身的发展状况。阅读新闻传播学科内、交叉学科间的学术原著和学科领域内国际核心期刊原文不仅能够培养学生养成良好的阅读学术经典和专业文献的习惯，同时也可以推动和促进学生通过阅读经典和前沿文献的方式与经典为友、与学科前沿交流和对话。

教学中，任课教师适时、适度、适当带领品读英文原文新闻报道，培养学生养成英文新闻阅读的习惯，新闻报道中不仅蕴含着深厚的异域文化精髓，同时某个时期的经济、社会、政治、科技、农业等也呈现在新闻报道中，使学生能够较为客观、系统、全面地学习和掌握传播学的理念和学术发展趋向，培养学生跨文化交流的意识和跨文化交际的能力。

实践中，通过课堂小组讨论的方式把经典新闻报道中的重要部分和细节以及其中涉及的专业核心理念进行全面辐射。从兴趣入手，使学生想读；传授方法，使学生会读；创造条件，让学生多读。

对于当前国内新闻学、传播学的学子们而言，学术发展与交流的国际化需求日益增强。阅读新闻学、传播学的经典著作可以了解新闻学、传播学在各国发展的历史、理论和应用三个方面。

学生在品读经典原著的过程中，一方面可以不断地扩大其学术视野；另一方面可以不断地探知并明确其自身的研究兴趣、喜好和水平。以经典原著激发学生的研究兴趣，同时也是激发学生阅读兴趣和提升阅读能力的重要渠道。学生的课外阅读有着很大的个体差异，但有一点是共同的，即他们的课外阅读往往是被课内阅读"引发"的。

学术原著、原文能够引发学生思索，使学生增长见识，开阔学术视野。同时，阅读经典原著、原文能够打开学生的心智，敞开通往学术道路的大门。

五、加强课上和线上的联动、课堂教学和课后实践的联动

互联网的普及和计算机技术在教育领域的应用，线上线下相结合的创新教学，使"翻转课堂式"教学模式不仅打破了传统单一的课堂教学模式，同时也使得学生学习有了更大的灵活度。学生通过互联网优质的教育资源，不再单纯地依赖授课老师去教授知识。

为学生提供灵活和有针对性的课程辅导。把教学过程中教师传授知识为中心的传统教学模式转移到以学生学习为中心的新的教学理念和教学模式轨道上来，构建以学为中心的新型课堂教学模式，推行启发式、讨论式、参与式教学。

线上通过课堂外在线自主学习和创新，实现知识传递和展现。线下通过课堂内变成互动场所，进行探究学习。而课堂和老师的角色则发生了变化。老师更多的责任是去理解学生的问题和引导学生去运用知识。

新闻传播学院的大多数课程在教学过程中积累了大量典型的教学素材和教学案例，通过课堂教学的阅读实践环节、课后阅读实践中对课堂知识体系的巩固与加强，和定期、不定期接受学生的反馈对教学内容加以调整和修正，使其更加适应本土化教学。

六、加强产学研协同创新，探索文创产业基地建设

加强产学研协同创新，优化高等教育结构，提高科研创新能力和高等学校服务经济社会发展能力。加强顶层设计和制度建设，更好地将前沿的教学、科研和社会实践项目等与学校新文科建设相结合，形成若干长期的、稳定的、深入的项目集群。

对新闻专业学子综合理论培养的同时，应特别注重实践教学，积极探索最新的教育教学理念与新闻业务实践的契合点，共同打造具有前沿性、专业性的融媒体教学平台建设。发挥专业优势，在教育教学改革和卓越新闻传播人才培养建设项目中开创了融媒体新闻传播理论与实践教学平台建设，打造独具特色的专业培养着力点。

文化创意产业基地的建设是加强大学文化建设，增强文化自觉和制度自信，形成推动社会进步、引领文明进程、各具特色的一流大学精神和大学文化的重要手段和推动力。

建设以文化创意产业为主体，紧紧围绕国家新兴战略性产业，推动全媒体文化创意产业创新优势，为本科生的培养创建实习实践平台，用学科群的发展带动产业群，用产业群的发展反哺学科群，形成大学和产业集群共同发展的良性互动机制，形成学术研究、人才培养和产业发展三位一体。

全媒体环境下文化创意产业基地依托社科院强劲发展的传媒文化产业和校企合作基地，该方向架构两个端点，一头是理论研究，一头是产业实践。社科大依托新闻传播学院等相关专业人才培养机构，适应文化创意产业发展对人才的大量需求，加强与京内外其他高校与机构合作，建成独具特色的文化创意产业领域人才培养基地。建设文化创意产业科研人员、本科生、研究生的教学实践和研究基地，形成文化创意产业产学研一体化的平台，促进大学文化与文化创意产业发展深度融合，对于建成双一流院

校、学科和专业创建品牌、搭建平台大有裨益。

七、提升国际化程度，更要重视国际化接轨

国际化的推进和提升可通过走出去（主要是出国留学或者访学）和引进来（主要是国际交流与合作在地域上在国内开展的相关活动）。传统意义上会认为只是一部分有出国需求的师生需要提升国际化交流和对话的能力，但其实暂未有出国计划的师生也需要提升国际化交流和对话的能力。伴随国际化的不断拓展与加强，国外院校、专家、学者和交换生的来访不断增加，师生在国内也会有较为频繁的国际交流和对话的机会。

在师生中间开展国际化交往和交流的通识课程很有必要。课程结合新文科建设的各专业，探索各个专业领域与国际交往和交流相关的主题形成课程的架构，整合各个学院相关的教学资源共建。全面梳理课程教学内容，以"金课"建设为标准，合理提升学业挑战度，增加课程难度，拓展课程深度，致力打造具有高阶性、创新性、挑战度的课程，提高本科核心课程教学质量。

在教学中有机结合学科内和交叉学科间的国际上主流的研究成果，探索前沿的、科学性的教学方法，推动科研反哺教学，强化科研育人功能，推动高校及时把最新科研成果转化为教学内容，激发学生专业学习兴趣。引导学生进行自主学习、探究性学习和协作学习。

在国家"双一流"建设政策发布的大背景下，高水平新闻传播人才的培养是顺应和执行国家发展战略需要的，能够进一步提高新闻传播人才培养质量；新闻传播人才的培养目标在于不断推动人才全面发展和建设的同时，更要扎根中国大地。办好新时代中国特色社会主义新闻传播学，既要培养具有国际视野和国际竞争力的人才，同时也要培养能够精通本土运作、深谙中国实践的人才。

探析"互联网+教育"、探索智能教育新形态,推动课堂教学改革和学生教育教学实践,以及更好地培养具有立足中国、放眼世界、思想过硬、业务高超、精通中外沟通的高素质复合型人才越发重要。

建设性新闻的中国实践
——以《中国青年报》"中国人的故事"为个案

作者：刘朝霞*　杨　月**

引言

随着互联网技术的广泛应用，受众被置于新闻传播的核心位置。有学者预判未来的传播格局将发生三大变化：一是大众传播时代向公共传播时代演进和跃升；二是公共传播时代的新闻生产方式不同于大众传播时代；三是公共传播时代的媒体角色不同于大众传播时代。[①]在此背景下，与积极心理学密切相关的建设性新闻以一种崭新的姿态进入新闻传播领域，受到大众欢迎。源自西方的建设性新闻概念与中国原有"正面宣传为主"的新闻语境具有良好的"亲语境性"与适配性，在中国的学界与业界均得到了积极响应，并逐步形成一个热点问题。借由建设性新闻的中国实践，进而推进建设性新闻理论的本土化，并为世界新闻学贡献中国智慧与中国经验，显得尤为重要。

---

* 刘朝霞，中国社会科学院大学新闻传播学院副教授。主要研究方向：新闻理论、新媒体与青年文化。
** 杨月，现任中国青年网融媒体中心副主任、中国青年报融媒经理人、中国青年作家报全媒体中心副主任。
① 唐绪军，殷乐．建设性新闻实践：欧美案例[M]．北京：社会科学文献出版社，2019．

一、文献综述

建设性新闻（constructive journalism）作为源自西方的一种新闻理念或新闻实践。尤其近两年来，频被列为新闻传播学研究领域的热点问题之一。①当然，作为新闻传播学研究领域的新鲜话题，国内的相关研究成果尚不算丰富，就现有的建设性新闻研究成果而言，研究主要是西方建设性新闻的学术研究成果与实践经验的介绍。

（一）西方建设性新闻的学术研究成果与实践经验的介绍

此部分研究最早发端于对西方建设性新闻的概念引介上。2015年，美国学者凯伦·麦金泰尔和丹麦学者凯瑟琳·吉尔登斯特德正式提出"建设性新闻"的概念，认为"建设性新闻将积极心理学技术应用到新闻工作中，以努力创造更吸引人、更有成效的故事，从而改善个人和社会的福祉"，包括和平新闻、方案新闻、修复新闻、公民新闻等具体方式。积极的情绪和解决方案是实现这一目标的核心，这与建设性新闻报道改善个人和社会福祉的总体目标相一致。②

国内引用最高的关于建设性新闻的界定来自弗吉尼亚联邦大学助理教授凯伦·麦金泰尔（Karen McIntyre），她认为：建设性新闻是坚持新闻核心功能的同时，将积极心理学等科学技巧运用到新闻中。她将建设性新闻分为解决方案新闻、恢复性新闻、预期新闻以及和平新闻，另外还有与之

---

① 陈力丹、孙墨闻的《2019年中国新闻传播学研究的十个新鲜话题》，张晓锋、周海娟的《2019年新闻传播学研究十大热点》《2020年新闻传播学研究十大热点》中均将"建设性新闻"列为中国新闻传播学研究的热点问题。

② KAREN ELIZABETH MCINTYRE.Constructive Journalism: The Effects of Positive Emotions and Solution Information in News Stories［D］. A dissertation submitted to the faculty of the University of North Carolina at Chapel Hill in partial fulfillment of the requirements for the degree of Doctor of Philosophy in Mass Communication in the School of Journalism and Mass Communication，2015.

密切相关的积极新闻。①

学者们围绕建设性新闻的内涵边界、理论演进和全球实践进行了探索，并从新闻理念、报道样式、新闻实践等多维度展开研究。建设性新闻似乎更契合中国文化语境与制度规约，因而易于获得主导文化的认同。

在建设性新闻研究方面，国内研究几乎与西方社会保持同步。西方最早研究集中在恢复性叙事、和平新闻与积极新闻，直到2015年，凯伦·麦金泰尔的博士学位论文《建设性新闻：积极情绪与解困信息在新闻报道中的效果》正式提出"建设性新闻"的概念。在这一点上，国内研究甚至稍微领先了一步：张艳秋教授于2014年即以"建设性新闻"为主题在"中国与非洲：传媒，传播与公共外交"国际学术会议上发表论文。②

此后国内学者对建设性新闻的研究主要聚焦在三个方面：一是辨析建设性新闻的概念。不同的研究者对建设性新闻有着不同的认知和理解，有学者强调，积极和参与是建设性新闻的两个重点③；有学者认为，"建设性新闻最主要的特点在于它具有面向未来的视野，以及开掘可能的解决路径"④；还有学者提出，建设性新闻的旨趣是追求人类社会"公共善"⑤。二是分析建设性新闻与西方新闻业运动和类别新闻的异同。有学者比较了建设性新闻与公共新闻、公民新闻三者之间的区别，指出"建设性新闻是西方新闻界的新一轮新闻改革实验"⑥，与美国早期方案新闻相似；有学者认

---

① 晏青，麦金泰尔.建设性新闻：一种正在崛起的新闻形式——对凯伦·麦金泰尔的学术访谈[J].编辑之友，2017（8）：5-8.
② 徐敬宏，郭婧玉，游鑫洋，等.建设性新闻：概念界定、主要特征与价值启示[J].国际新闻界，2019，41（8）：135-153.
③ 唐绪军.什么是"建设性新闻"？[EB/OL].（2020-01-20）[2020-01-31］. http://www.comrc.com.cn/news/1238.html.
④ 史安斌，王沛楠.建设性新闻：历史溯源、理念演进与全球实践[J].新闻记者，2019（9）：32-39+82.
⑤ 陈薇.建设性新闻的"至善"与"公共善"[J].南京社会科学，2019（10）：120-126+135.
⑥ 蔡雯，郭浩田.以反传统的实践追求新闻业的传统价值：试析西方新闻界从"公共新闻"到"建设性新闻"的改革运动[J].湖南师范大学社会科学学报，2019，48（5）：124-130.

为建设性新闻像一种"伞式"理论，本质是对新闻消极传统的批判[①]；还有学者认为，方案新闻为建设性新闻提供了报道方法[②]。三是探索建设性新闻在实践领域的价值。有学者关注西方媒体对建设性新闻的应用，如《纽约时报》"fixes"栏目等[③]；有学者聚焦中国建设性新闻的实践与启示，认为CGTN对非洲的报道体现了正视困难、关注国际合作的建设性新闻路径，是一种不同于西方冲突新闻的导向[④]。

（二）本土化学术研究与实践

建设性新闻引入中国，基本与西方学术界保持了同步。这种"处于同一起跑线"的开端，加之建设性新闻与中国原有新闻语境具有良好的"亲语境性"与适配性，因此，一经引入，建设性新闻的学术研究与实践得到了迅速发展。同时，国内学者的研究表现出一定的创新与推进性。

创新来自两个方面：一是对建设性新闻的学理问题探讨的推进。二是对建设性新闻实践经验的丰富与拓展。首先，相较于西方学界更多将建设性新闻作为一种相对独立的新闻产品类型或样式而言，国内业界则更偏向于将其作为一种新闻理念来吸取，主张这种理念应该渗透于新闻生产和传播全过程，而不仅仅作为新闻产品类型或样式。中国青年报社编委、全媒体协调中心主任吴湘韩认为，建设性作为一种新闻理念与马克思主义新闻

---

① 金苗.建设性新闻：一个"伞式"理论的建设行动、哲学和价值[J].南京社会科学，2019（10）：110-119.

② 金苗.建设性新闻：一个"伞式"理论的建设行动、哲学和价值[J].南京社会科学，2019（10）：110-119；徐敬宏，郭婧玉，游鑫洋，等.建设性新闻：概念界定、主要特征与价值启示[J].国际新闻界，2019，41（8）：135-153.

③ 李鲤，罗欢.建设性新闻：话语、实践与认知争议[J].当代传播，2019（6）：75-78.

④ 史安斌，王沛楠.建设性新闻：历史溯源、理念演进与全球实践[J].新闻记者，2019（9）：32-39+82.

观所强调的建设性有异曲同工之妙，是党媒必须遵循的新闻理念。[①]将概念从新闻类型扩展至新闻理念后，实现了与中国媒体所坚持的马克思主义新闻观、正面报道为主的核心宣传理念的无缝链接，从而更好地协助实现建设性新闻的本土化落地。其次，一些媒体，包括凤凰网、中国青年报等在内的对建设性新闻的实践探索也在不断丰富建设性新闻的内涵与经验。比如，凤凰网自2015年开始进行《暖新闻》的探索，其中大部分可以归入建设性新闻的范畴，2019年以来更多类似《美丽童行》《正面Face》《地球青年图鉴》等栏目的成功运营，为凤凰网在建设性新闻实践方面的探索积累了更多具有创新性的经验，同时也拓展了建设性新闻的内涵。凤凰网着重在三个层面开拓建设性新闻的内涵：积极新闻（positive journalism）尝试积极地挖掘暖新闻背后的建设性力量；对策新闻（solution Journalism）则从积极寻求问题的严肃应对方案入手凸显建设性；恢复性叙事（restorative Narrative）基于积极心理学的理念，在报道中唤醒积极情绪，让人们感到更积极，充满能量。[②]

在建设性新闻理论的本土化过程中，建设性新闻视域下的传播研究成为一个突出的亮点。很多学者在建设性新闻的语境下审视环境传播、健康传播、国际传播等领域的话语转向、传播策略及话语体系。漆亚林等敏锐地捕捉到建设性新闻的开放性与包容性为新闻传播理论与实践转向带来的想象空间，探索将建设性新闻引入中国的环境传播，为其更好地发挥社会整合功能的话语重构提供一个重要的发展方向和阐释视角。[③]陈薇等学者在健康传播面临去中心化传播中的窘境与困局背景下，同样探索将建设性新闻这种具知识视野与方案思维的新闻范式引入健康传播，从而优化健康

---

① 吴湘韩.建设性是党媒必须遵循的新闻理念：中国青年报的探索实践［J］.新闻与传播研究，2019，26（S1）：81-86.

② 邹明.从暖新闻到善传播：凤凰网的建设性新闻实践［J］.新闻与传播研究，2019，26（S1）：76-80.

③ 漆亚林，刘静静，陈淑敏.建设性新闻视域下环境传播的话语转向［J］.中州学刊，2021（7）：158-165.

传播策略:通过知识建构者、动力激发者和行动促进者三重身份,勾连成具有建设性力量的知识链条,以情理逻辑呈现多元知识、以辩证平衡架构完整叙事、以积极介入寻求共谋共建。①

还有学者提出将国际传播实践置于建设性新闻视角下,有助于我国塑造负责任大国的形象。可以将建设性新闻报道中以人民为中心的叙事策略运用到对外话语传播中,这将有助于我国在国际舆论场中创新外宣方式,打造融通中外的新概念、新范畴、新表述,讲好中国故事,传播好中国声音。②

(三)国内研究综述

国内学者们的研究,试图建构一种统一的新闻理念和框架,将其与中国当前的新闻观念有机结合,探索和建构具有中国特色的建设性新闻理论与实践路径,这一点值得充分肯定。

中国语境下的建设性新闻,在目标层面上着力于重新联结公众、服务人民利益;在社会层面上,中国建设性新闻的落脚点不仅包括公民与社会,还包括坚持党和政府的领导;在实践方法上,中国建设性新闻的目标设立更贴合本国实际,将公开、公正、全面、客观,尤其是不回避矛盾和问题作为要旨。③

建设性新闻理论与实践要从中国传统的正能量传播思想中寻找理论支撑,也要从当代新闻以正面报道为主的实践中探寻本土化的路径,以发挥"媒体积极自由"和"记者主动角色"的功能。建设性新闻高举新闻专业主义的旗帜,以积极心理学为基础,呈现对未来新闻记者职业能力的期

---

① 陈薇,施瑞鑫.知识视野与方案思维:建设性新闻理念下健康传播策略探索[J].中州学刊,2021(7):166-172.
② 吕佳,许向东.建设性新闻视角下的我国国际话语体系建构[J].编辑之友,2021(7):64-68.
③ 蔡雯,凌昱."建设性新闻"的主要实践特征及社会影响[J].新闻与写作,2020(2):5-12.

盼、对未来媒体对公众和社会发挥积极影响力的希冀和对未来多元参与主体和多元解决主体的呼唤，是新闻界自我反思、自我革新的重要进步和良性发展，不仅能纠正西方媒体新闻报道中的传统偏向，而且能给我国新闻业新一轮全方位的改革注入建设性的正能量。

作为具有统领性、包容性并仍在发展中的新闻报道类型，建设性新闻显然还存在着边界模糊、领域广阔、理论阐释性不强等问题。正因如此，建设性新闻的研究领域具有丰富的想象空间，需要在学理与实践层面的探索、落地与在地化，让建设性新闻真正"长进中国的泥土地"里。

二、《中国青年报》#中国人的故事#融媒体产品建设性新闻实践探索

《中国青年报》作为团中央机关报，是一家以"服务青年成长、推动社会进步"为己任的新型青年主流媒体。建设性新闻的理念，实际上始终在新闻采编、分发传播中一以贯之，并且融会创新，开展了卓有成效的探索和践行。特别是#中国人的故事#融媒体产品的综合运营，成功探索出一条建设性新闻的打造路径。

建设性新闻的建设性、积极并提供解决方案为核心的理念，对于主流媒体积极主动地引领甚至决定社会舆论走向具有积极的促进作用，尤其在重大事件的宣传节点上，更是如此。因此，建设性新闻的解决方案，类似中医治病理论中的"治未病"理念，不是等到重大疾病已经出现再去治疗，那时将会难上更难，甚至回天无力。同样，在舆论场中，建设性新闻可以通过营造正能量场，防患于未然，防止重大负面舆情的出现，主动出击，提升机体自身"免疫力"。在问题出现以后，更能从解决方案视角出发，帮助更好地处理问题，从而化解负面舆情。《中国青年报》在2021年结合七一勋章颁授仪式、庆祝中国共产党成立100周年大会等核心活动和

重大议题上，主动策划，向青年群体讲述平凡党员奉献和坚守的故事，致敬为党和人民做出杰出贡献的共产党员，集纳人物故事及网友评论，策划制作《中国人的故事|致敬！天安门城楼上的平凡英雄、中国脊梁感动网友》《中国人的故事|榜样家书：家国同梦，父母的红色遗愿》；传递青年声音，讲述青年在建党百年之际的成长感受与思想升华，策划制作街采视频《中国人的故事|街采忆初心：党的盛典，我的成长》；回顾建党百年文艺演出《伟大征程》中的精彩瞬间，挖掘背后"七一勋章"等人物的动人故事，集纳网友评论，发布微博《中国人的故事|山河无恙，吾辈自强》。在2021年国庆期间，#中国人的故事#快手微话题联动#家乡的味道#等话题，聚焦国庆节等热点，发起"家乡的味道"视频征集活动，吸引欢庆哥、珍二嫂等快手头部主播，以及高校学生广泛参与，截至目前，已征集作品9.2万个，播放量达12亿。#中国人的故事#快手微话题阅读量增长1126万，总阅读量6900.8万。#中国人的故事#微博微话题共发布微博39条，微博话题阅读量增长900万，目前累计21.5亿。#中国人的故事#抖音微话题阅读量增长1000万，总阅读量2亿。

重大节点之外，《中国青年报》对精品原创进行再策划，打造爆款精品。#沿着高速看中国·中国人的故事#系列直播活动邀请李佳琦等11位青年正能量主播及人气偶像主播，收获超1亿次曝光量，累计下单人数8278人次，累计销售额254万，助力沿线企业尤其是残障人士的企业创收。在快手平台收获2.3亿阅读量。2020年该项目作品手绘长图《中国人的故事|不怕难，我是中国青年》阅读量1935万，带动#中国人的故事#子话题#哪一刻你感到中国在变强#阅读量超过6.5亿。

"中国人的故事"是由中央网信办和共青团中央指导、中国青年网主办的网络文化精品工程，2014年中国青年网开始着手打造，至今已走过7年历程。在此过程中，逐渐形成了独具特色的"汇聚正能量"的建设性新闻的阵地。

（一）新视角、新话语、新风格创新阐释"中国梦"，内容汇聚正能量

用新视角发掘典型人物故事，弘扬中国精神；用新话语吸引青年关注，化解成长烦恼；用新风格丰富形式手段，运用微信图文、短视频、漫画长图等方式，适用移动端传播，运用互联网思维，给重大议题和主流价值插上故事的翅膀，将"中国梦"概念具体化、故事化、情节化，凝聚人心。

（二）专业主导、高校产学研一体化、平台联动"破圈"，生产正能量

专业主导、高校产学研一体化、平台联动策划的UGC模式。结合"中国人的故事"定位、平台传播规律和高校课程设置，共同进行业务探索"破圈"，媒体专业记者主导策划、以高校共建融媒工作坊为主体生产内容，并形成传播、互动、产学研一体的传播闭环。

（三）增强互动性、强化温度与力量、动态引导，传播正能量

打造"中国人的故事"综合运营平台，实现UGC内容生产，做网上正能量的放大器和集散地。增强互动性，培根铸魂，让作品的温度和力量在互动传播中倍增，引领网生代价值观、人生观、世界观。正能量融媒体产品的营养在"脚板底下的泥土"里，效果在多平台互动的"爆款"里，这是一个动态的过程。#中国人的故事#在微博、抖音、快手、知乎、今日头条微头条等端口均设置了微话题，挖掘新闻人物故事背后的温暖和力量，注重动态引导，为青年读者既讲好人物故事的"情"，更讲好故事背后新中国发展的"理"，并在多平台发酵中愈加强化这种温度和力量。让青年打造的产品引领青年，让读者们动态消化、理解、内化为前进的动力，为

重大主题宣传做"进行时"的探索。

（四）瞄准目标受众、创新多样形式、推动宣传效果，吸纳正能量

增强创意性，打造让年轻人"一见钟情"的融媒体作品。#中国人的故事#广泛将"90后""00后"等网民群体纳入目标受众范围，除了传统呈现形式，还多用有趣形式的Vlog短视频、抠像短视频、快闪短视频等，拉近与青年受众的距离，推动宣传效果的最大化和最优化。

（五）多平台客户端、小故事撬动大传播，服务正能量

为不断满足青年网民互动化、个性化、精准化需求，以入驻微博、快手、抖音、今日头条微头条、知乎等商业平台的账号为阵地，以温暖向上的正能量人物故事为特色，加大优质网络内容供给，以图文、H5、短视频、手绘长图、海报、沙画、微动漫等形式呈现，创新表达方式，小故事撬动大传播，做网上正能量的加温器放大器。

三、建设性新闻的中国实践与反思

建设性新闻的概念虽然看似来源于西方的"舶来品"，但透过《中国青年报》乃至其他主流媒体的实践，会发现建设性新闻的内涵已然包含在媒体实践的理念中。正如金苗所言，建设性新闻有着跨越东西的全球性价值，"将新闻冠以'建设性'，在中国并非完全陌生，曾出现在两个颇具时段特征的学术讨论中，与西方概念存在明显差异，也有关联之处：一是起于20世纪90年代初的新闻批评与舆论监督的建设性，二是在新千年之初学界关于新闻价值与专业主义的建设性提法"[①]。如果跳出当代西方理论

---

① 金苗.建设性新闻：一个"伞式"理论的建设行动、哲学和价值[J].南京社会科学，2019（10）：110-119.

界定义的框架,将眼光更长远放至中国特色社会主义新闻事业建设的历史进程中来看,可以看到建设性新闻更为宏大、丰富的历史与现实图画。首先,马克思主义新闻思想无疑具有鲜明的实践性,从而也体现了非同寻常的建设性。其次,在中国的近现代新闻历史上,又有数不胜数的具有建设意义的新闻实践:晚清到民国时期的一大批报人"办报求通""文人论政",无不体现着中国文化中一以贯之的奋发有为、兼济天下的进取精神。五四新文化运动及其开辟的政治自觉与文化自觉及其政治实践与文化实践,特别是中国革命与中国共产党及其新闻理论与实践,更是极大地推进了打破旧世界、建设新世界的历史运动与新闻运动。新中国成立70年以来,特别是在全世界爱好和平、追求正义、向往光明的进步人士中拥有无可置疑的正当性与话语权的当下,新闻为人民服务、为全世界人民服务的思想与实践更是深入人心——"我们的朋友遍天下"。由此,中国历史文化视域下的建设性新闻拥有更为宽广的历史视野就不难理解,当前我们关注的建设性新闻其实在世界历史上、在中国历史上早已有之,并且相较流行定义,有着更为厚重的价值和长久的生命力。

在丰富的中国革命与新闻实践过程中,形成了中国新闻事业的核心思想——马克思主义新闻观,其中"党性"与"人民性"是两条根本性原则。在构建中国建设性新闻框架时,需要将马克思主义新闻观的党性、人民性原则与新闻的建设性相连接,发扬光大中国历史和现实中的宝贵精神资源、新闻经验,唯有在中国富有生机的历史土壤上,建设性新闻之树才能枝繁叶茂。

党媒姓党,党的媒体必须始终坚持党性。党性原则是马克思主义新闻观的核心,也是我国新闻舆论工作开展的基本原则。西方建设性新闻概念的提出主要围绕着"维系社会民主""重拾媒体的社会责任"以及"推动公共领域发展"等目的展开。可见,西方建设性新闻概念的提出并非颠覆,而是补充与调适,仍然服务于资本主义的意识形态与社会制度。然而,资本主义国家的民主与我国的人民民主的内涵显然并不相同。西方的媒体社会责任论和我国新闻媒体所坚持的社会效益与经济效益相统一也不能画等号。哈贝马斯的公共领域设想在我国也不见得有充分的生长土壤。如果宣扬完全脱离中国语境的"建设性新闻"的概念，则有陷入西方式自由主义、精英主义话语为根基的新闻专业主义复辟的危险。因此，就党性与建设性的关系而言，党性始终是第一位，是不可动摇的指导性原则。任何增强新闻报道建设性的策略都须在符合党性原则的基础上展开，否则极易重蹈历史的覆辙，再次落入西方意识形态的陷阱之中。

坚持以人民为中心始终是我国新闻业的工作导向。党的新闻舆论宣传工作的动力之源，就是无处不在、充分体现、以为标准的人民性，而人民性原则直接奠定了我国新闻业"公共服务媒体"的社会身份。因此，无论建设性新闻出现与否，我国新闻业都是以为人民服务为己任的。"人民，只有人民才是创造世界历史的动力。"如果新闻脱离了人民，那么也就切断了所谓"建设性"的主体和对象，自然就难以成为建设性新闻。建设性新闻应当肩负着反映最广大的劳动人民的现实生活和追求的使命，它的表达方式也是真诚、朴实和自然的。人民的新闻，与假话、空话、套话、陈词滥调、夸大其词等天然绝缘。因此，建设性新闻同样需要在"人民性"的统领下进行。

在马克思主义新闻观中，党性原则与人民性原则是高度统一的。这一问题可从两个方面来理解。一方面，从中国的社会主义建设实践来看，中国共产党领导的中国道路让中国人民经历了从站起来、富起来再到强起来的伟大飞跃，真正为人民谋得了幸福，这证明了党的利益和人民的利益是高度一致的。另一方面，我国的新闻事业是我党工作的重要部分，是我党为人民服务的重要途径之一。增强新闻的建设性必须正确理解我国新闻事业党性与人民性的关系与地位。将建设性理念纳入马克思主义新闻观中，并在"中国的泥土"之中汲取营养，立足中国实践，扎根马克思主义新闻观，建构中国建设性新闻自洽的概念、范畴、理论与实践，方能令建设性新闻真正具有生命力，同时也为世界新闻理论贡献"中国经验"与"中国智慧"。

融媒体实验平台在全媒体实践教学中的应用机制与功能

作者：张　威*

一、背景

党的十八大以来，以习近平同志为核心的党中央高度重视新闻舆论工作，把推动传统媒体与新兴媒体融合发展作为重大任务进行部署。2020年9月，中共中央办公厅、国务院办公厅印发了《关于加快推进媒体深度融合发展的意见》，从重要意义、目标任务、工作原则三个方面明确了媒体深度融合发展的总体要求。《意见》提出要大力培养全媒体人才，实行更加积极、开放、有效的人才引进政策，提高主流媒体人才吸引力和竞争力。要优化人才队伍结构，把更多熟悉新媒体的中青年优秀人才充实到关键岗位，充分释放人才活力。由此可见，全媒体人才培养是推进媒体深度融合发展的关键举措和有效抓手。

全媒体传播需要全媒体人才，要把全媒体人才培养摆在突出位置，采取切实有力举措，加快打造一支数量充足、素质过硬的全媒化集团军。一方面，相关媒体要着力推动现有人员融合转型。另一方面，高校要着力抓好后备人才储备培养。现在，国内高校新闻传播院系基本都开设了新媒体课程，但与融合发展实践结合还不够紧密。新闻传播院系要用好部校共建新闻传播学院、卓越新闻传播人才教育培养计划、高校人才培养基地等平

---

* 张威，中国社会科学院大学新闻传播学院教师。主要研究方向：融媒体传播。

台，相关专业设置、课程安排、教材编写等各个环节，都要适应媒体深度融合的需要，为新闻战线源源不断地培养输送全媒体人才。

高校新闻传播院系不仅要培养具备基本新闻传播理论及媒体业务技能的学生，更要培养符合新时代要求的应用型、复合型新闻传播人才，这对新闻传播课程的建设和专业培养计划提出了更高的要求。目前，高校新闻传播类课程体系还是以理论为主，辅以基本的内容制作类实验课程，导致学生对融合媒体实际的工作流程和发展不够熟悉。除了课程体系建设不够完善，多数学校实验室相对陈旧，实践手段也大都是基本的编辑制作技能型训练，且大多不能上网、上云，无法有效融入移动互联网的时代背景，导致教学内容与融合媒体时代发展脱节，无法有效培养符合新时代的全媒体人才。同时，多数学校没有完善的共育机制，专业教师缺乏对口单位的教研探讨，学生缺乏实践基地，导致理论与实践无法有效融合，无法有效提升老师的教学效果和培养学生的专业技能。

在媒体融合时代，新闻传播院系的专业教学必须顺应视听媒体的革新与转型，需要在专业课程体系中开展和推进全媒体实践教学。如果仍沿用基于单一媒体业务技能训练的传统实验手段，学生将难以适应融合媒体工作环境的要求，专业教学的前瞻性也将无从谈起。解决这些问题的一个有效途径就是依托移动互联网、云计算、大数据、人工智能等高新技术，建设融媒体实验教学平台，打破平台、管道、终端等各种因素的限制，构建开放式的全媒体实验教学系统，获取与当前和未来发展趋势相匹配的教学和实验方式，通过自主学习、产学合作、实践验证和对比运作，实现传媒教育的产学研用融合发展。

融媒体实验平台以培养全媒体化、复合型、专家型新闻传播后备人才为主要目标，是培养全媒体人才的必要途径和有效机制。融媒体实验平台以移动互联网、云计算、大数据等先进信息技术为支撑，以专业、主流、领先的融媒体教学实践系统为载体，通过观念重塑、流程再造、平台建构，实现教学内容、技术应用、平台终端和实践手段共融互通，为全行业

培养卓越新闻传播人才,以推进各行业媒体融合向纵深发展。

二、融媒体实验平台的应用机制

融媒体实验平台构建了一套贯穿融合媒体业务全流程的完整的实践教学生态链,完全实现了从媒体内容汇聚、存储、管理、制作、分发到发布的生态链结构,可以为学校师生提供融合媒体实验教学与实践锻炼的平台,可以在此环境下进行各类媒体的新闻制作、文案编写、直播活动与传播数据分析等。

融媒体实验平台可以提供真实的融媒体中心的工作流程、环境以及多种融媒体生产工具,能够为新闻传播院系的师生提供多种教学实践内容。通过融媒体实验平台,老师可以在平台上发布实践作业,由学生接受作业任务,进行媒体制作实践。学生完成实践作业后提交老师审核,由老师对作业进行审核评分以及发布。平台可对学生作业和评分情况进行统计排名,为老师输出成绩提供数据依据。在学生进行实践作业的过程中,老师可对学生作业的状态进行实时查看,以便更好地掌握教学过程。

融媒体实验平台从融媒体理论、业务场景、业务模式、操作实践等横向知识面出发,服务于打造基础型、拓展型、研究型向纵深拓展的课程体系,能够帮助新闻传播院系建设融媒体实践课程、新媒体运营课程、融媒体报道指挥课程、大数据传播分析课程等新闻传播类专业课程。融媒体实验平台提供了多种实验教学机制,可以为新闻传播类专业日常的实验教学活动提供技术支撑,从传统媒体的新闻节目采制到新媒体的稿件编写与多渠道发布,再到新闻热点线索采集和传播影响力分析等,都能在实验教学活动中有效地利用各种实验机制和工具进行支撑。

因此,在全媒体实践教学中,融媒体实验平台可以完整复现融媒体中心的工作区划和业务流程,能够应用多种实验教学机制及其技术工具来实现各类媒体的实验教学与业务实践。这些实验教学机制包括选题策划实教学、新闻采集实验教学、内容生产实验教学、审核发布实验教学、融媒体报道指挥实验教学与传播大数据分析实验教学。

（一）选题策划实验教学

选题策划实验教学是为学生提供新闻策划实践的实验机制。通过这种机制，学生可以了解新闻活动策划的要点，熟悉新闻线索到策划题目的转化，开展创新创意策划活动。

选题策划实验提供了选题策划工具，并将选题信息在大屏上进行呈现，同时也支持新建选题，也可将来自互联网或手动报料的线索直接变为选题，对选题后续生产发布环节的情况进行跟踪，可查询融合媒体平台中与选题相关的信息，并在大屏上呈现。老师可将选题实践作业下发到学生的手机App，学生通过手机App可及时接收到实践作业任务，并可通过App随时反馈实践任务的执行状态。选题可以通过后台灵活配置审核策略，可以配置为专业融媒体机构的多级审核，也可根据教学需要配置为一级审核或不审核。

（二）新闻采集实验教学

新闻采集实验教学是为学生提供新闻素材采集实践的实验机制。通过这种机制，学生可以了解新闻采访流程和素材汇聚，提升学生的素材采写能力和管理能力。此机制支持采集汇聚来自各类采编设备、移动端、客户端、信号收录系统及互联网等的文字、图片、音频、视频等多种类型的素材内容。该机制通过技术系统可提供远程回传、学生外采、信号收录、大数据平台等不同工具，实现多种素材采集方式的融汇集中，同时提供汇聚内容统一管理模块，具备分权限查看、自定义检索、多种格式选择下载等丰富功能。

其中远程回传工具主要用于学生在采访现场、新闻前场能快速地将新闻资料、素材快速回传至融媒体实验平台，以满足新闻发布的时效性。远程回传打破了传统的FTP等回传方式中回传文件需再解压、转码的技术弊端，避免了文件不可用等一系列的问题。它适用于大文件格式的回传，支持断点续传功能，可避免因网络影响等原因造成的回传失败、反复回传的问题。它实现素材回传的同时，也支持回传素材自动编入融媒体统一内容库，可供各用户便捷使用。

学生外采工具另有应用。当学生在外场进行新闻采访实践时，外采工具能够将在外场采集到的高质量的重要新闻素材通过手机App快速回传至融媒体实验平台的内容库。

大数据平台工具则可通过自有采集器加上合作数据商提供的大量采集器并行，以单位时间在互联网上采集到大量信息数据，还可通过扩充服务器的模式，无限扩展系统采集响应速度，以帮助学生了解互联网实时热点，通过热点创作紧跟时代发展的新闻稿件。

（三）内容生产实验教学

内容生产实验教学是为学生提供各种传统媒体和新媒体的生产工具的实验机制，其中的生产工具包括文稿编辑、图文编辑、音频编辑和视频编辑工具。通过这些工具，学生可以熟悉不同媒体的新闻稿件编辑方法，提升图文编辑能力与视音频制作能力。

内容生产实验教学机制具备协同生产工具集，可包括互联网手机、PC端等第二屏、第三屏的素材的汇聚和节目的生产。其中的汇聚工具可将多种渠道的素材汇聚进入融媒体内容管理平台，以便学生共享和使用。该工具支持文档、图片、音频、视频等全媒体数字资料的存储管理、检索及再利用，包括资源入库、编目加工、资源管理、资源检索、资源展现、资源出库、分级存储等。汇聚工具具备对媒体内容的统一管理能力，可实现融媒体内容的"一次采集、多种生成、多元传播"的工作机制。

新媒体稿件工具则为学生提供了对微信公众号、新浪微博、App等主流的发布渠道的矩阵式内容分发功能，还具备对发布内容的管理、编辑功能，并提供丰富的工具、素材库和样式库支撑，提供选题任务相关的管理，更加便于文稿的管理、编辑和任务追溯。

同时，视频编辑工具可为学生提供电脑客户端形式的高清非线性编辑软件，实现视频节目的快速精准制作，制作流程可涵盖粗编和精编阶段中的各种工作环节和要素。该工具支持常用的高清格式，也能支持标清码率编辑、低码率编辑及各种高标清格式混编，为视频编辑提供多种特技效果，提供字幕编辑功能，同时支持进行本地脱网模式编辑，工程文件支持备份和恢复机制。

因应当下的移动优先时代，内容生产实验教学机制还应具备外延移动端生产工具，方便学生在课后接收和完成新闻实践作业，在手机、平板电脑等移动终端上实现新闻素材的回传、图文编辑、视音频编辑及全套的审核流程，实现移动端的"一站式"生产。

移动端生产场景主要由移动终端上的内容生产App来承担。生产App与融媒体实验平台系统在设置上统一用户和数据。内容生产App能够支撑移动端的新闻素材汇聚、报题、生产等业务流程，可通过移动网络回传突发新闻，将移动终端拍摄和编辑的媒体文件回传至融媒体汇聚平台，是应急报道的重要辅助手段。

内容生产App中的移动写稿功能可以满足学生随时随地记录自己的灵感，支持文稿与PC端数据同步，支持文稿的编辑、送审、审核等流程操作。

内容生产App中的移动视频编辑功能则可调用本机视频素材，也可现场拍摄素材，支持视频素材剪辑，支持文字、新闻字幕、花字、贴图、背景音乐、滤镜、转场模板等效果模板，支持声音大小调节，支持视频剪切分段、调整顺序、删除等，支持视频片段合成等，从而便于学生在新闻现场即拍即编，并将素材和成片传回融媒体实验平台进行存储和后续处理。

内容生产App中的本地新闻线索模板与融媒体平台内容库的新闻线索

数据同步，手机等移动端按时间顺序展示新闻线索，本地新闻线索可直接收藏、指派任务和生成文稿，方便老师和学生随时随地掌握更多的新闻线索。

同时，内容生产App的消息中心可以接收所有与实践业务相关的任务消息和通知提示，也可单点通话，可以连接指挥报道实践区，进行外场采访实践的学生可以与老师进行语音、视频通话。对于新闻专题报道的教学实践，内容生产App还可以新建组群，形成相关特别报道小组，以便参与的师生进行及时沟通。

（四）审核发布实验教学

审核发布实验教学是为学生提供稿件审核和多渠道发布实践的实验机制。该实验教学可让学生熟悉融媒体审核机制、流程以及业界主流的发布渠道。融媒体实验平台可自定义审核流程，以保障在各种发布渠道对发布前、后的媒体内容进行审核，确保对外呈现内容的合法性、正确性、合理性。

在此实验教学中，多媒体稿件工具支持对接微信公众号群发接口及新浪微博的发布接口。对于微信公众号，该工具支持同一稿件多个微信公众号群发，支持微信稿单条审核，也支持手机预览审核微信稿。针对新浪微博，该工具支持绑定多个新浪微博号发布，支持图文消息发布，同时支持微博稿单条发布。

同时，融媒体实验平台提供多渠道内容分发功能，依据各种渠道、不同媒体的特点发布有差异性的内容，其渠道包括头条号、网易、新浪、哔哩哔哩、抖音、快手等平台。融媒体平台的发布系统面向不同组织架构，适配台网互动业务，提供快速发布与编辑后发布的不同方式，既可直接挑选融媒体平台内容进行发布，也可对内容进行简编后发布。

对于待分发内容，融媒体实验平台可根据审核策略增加审核环节，以保证分发出去的内容安全无误。同时，平台支持审核时浏览待发布资源的详细信息及附件内容，也支持分发权限的控制，不同人员只可分发到有权限的平台。

（五）融媒体报道指挥实验教学

融媒体报道指挥实验教学是为师生提供真实报道指挥环境的实验机制。其中，融媒体平台的老师可以方便地查看学生在外场采访实践的实时情况和实践教学状况，并可以根据实时情况进行调度指挥。在外场的学生也可与老师进行视音频连线通话并接受指导，在实验教学中逐渐熟悉融媒体行业的报道指挥流程与场景。

在此实验教学中，融媒体平台的线索汇聚工具可对互联网的多种渠道进行舆情监控，实时更新，提供各类最新热点内容及重大新闻，以帮助学生了解实时热点和进行选题策划。线索汇聚工具支持汇聚网站、微博、微信、论坛、博客、贴吧、新闻客户端、电子报刊等各渠道信息，具备智能去重、分类聚集、情感值分析等功能，能减少重复数据、错误数据，提高信息有效率。该工具支持按地域、来源、类型、时间、情感值等多种方式检索，快速查询，并具有线索订阅功能，可按渠道、地域、关键词等多种方式订阅，可生成重点监测的线索列表，相关信息更精准。

同时，融媒体平台的报道指挥大屏幕支持多种业务数据信息的可视化呈现，包括互联网汇聚数据、报题或选题数据、生产或发布的内容数据、新闻生产流程状态数据、指挥调度信息、新闻传播影响力效果等，支持实时采集信号的可视化呈现，也可根据不同的场景设置不同的呈现布局或效果。

（六）传播大数据分析实验教学

传播大数据分析实验教学是为师生提供互联网新闻和舆情数据的实验机制。它能够帮助学生进行数据化新闻制作，了解新闻传播的过程和原理，提升学生对新闻传播的数据分析能力。同时，老师也可据此获取学生新闻作业的传播影响力分析，为教学实践评分提供参考。

融媒体实验平台可利用自建大数据平台完成对媒体数据的采集、读取、分析、加载和呈现的处理流程。平台通过自建的采集器加上合作数据商提供的大量采集器，可全方位对各大小门户网站、微信、微博、客户端、电子报等媒体进行数据采集，同时运用大数据分布式框架，对采集的数据进行去重、分类、聚集、管理等处理，最终展示多维度实时的新闻和舆情信息。同时，舆情管理平台与融媒体工作平台打通了数据，可实现数据一体化、平台一体化、用户一体化、业务流程一体化，舆情管理平台里面的相关数据可以直接指派到融媒体工作平台，从而帮助学生进行社会新闻调查与新闻传播分析等教学实践。

具体而言，融媒体平台通过相关技术工具，可针对来自互联网、微博、微信、客户端及热线电话等渠道的各种新闻线索进行综合分析，并展示当前时间的全网的热点新闻内容，其中包括新闻标题、新闻来源、热度值、关键词、发布时间等信息。同时，融媒体平台支持统计和分析微博、微信、头条号数据，例如支持统计微信发稿量、阅读量、原文阅读人数、分享人数、收藏人数等，支持统计微博发稿量、转发量、评论、人气、粉丝、关注等用户相关数据。

三、融媒体实验平台的功能

融媒体实验平台构建了"内容汇聚—节目生产—发布管理—内容发布"这一贯穿融合媒体业务全流程的完整的融媒体教学实践生态链，完全实现了从媒体内容汇聚、存储、管理、制作、审核到发布与传播分析的各种实验教学机制，可以为学校师生提供实验教学与融媒体实践的平台，可以在此环境下真实复现融媒体的工作流程，进行选题策划、新闻制作、文案编写、审核发布、报道指挥、数据分析等教学实践。因此，融媒体实验平台在全媒体实践教学中具有重要而基础的功能。

（一）培养学生全媒体的应用能力

在全媒体实践教学中，融媒体实验平台通过各种实验教学机制及其技术系统与工具，能够实现各类媒体的业务实践与实验教学，可以有效地帮助学生深入了解并实际掌握各类媒体的基础知识和业务技能，从而形成完整、准确的全媒体的专业知识结构与应用技能谱系。

融媒体实验平台应用的实验教学机制包括选题策划实验教学、新闻采集实验教学、内容生产实验教学、审核发布实验教学、融媒体报道指挥实验教学与传播大数据分析实验教学。在全媒体实践教学中，这些实验教学机制能够帮助学生深入地认识和理解新闻传播学的基本理论与基础知识，让学生真正掌握选题策划、现场采访、新闻摄影、稿件写作、视音频编辑、评论、报道指挥等各媒体业务的基础知识与专业技能；同时，传播大数据分析实验教学可以培养学生的调查研究能力、社会活动能力和制作数据可视化新闻的能力，使其掌握一定的统计分析方法和传播学原理，具备一定的数据传播统计分析能力，以帮助学生了解中国新闻传播现状与发展趋势，掌握中国目前主流的新闻制播的工作流程与技术方向。

（二）完善专业课程体系，打造全媒体精品课

在移动互联网时代，随着融媒体在社会广度与传播深度上的持续发展，传统媒体与新媒体之间的分野和界别日渐消解，传媒行业向着资源融通、内容融汇、传播融合的方向发展，高校新闻传播院系的专业培养目标也向培养全媒体的卓越新闻传播人才转变。在时代语境发生变更之际，以传统新闻采编、制作为主的传媒专业课程体系已渐不适用当下的专业教学，在实际教学过程中，以全媒体、融媒体实践教学为基础的新型专业课程已日益凸显其必要性与重要性。同时，传媒行业在媒体融合趋势下的深刻变革使其媒介形态与人才结构都发生了较大变化，现时的传媒行业对全媒体、融媒体人才的需求逐渐增多，对行业内专业人员所具备的全媒体、

融媒体知识和技能的要求也逐渐提高。于此之下，原有专业课程体系下培养的学生将难以适应日后融合媒体工作环境与业务的要求，那专业教育的准确性与前瞻性也就无处着落。因此，新闻传播院系的专业课程体系势必引入全媒体实践教学，需通过融媒体实验平台开展和推进全媒体、融媒体课程，完善课程体系建设，紧跟传媒时代发展，把握行业前行方向，如此才能使理论研究和人才培养不落后于时代甚至引领行业发展。

融媒体实验平台以培养全媒体化、复合型新闻传播后备人才为主要目标，是开展全媒体课程、完善专业课程体系的必要途径和重要机制。新闻传播院系可以基于全媒体实践教学建设，将融媒体实验平台与专业课程进行有机融合，将新媒体、融媒体、大数据、传播分析等纳入专业课程体系，利用平台支撑院系开展融媒体实践课程、新闻采编实践课程、新闻传播分析实践课程、新媒体运营实践课程等，以此丰富融媒体课程内容，完善全媒体课程体系，通过理论与实践的结合，积极推进全媒体实践教学的发展，提升融媒体课程水平，打造全媒体精品课程。

（三）提升全媒体实践教学的研究水平

融媒体作为传媒行业的发展趋向，现阶段在实践层面已有大量的行业应用和业务积累，已经积蓄了全面、丰富的实践案例和运作经验。在理论层面，融媒体虽然较早就进入了理论关切与审视的视野，但对其的理论研究和探讨目前仍是方兴未艾。

作为传媒理论的研究中心，高校新闻传播院系应当从融媒体的应用与运作中总结经验，在全媒体实践教学中研究和探析融媒体的本质特征与运行规律，进行理论升华与建构，发展和完善融媒体理论体系。融媒体相关专业都是应用性较强的专业，因此新闻传播院系可以利用融媒体实验平台开展全媒体实践教学，总结和概括融媒体应用经验，推进融媒体理论研究与建构，提升全媒体实践教学的研究水平，为学科建设、课程体系建设及人才培养提供切实可行的方案，进一步提升传媒专业建设的精度和效度。

（四）促进产学合作、协同育人

在各类先进技术尤其是信息技术的发展驱动下，传媒行业的发展同样比较迅速，各种新型的媒体工作模式渐次涌现。当新闻传播院系的本科生完成四年的培养周期时，可能传媒业界已经发展到一个新的阶段，导致学生难以完全跟进传媒行业的发展。毕业之后，学生在校内学习的部分知识也许已经过时，学生只能再次学习工作中需要使用的各种新技能和工具。

因此，对于新闻传播院系的学生培养来说，局限于校内的专业教学培养是不充分的，更应积极开展和推进产学合作、协同育人，以期实现学校教学与业界培养的结合。融媒体实验平台正是开展和推进产学合作的优质平台，它真实复现了业界融媒体中心的工作环境和业务流程，平台上所开展的全媒体实践教学是融媒体相关专业进行产学合作的重要机制和有效路径，能够利用业界的优质资源补充学校欠缺的教学资源和师资资源。

结语

融媒体实验平台是移动互联网、云计算、大数据等先进信息技术在媒体实践教学领域的集大成者，是新闻传播院系的专业教学因应媒体融合趋势进行革新与转型的有效路径和重要依托。融媒体实验平台涵盖了业界各类媒体典型的工作环境和业务流程，并用一套集约高效的系统进行统筹管理和综合运作。因此，融媒体实验平台是全媒体实践教学的天然平台和必要途径，平台中的各种技术系统与工具为全媒体实践教学的充分拓展与深入开发提供了有力的技术支持和保障。同时，全媒体实践教学则为融媒体实验平台的应用与运作提供了实验机制和业务框架，为平台的功能发挥与整合提供了清晰的脉络和系统的结构。

媒介融合背景下的卓越新闻传播人才培养机制探析

——以首届"卓越新闻传播人才培养见习营"为例

作者：王小龙 *

一、校媒合作模式是培养卓越新闻传播人才的有效路径

近年来，随着移动互联网和各种新型媒体技术的发展，新媒体迅速崛起，与传统媒介之间的界限变得模糊，媒介融合的广度、深度和速度都呈现前所未有之势。在这个时代，信息无处不在、无所不及、无人不用，舆论生态、媒体格局、传播方式等都在发生深刻变化。正如麦克卢汉所说的"任何一种延伸，都要在我们的事物中引进一种新的尺度"。在这个大背景下，亟需一批既具备较强专业知识又熟悉媒体现状的新闻人才。此外，受众对传播价值的变化也要求新闻人才在传媒技术、信息传播、版面设计等方面具备新思维、新方式、新标准。只有新闻人才的水平不断提高，才能持续不断地为深入推进媒体融合注入新鲜的血液，让媒体在技术进步中应对自如。

随着我国新闻事业的快速发展，高校新闻传播类专业教育也进入繁荣时期，办学专业点逐渐增多，招生规模成倍增长。但是受传统人才培养观

---

* 王小龙，科技日报总编室新媒体室主任。

念影响，长期以来我国新闻传播类专业教育理念滞后于媒体实践，不少院校存在教学内容陈旧、教学模式单一、教学手段落后等问题，严重制约人才培养效率。高校的教育模式正在历经从"精英教育"到以社交媒体为基础的"全能单兵"模式的转变，过去以"师傅带徒弟"方式培养新闻专业学生的教学方式已经不能适应现状。在学校内，教育教学层面思想观念、传播机制、技能技巧等问题比比皆是，专业能力需求面临着较大挑战。对接不畅已成为横亘在传媒行业需求与新闻人才培养之间的突出问题。

2013年6月，教育部、中共中央宣传部联合颁布《关于加强高校新闻传播院系师资队伍建设实施卓越新闻传播人才教育培养计划的意见》，成为高校新闻传播人才教育的指导性文件。其中就明确提出要加强高校新闻传播院系师资队伍建设，实施卓越新闻传播人才教育培养计划。2018年10月，两部门再次发布《关于提高高校新闻传播人才培养能力实施卓越新闻传播人才教育培养计划2.0的意见》，提出"经过5年的努力，建设一批马克思主义新闻观研究宣传教育基地，打造一批中国特色、世界水平的一流新闻传播专业点，形成遵循新闻传播规律和人才成长规律的全媒化复合型专家型新闻传播人才培养体系，培养造就一大批适应媒体深度融合和行业创新发展，能够讲好中国故事、传播中国声音的优秀新闻传播后备人才"。对培养卓越新闻传播人才提出了更加明确、细致的要求。

可见，为了适应媒介融合的发展趋势，解决传媒行业需求与人才培养对接不畅，培养卓越新闻传播人才势在必行。而校媒合作，尤其是"卓越新闻传播人才培养见习营"这种方式，能直接联通需求的两端。相当于将教室和课堂搬到了新闻一线，让学生们能同时受到学界和业界双方老师的指导，在实战中学习，在实战中成长。有助于培养起一批既具备较强专业知识，又熟知业界内部行情，适应行业需求，能随时上手进入状态的新闻人才。

二、校媒合作模式如何培养卓越新闻传播人才

（一）首届"卓越新闻传播人才培养见习营"是一次成功范例

2020年1月，由中国社会科学院大学和浙江传媒学院联合主办的首届"卓越新闻传播人才培养见习营"在浙江传媒学院启动。经选拔，共有来自中国社会科学院大学、浙江传媒学院及中国人民大学三所高校的42名师生参加。这次"见习营"活动选取了中国革命红船起航地嘉兴、改革开放先行地义乌、"两山"理论发源地安吉等浙江省6个极具代表性和时代意义的市、县、区、镇作为寻访地。这次"见习营"共分为"对话篇"、"寻访篇"和"新媒体篇"三个篇章，不仅以大学生的身份与县、市、区、镇党委书记和政府领导进行对话、访谈，还有以大学生自述的表现手法，辅以寻访的纪实镜头，制作名为"青春地标说"的纪实短片，并发挥大学生新媒体特长，以数据新闻、H5、动画短片、新媒体直播、沙画、RAP、MV等多种形式，表现新时代、新鲜人、新鲜事。

（二）建立必要的组织领导机制，高校与媒体之间加强联系

校媒合作模式的建立是高校与媒体组织双方协同育人的愿望，通过创新机制的创建强调新闻资源的共享，充分释放各自的资源要素。校媒合作所提供的真实的媒体环境能够了解到最新的行业需求，了解媒体行业需要拥有扎实的新闻传播专业背景，以及懂得新媒体技术运用的复合型人才。例如，中国社会科学院大学与科技日报社合作建立"新闻传播人才实习基地"，双方签订合作协议，在人才培养、技术创新、队伍建设等方面进行

全方位合作。首届"卓越新闻传播人才培养见习营"便是这一合作协议下的成果之一。高校与媒体共同培养人才，关键是要在优势互补、合作共赢的基础上建立长效合作机制，明确合作方式和各自任务，明晰双方分别承担的权利、责任与义务。构建目标清晰、程序合理、运行顺畅的组织领导机制，是开展校媒合作培养卓越新闻传播人才的前提条件，不仅可以保证人才培养的高效率，而且可以保证合作过程的常态化。

（三）优势互补，实现新闻类专业多样化教学

建立多层次、多形式的校媒合作模式最主要的目的就是实现传媒类资源的互补多惠。扩展新闻专业的教学模式，让学生在媒体平台发挥自己的聪明才智成为媒体平台的内容生产者和新闻产品的运营者。媒体从高校获得了新鲜血液和更多新鲜的创意；高校通过媒体平台则既能提高学生创作作品的积极性又能丰富高校的教学模式。近距离接触新闻现场，零距离接触社会，参与新闻产品策划、写作、制作、传播的过程则能让学生更快更好地将理论知识向实践技能转化，同时也训练了职业素养获得的职业认同。新闻传播学科既具有理论性又具有实践性，实践教学是学科发展的重要环节，是培养学生专业实践能力的基本手段。

（四）做好必要的条件保障，让"见习营"越办越好

校媒合作培养卓越新闻传播人才遇到的首要矛盾是时间的问题，高校需要完成指令教学任务，媒体需要完成规定报道任务。要促成一次成功的"见习营"必须要做到学生、教师、记者甚至采访对象都有时间。首届"卓越新闻传播人才培养见习营"选择了寒假这个时间段。由于处于假期能保证老师和学生的时间，春节前，元旦后往往并非新闻旺季，所以新闻工作者的时间也大都能够得到保证。此外，校媒双方还应达成以下共识：对学生而言，人才培养和课程设计应该更加灵活，让学生能有充分的时间

参加实践活动；对专门的教师而言，也应有针对性地适当减少指导老师相关课程教学等方面工作任务；对记者而言，媒体也应给予必要的支持，保证其在不影响主要工作的同时，尽可能多地把时间留给学生。此外，也应完善指导老师（包括高校教师和媒体指导老师）的激励机制。由于持续时间一般至少是一到两周，参与"见习营"之类的实践活动，必然会减少指导老师的常规工作量，影响个人收入。要保证实践效果，就需要建立必要的薪酬和激励机制。高校方面应按照相关标准妥善解决教师担任指导老师的薪酬，媒体方面则需要按照相关标准解决新闻工作人员担任指导老师的薪酬。只有如此才能解决指导老师的后顾之忧，进一步提升他们的积极性。

（五）推动教学改革，培养"双师型"教师人才

校媒合作模式培养卓越新闻传播人才，除了时间外，另一个重要前提就是教师人才。对高校而言，需要推动教学改革就必须真正大胆地让教师"走出去"，拓展教师发展思路。高校教师能够参与新闻作品的一线创作也是推动教师自身专业知识向行业能力的转换，也能了解最新的行业动态。理论教学实践化增加教师的实战经验。通过参与具体新闻的制作与传媒项目，也能更加清楚传媒行业转型的方向，明确课堂教学的目的和方式，也是打破原有教材学科理论体系和内容规范，按照实践操作和行业需求重构教学内容体系。对媒体而言，则需要让那些在实践中有丰富实战经验的编辑、记者"走进去"，走进高校与教师、学生接触，了解学术前沿和学生的实际状况，参与到教学甚至一些科研活动当中去。在教学当中进一步提升职业技能，在研究中升华思想。总之，就是要在传媒行业中不断深入双向合作，形成你来我往的良性互动。

（六）培养卓越新闻传播人才要以赛代练，以赛促学

参与媒体社会实践活动，学生的稿件能够见报、播出、发布虽然也

很重要，也有很大的激励作用，但学生之间的比赛也是必不可少的。日常教学可以夯实学生专业基础，实习与实践可以提高学生的业务能力，但要完全激发学生的学习兴致和专业综合能力，还需要举办各种专业赛事，引导学生参与，从中提高学生的业务能力和动手能力。组织专业比赛是激发学生学习热情的重要途径，教学实践表明，学生在参加专业比赛的过程中，学习动力最大，学习效率最高，学习效果最好。通过比赛知不足、找差距，以赛代练，以赛促学。以首届"卓越新闻传播人才培养见习营"为例，这次实践活动共计产生作品60余件。经专家评审，评选20件优秀作品，既有视频类稿件也有图文类稿件。当然，赛不是最终目的，学有所长才是，要通过比赛把课堂知识和课外实践教学有机结合起来。

（七）校媒合作模式培养卓越新闻传播人才也是良好的研究平台

校媒合作培养卓越新闻传播人才可以为校媒联合开展学术研究搭建良好平台。对高校而言，高校教师和学生可以近距离观察媒体的运行模式，找到其中的问题，让学术研究更有针对性；对媒体而言，其自身面临的媒体融合、体制改革、内容创新等问题也可以借助高校智库和高校的学术资源来进行厘清。双方借助校媒合作模式除了培养人才外，还可以产生一系列的研究成果。

三、以校媒合作模式培养卓越新闻传播人才需要注意的问题

（一）要始终以马克思主义新闻观为指导

随着新媒体技术的不断发展，各种不同类型的媒介平台逐步增多，网络舆情的生成路径越来越复杂，舆论引导所面临的压力不断提升。在卓越

新闻人才培养过程中，不能因为过多强调基本实操能力的培养，而忽视了理论教育和马克思主义新闻观教育。

新闻观是新闻工作者的精神方向、力量源泉，决定着新闻工作者的思想导向。可以说，有什么样的新闻观就有什么样的新闻舆论工作，任何新闻舆论工作都受一定的新闻观支配。我们党是马克思主义政党，这就决定了马克思主义新闻观是党的新闻舆论工作必须遵循的根本指南。新闻院校的学生是媒体的生力军，未来他们中的不少人都要进入新闻单位工作，在教学和实践中树立好马克思主义新闻观是教育实践工作的第一要务。

当前，世界百年未有之大变局正加速演进，只有坚持马克思主义新闻观，才能自觉抵制西方新闻观的影响，不断增强政治敏锐性和政治鉴别力，在众声喧哗的舆论生态中，保持清醒头脑，不为杂音噪声所扰，不为错误思潮所惑，确保新闻舆论工作始终沿着正确方向前进。只有坚持马克思主义新闻观，才能全力营造有利于坚持中国共产党领导和我国社会主义制度、有利于推动改革发展、有利于增进全国各族人民团结、有利于维护社会和谐稳定的舆论氛围，成为党的政策主张的传播者、时代风云的记录者、社会进步的推动者、公平正义的守望者。

（二）要建立健全内容审核机制

对媒体而言，校媒合作培养卓越新闻传播人才是一个内容生产过程，青年学生富有朝气并极具创造性，以各种方式参与到媒体新闻工作中，可以为媒体的内容生产带来新鲜元素。学生参与策划、内容采写、拍摄、制作也能极大扩展受众市场，让新闻作品更贴近年轻人，产生立竿见影的效益。然而，必须注意的是，学生毕竟是学生，虽然经过一定的新闻训练但大都没有经历过长期的新闻工作浸润，虽然掌握一定的业务技能，但对新闻尤其是热点的把握能力大都比较欠缺，虽然富有活力热情似火，但容易出现莽撞、过火的情况。通过类似"见习营"的方式培养新闻人才，学生的作品不少是作为正规报道要发表、发布于权威媒体之上。因此，有必要在媒体常规的"三审三校"之外，建立一套由学生、校方指导教师、媒体方指导老师组成的审核团队，建立一套完善的策划、审核机制。提前规避可能出现的风险，提高稿件在媒体上的采用率。

结语

卓越新闻传播人才培养计划是培养未来高端新闻传播人才的客观要求，也是国家构建现代新闻事业的重大举措。有学者指出，卓越新闻传播人才的培养不仅是教育机构的任务，媒体和新闻机构也责无旁贷。经过实践，笔者发现校媒合作是一种能够实现多方共赢的有效模式。无论是在人才培养还是科研上均能发挥积极的促进作用。希望各地能借鉴这一经验，将校媒合作发扬光大，让各种"见习营"在各地开花，越办越好，让我国的新闻人才教育更上一层楼。

媒体深度融合视域下科技新闻人才的协同创新培养路径探析

——基于"卓越新闻传播人才培养见习营"的实践探索

作者：刘若涵 *

2020年6月30日，习近平总书记主持召开中央全面深化改革委员会第十四次会议，审议通过了《关于加快推进媒体深度融合发展的指导意见》，并于9月30日由中央办公厅、国务院办公厅正式印发。该文件标志着媒体融合已经进入以深度为特征的下半场。

习近平总书记指出："媒体竞争关键是人才竞争，媒体优势核心是人才优势。"人才作为媒体融合发展的主力军，是挺进新媒体主战场、占领舆论宣传主阵地的关键力量。面对激烈变革的传播环境，科技媒体必须把人才上升到资源和战略层面，加快建设人才的前端培养模式，建设一支政治素养过硬、守得住底线、把得住导向，又在科学素养、专业技能等方面全面适配融媒体传播需要的队伍。

本文从中国社会科学院大学主办的"卓越新闻传播人才培养见习营"活动实践经验出发，以科技新闻为切面，剖析科技媒体在人才培养系统中的定位及诉求，探索科技新闻人才的协同创新培养策略，以期能够围绕当前科技媒体深度融合发展中面临的人才队伍建设问题，提出可行破局路径参考。

---

* 刘若涵，北京交通大学新闻传播学硕士，现任科技日报社发展研究部调研室研究专员。主要研究方向：科技创新传播。

一、推进媒体深度融合，加快科技新型主流媒体建设的紧迫性

（一）科技宣传在新发展阶段承担的重要使命任务

当今世界正经历"百年未有之大变局"，国际力量对比深刻调整，国际环境日趋复杂，不稳定性不确定性明显增加。世界主要创新大国纷纷加大前沿科技布局，抢占科技竞争制高点。[①]党的十九届五中全会将创新提升至我国现代化建设全局中的核心地位。深刻认识新发展阶段，贯彻新发展理念，构建新发展格局，努力实现高水平科技自立自强，需要科技宣传切实承担起历史赋予的职责使命，掌握舆论战场主动权，在全社会营造尊重知识、崇尚创新、尊重人才、热爱科学、献身科学的浓厚氛围，为建设世界科技强国凝聚起共同奋斗的力量。

（二）科技宣传面临的机遇与挑战

科技宣传的技术环境产生深刻变化。正如原中国工程院副院长邬贺铨院士所指出，当今世界，已经进入大数据、智能化/物联网、移动互联网、云计算时代，颠覆性技术重构产业格局，新一轮科技革命和产业变革正在孕育兴起。这将给世界产业和经济竞争格局带来深刻影响，为我国科技经济发展提供新的历史机遇，也为科技宣传带来多重深层变革。缺少科技宣传的有效服务，会导致科技创新、科技应用与社会生产之间的协同效率降低。例如科技成果转移转化问题就是影响我国创新发展的重要因素之一。尽管我国科技进步对经济增长的推动作用明显增强，但有效的技术创新传播服务体系仍需进一步建设完善。

---

① 王志刚.矢志科技自立自强 加快建设科技强国［J］.求是，2021（6）.

科技宣传面向的社会氛围与学术环境仍需改善。在受众基础上，与科技宣传所承担的重要使命任务相对应的是，我国公民科学素养较为薄弱的现状。根据《第十次中国公民科学素质调查报告》，截至2018年，我国具备科学素质的公民比例为8.4%，与发达国家相比还有较大差距。同时，良好的学术环境是培养优秀科技人才、激发创新活力的重要基础，而良好的学术环境塑造离不开社会整体创新氛围的影响。我国学术环境仍然存在生态滞后、科研自律规范性不足、学术不端行为时有发生等问题，限制着创新人才的培养与成长，有碍于创新活力的进一步激发。[①]这些宏观环境现存的问题都是科技宣传工作所面临的挑战，需要抓住机遇，进一步创新融媒体传播手段，普及科学知识、弘扬科学精神、传播科学思想、倡导科学方法，提升公众的科学素质，培育热爱科学、崇尚创新的良好文化环境。

（三）加强科技宣传，推进媒体深度融合的实践探索

在加强科技宣传方面，媒体行业已做出探索与努力。中央主流媒体对于科技的重视程度正在提升，例如《人民日报》《光明日报》等报纸设有专门的科技科普版块。但据中国科协调查，现今许多综合性媒体中，没有专职的科技记者，没有固定的版面、栏目或时段。同样，《中国传媒"科技宣传指数"分析报告》也指出，科技宣传报道约占大众类新闻媒体报道量的1/8，数量仍然不足。从国际传播角度来看，亟需通过融媒体手段讲好中国创新故事，为中国深入推广科技合作，融入创新治理体系，营造良好舆论氛围。因此，科技宣传提质增量，是公众与业界、国内与国际传播多重需求叠加的必然要求。

作为党和国家科技宣传的主阵地，科技日报一直在积极探索媒体深度融合的创新实践。报社正以"一库两翼三平台"建设为主攻方向，即，以中国科技资讯库为根基，以科技创新、科学普及两翼为服务方向，融合

---

① 刘萱，王宏伟，等.中国学术环境建设研究报告[M].北京：清华大学出版社，2018.

报、网、端等平台，基于大数据的分众化、互动式、服务式、体验式科技服务和传媒服务的新型内容传播服务平台，以内宣外宣互动、智媒智库互促和新型传播平台打造，探索从科技资讯媒体向智能媒体、智库媒体的融合发展路径，以期实现一体化发展、流程优化与平台再造、资源要素有效整合、具有影响力和竞争力的新型主流媒体和科技融媒"旗舰"平台。

同时，科技日报一直重视人才工作，将其作为推进媒体融合转型发展、做好舆论宣传工作的重要保障，从"策、采、编、发"全流程一体化培养记者编辑的融媒体思维。为提升舆论引导能力和正面报道质量，2021年成立"科抖"融媒体品牌工作室，把更多专业人才向互联网主阵地汇集，推动主力军全面挺进主战场。

二、新型主流媒体建设对科技新闻人才提出更高要求

（一）人才能力体系建设新要求

新型主流媒体建设为科技新闻人才建设提出新要求。习近平总书记在"2·19讲话"中强调："要提高业务能力，勤学习、多锻炼，努力成为全媒型、专家型人才。"全媒型人才，就是具有互联网思维，具备全媒体创意、生产、传播、运营、管理等相关能力，胜任全媒体流程与平台建设、全媒体业态与生态发展要求的专门人才。[1]全媒体人才要有用户意识，能够把握好内容生产、技术支撑、新媒体运营。[2]应把"创新力、领导力、引导力、竞争力、学习力、技术力、协同力"，作为全媒体人才的"关键一招"[3]。专家型人才，是指除了具备全媒型新闻传播理念、知识与技能之

---

[1] 胡正荣. 媒体深度融合全媒体人才如何培养[J]. 视听广电，2020（9）.
[2] 赵子忠，刘若歆. 加大全媒体人才培养力度 打造新型主流媒体[EB/OL].（2020-07-18）. http://media.people.com.cn/n1/2020/0718/c120837-31788275.html.
[3] 李祖平，李佳颖. 主流媒体主力人才的全媒体重塑与创造力突破[J]. 中国出版，2021（3）.

外，还必须对某一个或某一些非新闻领域的专业知识有较深的了解，成为某个行业的"专家"、"权威"或者"舆论领袖"，抑或叫作专业复合型新闻人才。①

结合科技宣传工作特点，面向新型主流媒体的科技新闻人才，还应当具备扎实的马克思主义新闻观理论基础，能够高举旗帜，把握方向，切实增强政治意识、大局意识和责任意识，时刻保持清醒的头脑，始终自觉地与党中央保持一致；应当具备尊重知识、崇尚创新的科学精神，具有一定的科学知识储备与创新意识等。

（二）科技新闻人才资源现状及原因探析

目前，科技新闻人才队伍还不能有效适应新型主流媒体建设的需要。据中国科协调研宣传部《调研动态》，中国科学技术协会与中华全国新闻工作者协会开展的"新闻从业人员科学素质状况调查"显示，当前科技新闻从业人员队伍规模小，在新闻从业人员中工作内容涉及科技报道的只有13.1%，专职从事科技新闻报道的人员仅占2.5%。同时，调查中发现，新闻从业人员普遍认为，具备较高的科学素养十分重要，且普遍对于自身科学素质有着较强需求。

除去科技新闻较高的技术门槛之外，缺乏完善的联合培养模式也是科技新闻人才不足的原因之一。处于当前融合转型发展的战略机遇期，媒体往往能够重视内部人才队伍建设，强调引进人才、用好人才，注重加强对采编人员的科技知识、采编能力、新媒体技术等专业素质培训。但在联合培养方面，目前业界普遍较为薄弱。

三、破局：科技新闻人才的协同创新培养可行路径探析

自2020年开始，中国社会科学院大学联合中国人民大学、浙江传媒学

---

① 刘翼.全媒体时代更需要"专家型记者"[J].青年记者，2016（28）.

院举办"卓越新闻传播人才培养见习营",通过学界与业界教师搭配指导的方式,扎根基层,实践调研,提供了一条思政教育与新闻专业实践教学相结合、新媒体技术与科学素养提升相结合的培养新思路。本文受"见习营"成功经验启发,提炼出关于科技新闻人才的协同创新培养路径的思考。

(一)培养思维转变:增强开放协同意识,以人才融合助推媒体融合

开放意识是良好合作关系建立的开端条件。媒体与高校之间本就在人才培养等层面存在共赢基础。媒体能够为高校提供教学实践场景,高校能够为媒体培养高素质的人才生力军。双方不仅可以在人才培养上开展合作,在研究层面,高校拥有雄厚的研究基础,但难以直接获取来自实战前线的一手数据;媒体拥有大量实战经验与数据资源,但难以充分利用其研究价值。因此,媒体与高校之间的异质资源进行互补链接式组合,可有效弥补双方的短板,研究成果可以为高校教学所用,同时可被媒体进行成果转移转化,提高服务质量效益。因此媒体与高校要以开放意识探索共赢基础,媒体从"考官"思维向"养成"思维转变,高校从学位供给思维向人才供给思维转变,媒体明确选人用人需求,高校细化人才培养方向,最终形成媒体"开门办报"、高校"开门办学"的良好氛围。

(二)培养内容转变:优化人才培养链条,加强多元能力体系建设

延长人才培养的时间链条,筑牢理论基础与政治意识。以政治建设为统领,是新型主流媒体建设的必然要求,也是科技宣传的根本遵循。一名合格的新闻人,要增强"四个意识",坚定"四个自信",做到"两个维护"。学生的政治意识培养是一项长期任务,不能一蹴而就。中国社会科学院大学从学习实践着手,自本科一年级开始便注重学生马克思主义新闻

观教育，培养学生对于新型主流媒体的认知和向往，带领学生寻访中国革命红船起航地嘉兴、改革开放先行地义乌、两山理论的发源地安吉等地，感悟中国特色社会主义伟大实践。通过本科阶段四年、研究生阶段三年的时间，为国家的新型主流媒体建设培养一批根正苗红、政治坚定，了解世情、国情、社情、民情的人才储备。

打通人才培养的需求链条，提高科学素养与科学精神。亲眼所见、亲身体会是培养学生对于科技创新兴趣与向往的最有效方式。中国社会科学院大学通过"卓越新闻传播人才培养见习营"、暑期融媒体社会实践项目等方式，带领学生参观高新技术企业，亲临创新创业一线，在《科技日报》资深记者的指导下，从高铁、5G通信技术、人工智能技术等视角，制作《从京张铁路到京张高铁，一起来感受中国速度》《拥抱工业互联网，来看看5G智慧工厂长啥样》《赋能制造业，数字经济成浙江工业转型升级主引擎》等一批优秀新闻作品。同时，这些作品广泛发布于《科技日报》微博、微信等新媒体平台，获得良好社会反响，并且在相关新闻奖项中崭露头角。在人才科技新闻能力培养的同时，丰富了媒体的新闻作品，同时在一定程度上反哺了地方科技新闻宣传，多方需求链条实现互通。

拓宽人才培养的知识链条，增强专业技能与创新意识。传统媒介边缘的破壁，导致高校从课程设置上，正在以媒体形态为边界划分课程内容的方式，向跨学科视角转变。同样，科技新闻人才培养，也应当立足多元交叉视角，重塑知识技能体系，加强如计算机科学、大数据科学、认知科学的交叉研究与实践。同时，这些技术不能停留于简单的叠加状态，局限于几个软件、几个设备的教学，要将技能培养与创新意识相结合。

（三）培养机制转变：打造产教融合共同体，提升"双向供给"效率

在培养机制上，媒体与高校之间可通过平台共建、师资共融、技术共享的合作方式，拓宽人才培养的协同深度，增强学界业界"双向供给"

效率。

以育人平台共建为保障。将《关于加快推进媒体深度融合发展的指导意见》关于"要大力培养全媒体人才，实行更加积极、开放、有效的人才引进政策"的指示精神，与《教育部关于加快建设高水平本科教育全面提高人才培养能力的意见》关于"建设一批马克思主义新闻观研究宣传教育基地"的指示精神，结合产教融合实践来贯彻落实。通过共建实践实训教学基地，整合媒体与高校在知识、平台、技术等方面的资源，为媒体与高校二者间的资源融通提供机制保障。例如，依托育人平台，高校以周期性的课程、项目等方式为媒体提供稳定的实习生；媒体为实习生的实践实训成果，在双方对生产内容把关的前提下，提供一定的第三方平台、新闻网、移动端等发布渠道。

以教学师资共融为引领。媒体应加强人才前端培养，更深层次参与高校教育。高校应更加广泛地开展学术型和实践型"双师制"合作，即由高校教师讲授理论性的公共课程和从事相关学术性的研究，由媒体从业者进行新闻实务教学，提高教育专业化与精细化。可参考美国北卡罗来纳大学教堂山分校（University of North Carolina at Chapel Hill）新闻与大众传播学院的实践型教师终身制，签订媒体从业者与高校之间的长期合作协议，通过相对固定的长期合作，增进其对于高校新闻教育的理解。而这些长期参与高校教学实践的业界导师，由于其所深耕的媒体领域的不同风格特色，有助于不同高校新闻专业的差异化发展。

前沿技术共享为支撑。一方面，媒体应立足一线实践，抓住信息技术、智能技术与传媒行业的结合点，通过媒体与高校的深度协作，促进新工具载体、新技术手段、新应用平台在教学实践中的应用；另一方面，高校应发挥特色优势，对于前沿技术开展前瞻性研究，与媒体开展实验性知识生产模式探索，形成资源优势互补。

结语

立足新发展阶段,科技宣传肩负重要职责使命。在新型主流媒体建设中,科技新闻人才培养也需不断提质增效。作为科技新闻工作者,尤其是科技新闻研究人员,笔者仍需对于媒体深度融合发展背景下的科技新闻人才协同创新培养路径进行更深一步的思考。从2018年至今,"卓越新闻传播人才培养见习营"已成功举办两届,相信未来能够为业界带来更多成功经验参考,助推"政产学研用"共同发展走深走实。

全媒体报道实践

——思政教育导向下的"卓越新闻传播人才培养见习营"活动

作者：曾雷霄*

一、思政教育和全媒型人才培养方案是新闻学科教学不可或缺的内容

2018年10月，教育部、中宣部发布了《关于提高高校新闻传播人才培养能力实施卓越新闻传播人才教育培养计划2.0的意见》，并针对新闻人才培养提出新的要求，包括要"形成遵循新闻传播规律和人才成长规律的全媒化复合型专家型新闻传播人才培养体系，培养造就一大批适应媒体深度融合和行业创新发展，能够讲好中国故事、传播中国声音的优秀新闻传播后备人才"。也提出了"强化思想引领和价值塑造，构建思想政治教育、职业道德教育、专业知识教育'三位一体'新闻传播育人体系"[1]。

一方面，进入互联网时代，各类思潮崛起，对青少年的主流价值观带来冲击，为了正本清源，加强主流价值引导力，思想政治教育的重要性不言而喻。而高校承担着教书育人的重要功能，是思政教育的重要一环，

---

* 曾雷霄，中国社会科学院大学新闻传播学院2019级硕士研究生，中国人民大学新闻学院2022级博士研究生。

[1] 教育部 中共中央宣传部. 关于提高高校新闻传播人才培养能力实施卓越新闻传播人才教育培养计划2.0的意见［EB/OL］.（2018-10-08）. http://www.moe.gov.cn/srcsite/A08/s7056/201810/t20181017_351893.html.

"新时代高校要切实把握思政教育的重要性"①。也正因为如此,对思政教育的机制、内容和方式方法上都提出了新的要求。对此,中共中央国务院印发《关于加强和改进新形势下高校思想政治工作的意见》中指出在思政教育上要"坚持全员全过程全方位育人。把思想价值引领贯穿教育教学全过程和各环节,形成教书育人、科研育人、实践育人、管理育人、服务育人、文化育人、组织育人长效机制","注重理论教育和实践活动相结合","坚持改革创新。推进理念思路、内容形式、方法手段创新,增强工作时代感和实效性"。②

另一方面,随着全媒体时代的到来,新闻的生产与传播的方式,新闻媒体行业样态发生了翻天覆地的改变,这也对人才培养提出了新要求。对此,习近平总书记主持召开的中央全面深化改革委员会第十四次会议审议通过了《关于加快推进媒体深度融合发展的指导意见》,强调推动媒体融合向纵深发展,要深化体制机制改革,加大全媒体人才培养力度。③

因此在新时代下,对于新闻传播学子的培养既要注重思想政治教育,也要重视全媒体实践技能的训练,这不仅能够提供受教育者的思想政治修养,提升他们的新闻实践能力,也是适应媒介生态发展,推动我国新闻事业进步的必经之路。同时,在新闻学科的资源整合上,院校间和媒体行业间存在交流壁垒,各个院校教育资源、学术资源等分配并不均匀,院校间存在地区性和级别性的差异,并且各个院校均有自己的优势和短板,但新闻院校间没有建立起较好的资源整合和资源共享机制。"卓越新闻传播人才培养见习营"活动通过整合中国人民大学、中国社会科学院大学、浙江传媒学院等高校的优质教育资源和中国青年网、科技日报的多媒体媒介资

---

① 张凝.切实把握思政教育的重要性[EB/OL].(2019-03-27).http://theory.people.com.cn/n1/2019/0327/c40531-30998749.html.

② 中共中央 国务院印发《关于加强和改进新形势下高校思想政治工作的意见》[EB/OL].(2017-02-27).http://www.gov.cn/xinwen/2017-02/27/content_5182502.htm.

③ 金玉萍,张慧.全媒体语境下专家型新闻人才培养模式探析[J].新闻知识,2021(3):75-78.

源，以实地考察和新闻生产的方式探索了一条全媒体实践和思政教育有机结合的道路。

二、全媒体报道实践——思政教育导向下的"卓越新闻传播人才培养见习营"活动的"有益尝试"

（一）塑造新闻思想，形成建设性、党性、人民性的统一

建设性新闻是利用将积极心理学进行报道，要求媒介报道要寻找事件中的积极因素，以唤起读者的正面情绪，对事件中诸如成就、成长、意义等积极因素进行适当报道。①建设性新闻学的发展不仅对于新闻传播行业和社会的发展有着积极的推动，对于新闻教育也有着重要的意义。有学者认为："在新闻院校开设建设性新闻的课程，这是让所有的新闻工作养成正常心态的最好方式。"②但建设性新闻学毕竟是舶来品，在本土化的时候，应该"将马克思主义新闻观的党性、人民性原则与新闻的建设性相连接"③。而在新闻教育和学科建设上，我国也一直重视结合马克思主义新闻观。对此，有学者指出"卓越新闻人才培养计划、新文科建设以及课程思政建设的契合点在于马克思主义新闻观的价值导向"④而马克思主义新闻观的核心就是人民性与党性的统一，这就要求新闻学子既要有为人民服务的精神，也要牢固树立政治意识，坚持正确政治方向。而见习营通过实地考察的形式，安排学子们前往浙江嘉兴南湖纪念馆、陈望道故居等红色旅游

---

① 吴青，栗青生，许思远.马克思主义新闻观指导下建设性新闻发展探究[J].今传媒，2021，29（1）：15-19.

② 晏青，麦金泰尔.建设性新闻：一种正在崛起的新闻形式——对凯伦·麦金泰尔的学术访谈[J].编辑之友，2017（8）：5-8.

③ 陈成.必要的连接：马克思主义新闻观与建设性新闻[J].编辑之友，2020（6）：45-49.

④ 杨永强.马克思主义新闻观课程思政建设探索：基于卓越新闻人才培养视阈[J].今传媒，2021，29（8）：140-143.

景点，参观5G智慧工厂和采访模范人物的方式，对学子们进行思政教育，让他们感受革命热情，感受到中国的发展模式为浙江带来的奇迹，从而触动他们，在新闻生产的过程中，正向的发展成果和先烈的革命史，以及模范人物为人民牺牲小我的精神，让他们产生积极向上的心理反馈，培养他们对党和人民的忠诚，促使他们在新闻思想上达到建设性、人民性和党性的统一。有学生指出，"参观南湖革命纪念馆的时候，感受到立党初心，也感受到了自己作为新时代青年为党为人民奉献的使命感"；有学生表示，从见习营感受到"讲好中国故事，讲好发展的故事则成为我们此后工作生活中醒目的目标"。

（二）推动全媒体新闻实践训练与地方宣传的良性互动

1. 提供丰富的媒体资源和设备支持，激发学生实践热情

一方面紧密结合各类信息呈现技术和手段以及多媒体技术，培养和训练学生基本的新闻写作能力、新闻摄影能力、新闻拍摄制作能力等新闻生产和传播的能力。见习营为学生提供了丰富的硬件设备支持，包括相机、录音笔、收音器、GoPro运动相机、手持云台、麦克风等一线新闻采编必需工具。有学生在访谈中表示，这些工具较为昂贵，一般很难装配齐全。而这次见习营给他们提供了使用各项设备的机会，让他们能够充分接触和使用。这也激发了他们的实践热情和学习热情，为了制作不同媒介形式的新闻，有从未尝试过视频前期拍摄和视频后期剪辑的学生，通过长达数天的见习营进行了充分学习，很快地掌握了相关视频拍摄和编辑的基本技术，并将作品发布在短视频平台，这种实践方式让他们体验到了从新闻选题、新闻采集、新闻生产到新闻发布的全面流程，使他们对于新闻实践有了更深入的了解。

另一方面是打造了全媒体发布平台，赋予了莘莘学子充分展示才能的空间，也激发了他们的创造热情。见习营可供学子发布新闻作品的媒体

层级丰富，包括校级媒体，比如中国社会科学院大学微信公众平台、浙江传媒学院微信公众平台，省级媒体如浙江广播电视集团旗下新闻网站新蓝网，国家级媒体如中国青年网、科技日报等多层次媒体级别。而所能发布的媒体平台也非常广泛，包括抖音、快手、今日头条、B站、微博等多个社交媒体、新媒体平台，可以说是给学生们提供了一个个充分尝试新闻传播实践、展示新闻生产才能的大舞台和小舞台，初出茅庐的新闻学子和富有经验的师长都有表现自我的空间。而这种现制现发的短线制作周期极大程度地鼓舞了学生的创作热情，也给他们带来了巨大的自我效能感，有学生表示，看到自己的新闻作品发布在媒体平台的时候，就感到很有成就感，想要继续进行下一步的创作。并且，见习营还设计了奖励机制，邀请专家评审，设置了视频类、图文类新闻的一、二、三等奖，进一步激发了学生的创作热情，让他们不仅学会生产新闻，还对生产新闻提出了要求，力求生产出新闻价值更高、制作更精良的新闻作品。

2. 多元化的新闻作品生产，反哺地方宣传

由中国社会科学院大学和浙江传媒学院联合主办的首届"卓越新闻传播人才培养见习营"共计产生作品60余件，其中囊括了多种形式与内容，包括口播类、Vlog、短视频、数据新闻、直播等视频类新闻，也包括图片新闻、图解新闻等图片类新闻形式，还包括了微博博文、公众号文章等文字类新闻形式。

内容丰富多样，反映了浙江地区的迅速发展，体现了当地的科技进步、人文风貌、经济发展、环保成效、红色文化、环保建设，也为地方宣传添砖加瓦。在内容上，涵盖了科技飞速发展，如《从京张铁路到京张高铁，一起来感受中国速度》《拥抱工业互联网，来看看5G智慧工厂长啥样》《赋能制造业，数字经济成浙江工业转型升级主引擎》等新闻作品从高铁、5G通信技术、人工智能技术等视角报道了浙江乃至全国工业水平、科技水平的发展；《体验竹编的美》《从义乌，到世界》体现了当地风土人情和民风民俗；《电商网红村的调研记录》体现了浙江地区国际贸易和经济水平的发展，体现了浙江地区产能优化，施行绿色环保发展理念的成效；《专访红船干部学院副校长徐连林：量身定制教学方案，红色基因深植传承》《南湖革命纪念馆》等新闻作品从浙江革命故地弘扬了革命精神；《吴建林：一时军人，一世军魂》等典型报道宣传了地方性模范人物。这些丰富的内容结合多样态的形式，是探索"讲好浙江故事"的有益尝试，这无疑扩大了地方宣传的效果，为地方宣传添砖加瓦。

（三）打破交流壁垒，搭建资源整合平台

1. 促进业界与学界交流

见习营整合多方媒体资源，邀请了北京快手科技有限公司周亚梅、科技日报社新媒体室主任王小龙、中国青年网融媒体中心副主任杨月、新华社中央新闻采访中心农业生态组首席记者董骏等经验丰富的媒体从业人员作为指导老师进行指导，还举办了专业培训，内容包括"快手短视频传播规律与内容策划技巧""打造'爆款'的几点启示——以科技日报新媒体平台为例""打造新媒体正能量爆款产品的'六个力'""大道至简：一名国社记者的新闻采写实践"等。这些从业人员通过讲座和参与指导学生们制作新闻等方式，将他们丰富的实践经验分享给学校的师生，让进行理论学习和研究的师生们获得了珍贵的实践经验。同时，参与的媒介从业人员也在和师生的交流中获取到了前沿的理论知识、理论研究等学界信息。有指导老师指出，在见习营中获益匪浅，知晓了不少新的理论发现。见习营这种模式在一定程度上为学界和业界的沟通方式提供了一种探索和尝试，加大了学界和业界的交流，让学界和业界联系得更加紧密。

2. 促进院校间、师生间的交流与学习

首届见习营由中国社会科学院大学、中国人民大学、浙江传媒学院联

合举办。三个高校在新闻传播学领域各具优势，各具特色。中国社会科学院大学新闻传播学院以我国最早培养新闻传播学高端人才的基地中国社会科学院新闻与传播研究所为依托，整合了中国青年政治学院的优质资源，具备丰厚的学术基础。中国人民大学新闻传播学院全国闻名，其内设学科新闻传播学在教育部第四轮学科评为A+，学术实力、教育经验丰富。浙江传媒学院是国家广播电视总局和浙江省人民政府共建高校，入选国家级大学生创新创业训练计划、国家级语言文字规范化示范学校、浙江省应用型建设试点示范学校，在人才的培养上积累了丰富的经验。在见习营的这种短期训练模式中，各校师生分散重组，一同进行实地调研和采访，促进了院校间和师生间的交流与学习。有学生在访谈中指出，各校"师友同学通力合作，或观点纷争，或彼此启发，团队气氛活泼而热烈"，可见见习营这种模式在一定程度上促进了院校间、师生间的交流与学习。

三、展望：实践作为一种思政教育和全媒型人才培养的策略

（一）以实地实践进行思政教育

在思政教育上，有学者指出："课程思政，顾名思义，就是把思想政治教育渗透到知识、经验或活动过程中。"[①]因此将思政教育渗透到实践中也是一种思政教育方式的尝试。通过实践进行思政教育充分体现了马克思主义实践观，受教育者经过实践的检验和探索，才能更加深入地学习知识，从而影响认知和态度。

见习营通过寻访革命纪念地和人物模范的方式，充分利用目的地的红色资源，通过制定新闻生产的任务，推动同学对革命根据地和模范人物进

---

① 邱伟光.课程思政的价值意蕴与生成路径［J］.思想理论教育，2017（7）：10-14.

行收集资料或采访、整合资料、利用资料，推动思政教育的模式从被动的知识接收转向主动的知识获取，同学们可以在对实地的走访和新闻生产的过程中了解革命根据地的具体信息，学习革命精神和模范人物的思想，从而达到思政教育的目的。因此这种通过实践进行思政教育的方式可以进一步尝试和推广，通过结合院校当地的红色资源和模范人物，策划新闻报道训练活动，通过实践的方式对学生进行思政教育。

（二）以技能实践推动人才培养

有学者认为，在全媒体时代，记者具有"全媒体"业务技能：具备文字、图片、视频、音频等多种手段的操作能力。[1]"纸上得来终觉浅，绝知此事要躬行"，当下培养新闻人才是不能拘泥于书本和教室的，有学者在研究中指出，当下的新闻课程存在教学与实践脱节，学生实际操作能力不强的情况。[2]意识得到这个问题后，美国的密苏里新闻学院构建了"密苏里"新闻人才培养模式，该模式将"新闻课堂和报社编辑部、教授办公室整合在一起，学生的专业知识学习环节与专业实践环节有机地融合在一起"[3]。而见习营作为新闻课程教育实践训练可以说是密苏里模式的一次本土化尝试，即通过学校提供器材，整合采访资源，联系业界和学界的老师共同指导，对受教育者进行短期的集中训练，从而达到全媒体新闻生产技能的学习与训练。经过访谈，笔者发现有同学在参加见习营前从来没有接触过正式的新闻稿件采访和写作，也有同学从没有经历过视频的拍摄和制作，但是在见习营后都学到了采访写作和视频拍摄制作等技能。

---

① 言靖.论媒介融合时代全媒体新闻人才的培养［J］.新闻界，2011（5）：150-153.
② 孙宜君，刘进.媒体融合环境下广播电视新闻专业人才培养的思考［J］.现代传播（中国传媒大学学报），2010（11）：120-123.
③ 董广安.媒介融合背景下新闻传播人才培养的思考［J］.新闻战线，2009（4）：62-63.

（三）以交往实践助力资源整合

交往、交流也属于实践的范畴，马克思认为，脱离一定社会关系的"抽象"实践是不存在的，而交往恰恰是一种最基本的产生人与人之间关系的社会实践。①见习营正好可以提供一个交往实践的机会，让新闻媒体、各地高校、老师和学生可以互相进行交流，建立社交联系，从而促进资源整合。第一是教育资源的整合，各地的新闻院校各有所长，可以优势互补，互相学习；第二是媒介资源的整合，学子们不仅获得了锻炼新闻生产能力的平台，师生们还可以与媒体从业人员进行交流合作，互相交流知识和经验；第三是人际资源的整合，各地的高校和师生可以通过这种形式互相联络感情，从而建立良好的人际关系，为以后的合作发展打下基础。有同学在访谈中指出，"在见习营中，和来自不同院校的小伙伴结下了深厚的情谊"。

结语

见习营利用短期训练营的方式，把红色资源、媒体资源、院校资源整合起来，给学生打造了一个思政教育和全媒体技能训练与实践的平台，通过实践的方式使学生能够更加深入地学习思想政治，也鼓励了他们的全媒体实践热情。让知识传输和技能培养变得更容易被受教育者理解和接受，这也是思政教育和全媒体技能培养的有益尝试。当然，见习营未来还有更大的探索空间，比如如何将技能训练和理论教育联系得更加紧密，更加系统化和科学化，在实地实践的时候优化采访日程和教育，提高知名度和吸引力，形成品牌效应，从而吸引更多的媒体、更多的院校、更多的学子加入进来，为我国的新闻传播事业的发展和新闻人才的培养做出更大的贡献。

---

① 徐璐，杨湘弘.基于交往实践观的高校网络思想政治教育图式构建［J］.学校党建与思想教育，2021（12）：62-64.

全媒体时代大学生记者团的思政教育与媒介素养培养

作者：李墨馨*

大学生记者团是高校党委或团委下属的，有专业老师指导、大学生为主要组成人员的学生媒体组织。《中共中央国务院关于进一步加强和改进大学生思想政治教育的意见》提出，"学校教育，育人为本，学校要把人才培养作为根本任务"。大学生记者团是连接学校与外界的桥梁，也是让学生从新闻工作者的实际操作层面了解媒介的重要窗口。大学生记者团不只由新闻相关专业的大学生组成，而是包括了爱好新闻的各专业学生。大学生记者团在传递校园声音、讲述校园故事、宣传校园文化的同时，其所营造的媒体平台也成为新闻教育、媒介素养教育以及思想政治教育具体实践的有力场域。

一、大学生记者教育现状

媒介技术发展使得新闻报道进入全媒体时代。罗鑫认为全媒体指综合运用各种表现形式，如文、图、声、光、电，来全方位、立体地展示传播内容，同时通过文字、声像、网络、通信等传播手段来传输的一种新的传播形态。[①]高校媒体是实践育人的重要平台，媒体大环境的改变直接影响了

---

* 李墨馨，中国社会科学院大学新闻传播学院2021级硕士研究生。

① 方提，尹韵公．习近平的"四全媒体"论探析[J]．马克思主义研究，2019(10)：116-121．

大学生记者团的建设路径和人才培养方向。大学生记者除掌握记者的基本采写编评技能外，还要学习一系列与新技术相关的技能。各高校在将记者团新闻实践全媒体化变为常态的过程中，忽略了全媒体新闻实践是进行思政教育的良好场域，也未意识到大学生记者培养过程中马克思主义新闻观教育的重要性，并未将思政教育与大学生记者培养深度融合。

二、大学生记者团的重要性

（一）新闻实践与思政教育结合的试验田

高校记者团对学生的培养主要集中在基本新闻实操层面，例如采访、稿件撰写、编辑排版等技能，记者团成员在进行新闻实操的过程中将自身所学新闻理论与新闻实践相结合，通过新闻产出展现大学生群体的精神风貌、校园文化。高校记者团与思政教育结合，一是在培养学生新闻素养的同时对学生展开马克思主义新闻观的教育，在日常新闻采写过程中潜移默化地将马克思主义新闻观的准则传递给学生，培育学生记者坚定的信仰和正确的方向。二是将新闻宣传工作与高校思政教育相结合，充分发挥全媒体时代下媒介的多样性，以多种媒体形式、融合媒体形式展现高校思政教育的过程与成果。力求思政宣传去刻板化、说教化，使其严肃性与趣味性并具，历史的厚重性与时代的先锋性并重。

（二）新闻后备人才的培养基地

记者团是各高校新闻院系所重视的后备人才培养基地，在实践培训中新闻学科的大学生可以不断磨炼自身的基本职业素养。同时，记者团不但为多专业背景的新闻爱好者提供了接触新闻活动的路径，并且为高校记者团引入多学科背景人才，可以为新闻报道以及稿件提供更多专业性依据，

全媒体报道实践

同时人员的扩展有助于记者团新闻沿校内亚传播网络迅速传播，有利于思政教育相关信息的传达。

（三）高校舆论引导的旗帜

信息的传播渠道增加，信息传播突破时空界限，信息出现堆叠甚至超载的现象。信息全球化导致大学生所面临的舆论范围空前扩大，互联网媒体的开放性、共享性使得大量良莠不齐的信息进入大学生的视界，有可能影响到大学生道德观与价值观的建立，与高校思政教育初衷相悖，不利于思政教育的进行。记者团可以通过与思政教育合流提升其舆论引导能力，作为学生组织，高校记者团清楚大学生对于信息的需求与偏好，有利于利用生动有趣的宣传方式创作大学生喜闻乐见的新闻作品。同时有效沟通校内校外两个舆论场域，使得大学生形成社会舆论合力。高校记者团既能够帮助学生提升宣传技能，又能配合思政教育课程完成校思想教育及舆论导向工作。

三、当前大学记者团发展的不足

（一）学生记者新闻素养亟待提升

大学生记者存在写作技巧不够纯熟、处理采访突发事件以及编辑事件上不具有充足的经验等问题。同时作为学生社团组织，大学生记者大部分是兼职，其课业可能与记者团的一些新闻采集、校园校风宣传、校内重大活动报道相冲突，导致其客观上无法保证新闻质量，或学生记者积极性不高。

（二）学生团队人才流动性大

张勤认为："校报记者队伍还要形成人才合理流动的机制，学生记者应是能进能出，要让有才华的学生及时地补充进来，让不合适的人出得去。只有将人才流动真正推而广之,机会面前人人平等,才会在大学校园形成一种发奋向上、争当优秀的局面,有才华的学生记者才会脱颖而出。"①由于大学生本身固有的流动性,使得学生记者团队一直处于一种不稳定的状态。当大学生年级升高,学业压力与社会压力使其难以保证新闻作品的质量,同时因为大学生记者团工作的非强制性,学生在遇到冲突情况时可能会偏向于处理自身的学业问题或工作问题。固然人才流动可以保持新鲜血液的不断注入,但是不稳定的人员架构容易造成不稳定的新闻成品发布、不完备的宣传活动。

(三)缺乏思想政治指导,缺乏舆论导向

学校缺乏对于学生记者团队思想政治方面的教育与引导。在进入记者团之后,大部分大学生会学习新闻制作的一些基本技能,但是他们缺乏系统学习马克思主义新闻观的渠道,因此在进行新闻报道活动时缺乏对于政治立场以及思想方向的正确把握。学生记者也缺少对于宣传正当化的认识以及宣传技巧的掌握,对于校园文化宣传、校园先进师生宣传、思想政治课程宣传缺乏经验。同时记者团队也需要提高媒介素养。"他们要有较高的政治素养,不盲从社会潮流,不迎合低级趣味,与广大师生息息相通,甘当读者的公仆。"②

四、大学记者团未来发展建议

(一)开设相关课程,培养学生基本素养

虽然新闻实践中锻炼出的笔杆子最硬,但是不能让学生"两眼一抹黑"地跨入新闻工作。需要为加入记者团的新学生记者开设相关课程包括

---

① 张勤.论高校校报学生记者队伍建设 [J].新闻知识,2007(8):88.
② 张勤.论高校校报学生记者队伍建设 [J].新闻知识,2007(8):88.

基本的新闻采编、扎实的写作技能，以及全媒体时代的新兴传媒技术培训。面向完成"入职培训"的，具有一定采编能力的大学生记者则可以邀请优秀业界人士分享经验。同时，坚持"社会主义的新闻事业是党的事业的一部分"原则，开设以马克思主义新闻观为主题的思想政治课程，保证大学生记者思想不掉队，为这一群体树立正确的价值观以及报道取向。

（二）为大学生记者提供多样的实践机会

将学生记者团与建设性新闻发展结合起来，针对问题的解决进行新闻报道，为大学生提供参与建设性新闻写作的机会。同时开展多样新闻活动，如与新闻媒体进行合作、开展记者夏令营等。让大学生记者进入真正的业内学习，有利于了解社会新闻的生产过程、媒介组织内部的潜网、记者们的立场与信仰。

2020年，中国社会科学院大学、浙江传媒学院联合主办，中国人民大学协办了以"访'三地'，寻初心，见使命，育真情"为主题的青年卓越新闻人才浙江见习采访行动，选择嘉兴、义乌、绍兴等6个具有新时代特征的浙江省的市、县、区、镇作为寻访和对话地，带领大学生探访这些地区，创作出了许多优秀的融媒体作品。

这种大学生记者培养方式，将实践、实地学习相结合，实现了产学研一体化，可作为一条可参考的路径为各高校培养新闻人才时所借鉴。

（三）形成一套完备的人才培养机制

要提高高校记者团媒介融合水平，生产出高质量的新闻稿件，宣传校风，要依靠学生记者队伍强有力的支持。培养大学生记者团体中的中坚、骨干力量，形成"老人带新人""结对子"的优秀记者人才培养机制。同时团队内部进行工作合理化分配、分类化管理。确保全媒体、多平台的工作又好又快地完成。同时也可以设置内部岗位轮换，使大学生记者学习多类型新闻工作，培养全能型媒体人才。

（四）加强思政教育，注重马克思主义新闻观的应用

加强大学生思想政治建设，有利于提高大学生的思想修养、道德素质。新媒体时代，大学生记者团的思想政治建设已经成为校园文化建设、思想政治教育工作的重要组成部分。[①]学校党委或团委加强对记者团的实际指导，以大学生记者为点，以点带面，在高校内加强大学生媒介素养、培养全媒体新闻素养、端正大学生宣传意识。建设一支面向世界、面向未来、高质量、全方位的大学生新闻队伍。

2020年中国社会科学院大学"卓越新闻传播人才培养见习营"结束后，正逢新冠疫情暴发，原见习营成员与指导老师再次投入疫情新闻报道，通过远程线上采访，写出了很多作品。其中《中国人的故事|守护者日记》系列多篇报道得到中国青年网、新华社、中国新闻网、光明网、学习强国等媒体的支持和转载。在疫情中的实践使得大学生记者深入一线，切实地体会到了思政教育所要传达的精神，并且通过高质量的新闻内容产出，将马克思主义新闻的要义与精神传播到社会大众之中。

---

① 兰丽娟.新媒体环境下高校记者团建设浅析［J］.东方企业文化，2013（15）：253-254.

建设性新闻视域下高校全媒报道的创新实践
——以中国社会科学院大学校园媒体为例

作者：邹雅莹*

引言

2018年10月，教育部、中宣部发布了《关于提高高校新闻传播人才培养能力实施卓越新闻传播人才教育培养计划2.0意见》要求，要打造一批中国特色、世界水平的一流新闻传播专业点，形成遵循新闻传播规律和人才成长规律的全媒化、复合型、专家型新闻传播人才培养体系。移动互联网技术的高速发展引领信息传播进入全媒体时代，高校新闻报道工作面临新的挑战，高校传媒作为全媒体人才培养的孵化器和学校宣传舆论工作的重要阵地，应该在学校党委的领导下，认真学习、把握和遵循新闻宣传规律，围绕学校教学科研管理服务等中心工作，找准工作重点和切入点，改革创新新闻报道内容和形式，提升高校新闻媒体的宣传能力和工作水平。建设性新闻理念与实践近年来在我国兴起并受到广泛重视，对我国新闻事业的创新和发展提出了新的挑战，中国社会科学院大学因势而谋、顺势而为，在融媒体技术的加持下，通过对传播内容、传播形式推陈出新，积极融入学生生活、校园建设和社会发展，打破高校新闻宣传工作一直以来的固化模式。

---

* 邹雅莹，中国社会科学院大学2019级新闻学硕士研究生，校记者团团员。

一、建设性新闻的内涵和现实意义

建设性新闻指的是媒体着眼于解决社会问题而进行的新闻报道,是传统媒体在新媒体时代立足于公共生活的一种新闻实践或新闻理念。①从历史沿革来看,建设性新闻并不是突然出现的,从19世纪40年代美国哈钦斯新闻自由委员会在《一个自由而负责的新闻界》中提出的"社会责任论",到19世纪末商业报刊发展早期赫斯特和普利策等人致力于平衡新闻理想与商业主义关系的"行动新闻",再到20世纪末以媒体促成的社群形成、动员公民参与的"公共新闻"运动②,"积极参与"和"解决问题"始终贯穿新闻业发展进程中,而这两点也是建设性新闻的两大特点。

技术革新带来媒体环境的革新,大众传播在向公共传播不断演进,基于以往西方具有建设性的新闻变革运动中所追求的积极影响、问题解决和公共服务等要义,社会化媒体下的建设性新闻理念应运而生。在我国,建设性新闻理念在我国新闻事业发展的道路上开始出现许多本土化特征的实践。基于社会主义新闻媒体是党和人民的耳目喉舌这一性质,以正面报道为主一直是我国新闻媒体的重要报道方针。2019年新修订的《中国新闻工作者职业道德准则》中提到的媒体与新闻工作者要"增强社会责任以及坚持科学监督、准确监督、依法监督、建设性监督"③,表明了新闻媒体在社会建设中要加强"发现问题""解决问题"的社会责任。

高校传媒的受众主要是高校师生,学生群体是传播内容的生产者和接受者;高校传媒的功能主要是服务师生和建设校园,学生群体是服务的

---

① 唐绪军.建设性新闻与新闻的建设性[J].新闻与传播研究,2019,26(S1):9-14.

② 成情.建设性新闻的历史脉络、理论内涵与学历价值[J].青年记者,2020(6下):23.

③ 中华全国新闻工作者协会第九届全国理事会第五次常务理事会.中国新闻工作者职业道德准则[EB/OL].(2019-12-15).http://www.xinhuanet.com/politics/2019-12/15/c_1125348618.htm.

提供者和享用者，他们在校园建设过程中积极利用媒体发现问题、解决问题，这与建设性新闻理念的内涵和意义高度吻合。如何在该理念的指导下做好全媒体报道创新实践，是高校媒体需要学习和探索的重要任务。

二、高校全媒体报道的创新实践路径

（一）技术赋能驱动高校全媒报道

"中央厨房"作为全媒体时代社会媒体整合采编资源、聚合传播优势的一种创新机制①，对于高校全媒体报道实践具有重要指导意义。中国社会科学院大学（以下简称"社科大"）在组织开展"卓越新闻传播人才培养见习营"实践教学活动时，根据"中央厨房"机制，与东软集团合作，打造了"中国社会科学院大学融媒体实验平台"，严格按照板块功能划分，设有工作平台、内容管理系统、传播效果监测反馈系统等平台，具备集中指挥、采编调度、高效协调、信息沟通等基本功能。师生通过账号登录，可以在该平台内进行编稿、审稿、发稿等一系列操作，破解新闻工作中新闻生产流程等问题，实现资源的优化配置，基本实现"新旧融合、一次采集、多种生成、多元发布、全天滚动、多元覆盖"。

此外，社科大为提高教学、科研、管理、宣传和社会服务等各方面的工作能力和效率，优化相应的工作流程和工作模式，提高学校整体信息系统建设，打造的融媒体实验室也正式投入使用。实验室由全媒体新闻报道教学区域、智能媒体技术应用教学区域、4K超高清节目制作教学区域、专业音频制作教学区域四部分组成，构建了一个融合媒体"平台+内容+渠道+教学+应用"高等教育云生态圈，不仅为新闻专业的学生提供了一个专业高端的学习和实践场所，还为培养新时代复合型、全媒型的卓越新闻

---

① 刘岩.媒体领导必读：中央厨房到底是个什么梗？［EB/OL］.（2017-04-25）.
http://www.kunlunce.com/ssjj/guojipinglun/2017-04-25/115375.html.

传播人才提供了一个沉浸式的教研基地。学生在2021年秋季开学日报道中，利用融媒体实验室进行"云开学"直播报道，以"新同学"的视角带领校内外观众体验校园风光，很大程度上提高了校园宣传能力，并在日后的宣传工作上，时刻传递社科大和社科院声音。

（二）内容为本推动全媒报道守正创新

坚守马克思主义新闻观的原则是无论时代如何变革都不可撼动的指导性原则。高校新闻媒体作为高校党组织的喉舌，具有引导舆论、宣传正确思想和提供信息服务的重要任务，因此无论何时都要贯彻坚持用习近平新时代中国特色社会主义思想武装头脑、教育师生，以马克思主义新闻观指导宣传工作，坚持以师生为中心，为满足师生和社会日益增长的教育信息需求提供更多更好的新闻作品。

在守正的基础上，做到全媒报道内容的创新。具体新在哪些地方？其一，创新内容形式，传递主流价值观。社科大学生记者团队根据当下互联网传播的碎片化、个性化、开放化等特性，结合自身技能和社会化媒体的传播特点，创作了手绘长图、九宫格海报、H5等不同形态的融媒体新闻作品，适用于各种客户端、网页等平台。2020年2月在疫情防控吃紧的关键阶段，学院师生严格遵守防控命令的同时，不断积极努力进行建设性新闻报道实践，以期为抗击疫情贡献自己的力量，"建设性新闻工作坊"应运而生。学生在教师的引导下，结合新冠肺炎疫情等重大议题进行建设性新闻实践。三个月内发布的近30期融媒体作品中，就有18期作品被全网刷屏，多期登上中国青年网首页，微信阅读量均达10万＋，带动新浪微博话题阅读量14.8亿。其中，8月19日中青网刊登的学院学生制作的条漫作品《中国人的故事丨"医师节这天，我做了一个选择"》，以"一个医生的成长轨迹"为故事线，号召读者向医者致敬，向为疫情防控做出重大贡献的医务工作者致敬。"建设性新闻工作坊"将传播正能量和提出解决方案贯穿于整个实践教学中，致力于通过研发、采编、制作和传播主流价值观作

全媒体报道实践

品，打造具有主流流量的融媒体作品。

其二，创新话语方式，吸引受众目光。学生作为校园新闻内容的创作者、传播者和享用者，他们非常清楚什么样的新闻更能吸引校内学生的注意力、什么样的话题才是学生普遍关注的重点，什么样的内容在哪种话语形态下才能满足学生普遍审美。社科大的新闻传播类公众号根据内容视角、传播受众定位不同，采用多样的话语方式进行校园宣传和校园建设工作，如"中国社会科学院大学"官方微信公众号是由校党委宣传部统筹学生记者团进行校园官方报道，话语方式严肃、权威；"青春报"是由社科大新传学院学生主导，内容视角以学生为主体，对学校活动和问题、社会事件进行深访和实地调查，新闻作品多代表"学生心声"，学生记者是发现问题的参与者，也是提出解决办法的践行者，一定程度上加强了与受众之间的互动；"小院猫事"是由社科大学生主导的校园动物公益宣传，以"校猫"为第一人称视角进行动物公益活动宣传，话语方式新奇活泼，很大程度上帮助解决了校园流浪猫问题。

其三，创新内容范畴，突破校园与社会边界。校园媒体报道不能只局限于学校内的报道，校园发展和社会环境息息相关，学生通过学校提供的新闻实践平台收获的锻炼和经验最终都将反馈社会。社科大新闻传播学院在新文科背景下进行实践教学改革，先后组织开展了两届"卓越新闻传播人才培养见习营"，第一届见习营以"回望改革开放40年浙江轨迹，寻访中国特色社会主义伟大实践的浙江样本"为主题，选择了嘉兴、义乌、绍兴等6个具有新时代特征的浙江省县市区镇作为寻访和对话地，将"不忘初心，牢记使命"的主题教育与专业实践教学相结合，将国情调研与提高技能相结合，通过下基层、深访问，观察社会现实，了解国情民意，发现社会问题，思考解决方案。学生分组分工、携手合作，每晚就第二日的报道主题、内容和方式进行策划探讨，提前体验和熟悉专业新闻生产过程中必不可少的"选题会"，一周时间发稿10余篇，题材涉及之广泛：红色旅、历史回顾、产业升级、高质量发展、区域一体化、典型人物报道、5G和工业互联网、数字经济、中国经济与对外开放；体裁采用之多样：消息、通讯、评论、视频、人物特写、自主配音作品；报道手段之丰富：街采、专家访谈、无人机航拍。其中《买全球货，过中国年》《沪浙两山塘：一体化的畅与阻》等作品还被科技日报评选为优秀作品。"卓越新闻传播人才培养见习营"教学实践活动是社科大校园媒体践行建设性新闻理念的一大特色，突破了校园和社会的边界，符合培养高质量全媒化新闻传播人才讲好中国故事、传播中国声音的要求。

（三）传播方式多元统筹高校全媒报道平台建设

传统的"单打独斗"传播模式难以契合融媒时代高校媒体的宣传工作，联动协作打造多元化传播方式，才能统筹建设好高校全媒报道平台。首先要搭建高校校园媒体之间的联动协作。在当下高校传播生态中，除了校党委主管的主流校园媒体，还有大量师生自媒体、院系媒体、网站等，这些媒体相对于校园主流媒体来看，专业性和规模上都相对较差，但却更"接地气"。社科大通过联动协作，打造了校园主流媒体与各院系媒体、自媒体之间的传播报道平台，开拓了传播方式，让社科大的声音逐渐壮大。

高校媒体和社会媒体之间的联动协作也尤为重要。打通高校新闻媒体与社会媒体之间的渠道端口，不仅为社会公共媒体输送了优质内容，还扩大了高校新闻媒体的传播力。高校媒体为社会媒体注入更多的视角、思路和活力，社会媒体为高校媒体提供更广阔的传播平台和实践环境，携手实现"1+1＞2"的效果。社科大组织开展的"卓越新闻传播人才培养见习营"与国家、省、市级媒体合作，实践活动的全部成果都在科技日报社、中国青年网、新华网、中国广电新闻出版报等数十家新闻媒体和平台上发布，借助社会媒体多元的传播方式搭建了属于社科大自己的全媒报道平台，通过交流研讨、资源共享等方式不断推动媒体融合向纵深方向发展。

此外，这种联动协作不是简单的几个项目的合作，而是达成学界与业界融合培养人才的深度合作。社科大先后与农民日报、科技日报、工人报

 全媒体报道实践

社等中央级主流媒体签订深度战略合作协议，在人才培养、合作研究、社会服务、实习就业等方面展开一定的联动交流，争取让学生从培养阶段就加深与主流媒体的契合程度，响应习近平总书记"打造新型主流媒体"的号召，为中国特色社会主义新闻事业输送源源不断的高质量新型人才。

结语

建设性新闻实践在我国虽然还处在起步阶段，但其建设性的理念已经得到了广泛认可。高校媒体在进行全媒体报道时要以建设性理念为理论基础，通过技术赋能，破解新闻工作生产流程问题，提高教学、科研、管理、宣传和社会服务等各方面工作的能力和效率。全媒报道应在坚持马克思主义新闻观的指导原则下守正创新，开创内容形式和话语方式多样化，为传播主流价值观、建设好高校创作出更多更好的融媒体作品。高校媒体要和校内媒体和社会媒体实现联动协作，统筹建设全媒报道平台，实现传播方式多元化，提高传播力和影响力，携手双赢。

全媒体报道实践

——思政教育导向下的卓越新闻传播人才培养路径探析

作者：孙鸿菲[*]

2018年，教育部、中宣部发布的《关于提高高校新闻传播人才培养能力实施卓越新闻传播人才教育培养计划2.0的意见》中明确提出，要全面落实立德树人的根本任务，坚持马克思主义新闻观，用中国特色社会主义新闻理论教书育人，培养造就一大批具有家国情怀、国际视野的高素质、全媒化、复合型、专家型新闻传播后备人才。2020年1月10日至17日，为响应教育部、中宣部的号召，中国社会科学院大学、中国人民大学、浙江传媒学院三校合办的首届"卓越新闻传播人才培养见习营"在浙江成功举办。此次见习营以"回望改革开放40年浙江轨迹，寻访中国特色社会主义伟大实践的浙江样本"为主题，选择嘉兴、义乌、诸暨、绍兴等6个具有新时代特征的浙江省市县区镇作为寻访和对话地。其目的是在新文科背景下进行新闻实践教学改革，将"不忘初心，牢记使命"的思政主题教育与新闻专业实践教学相结合，将国情调研与提高技能相结合，让来自不同学校、不同专业、不同学历的师生在交互融合中取长补短、增进友谊；通过下基层、深访问的方式，观察社会现实，了解国情民意，发现社会问题，思考解决方案，并采用多种传播形态、话语方式和传播平台进行报道。

---

[*] 孙鸿菲，中国社会科学院大学汉语国际教育专业2019级硕士研究生，现为中国社会科学院大学应用新闻学专业2022级博士生。

一、历史源流

"课程思政",就是把思想政治教育渗透到知识、经验或活动过程中。[①] 它作为我国新文科背景下的一种综合教育教学育人理念,主张充分发挥高校所有课程的思想政治教育功能,推动专业教育和思政教育的同向同行,构建起全员、全程、全方位的育人大格局。[②] 新闻传播专业是培养具有家国情怀和责任担当的高素质、全媒化、复合型、专家型新闻传播后备人才,能够在各级党政宣传部门、新闻传播、广告传媒等企事业单位从事新闻信息传播工作的专业。课程思政的提出,不仅为提高新闻传播人才培养方向提供了有力支撑,也促进新闻传播事业的蓬勃发展。因此,积极探索新闻传播专业推进课程思政建设的历史源流,也成为创新我国新闻传播教育事业不可或缺的关键环节。

谈到思政教育导向下新闻传播教育的历史源流,就要明晰马克思主义新闻观对新闻人才的要求。马克思主义新闻观是马克思主义对新闻现象和新闻传播活动的总的看法及规律性的认识,涉及新闻工作的一系列根本性问题,其核心是马克思主义关于无产阶级及其政党新闻事业和社会主义新闻事业根本性质、工作原则以及运行规律等重要问题的基本观点。[③] 我国社会主义新闻事业,其根本性质是党和人民的耳目喉舌,新闻媒体就是要对人民群众服务,提供及时、准确、客观、全面的新闻报道,既要积极向人民群众宣传党的路线、方针、政策,又要热情地向党和政府传达人民群众的心声,满足人民群众日益增长的美好生活的需要,真正使新闻工作

---

① 邱伟光.课程思政的价值意蕴与生成路径[J].思想理论教育,2017(7):10-14.

② 郑卓,陈莹.新闻传播专业推进课程思政建设的价值意蕴与实践路径[J].传媒,2021(9):85-87.

③ 《马克思主义新闻观十二讲》编写组.马克思主义新闻观十二讲[M].北京:高等教育出版社,2018:7.

让党和人民都满意。对于新闻传播专业而言，作为高等教育的重要组成部分，更应时刻秉承党媒姓党的根本原则，有机结合党和国家的战略方针政策，主动适应新的媒介生态的发展格局，全面推进课程思政的育人理念。

以马克思主义新闻观作为核心指导，是新闻教育的根本，也是时代赋予的历史使命。习近平总书记在庆祝中国共产党成立100周年大会上指出，马克思主义是我们立党立国的根本指导思想，是我们党的灵魂和旗帜。在新闻学领域，我们也要有充足的自信，为建构一个科学的、系统的、经得起实践考验的中国特色新闻传播教育体系而不懈努力。

二、战略定位

（一）开放式思维、模块化教学理念

我国新闻传播教育的课程体系、学科体系、教学内容、培养方式等内容相对其他学科还尚未成熟。部分地方院校偏重以教师为中心进行的封闭式知识讲授、轻视以学生为中心的开放式实践能力培养。这是当今新闻传播人才培养中普遍存在的问题。与其他学科不同的是，新闻学是一门实践性极强的学科，所以学习的时候也应当放到实践中进行学习。面对传媒行业的飞速变化，新闻传播教育需要自觉反思与提升，着力于教学内容与培养方式的再变革。基于当今互联网行业发展趋势和规律，要有针对性地培养学生专业技能，增加知识储备，使学生的知识和技能与社会、行业的发展相关联、与社会需求相匹配，在开放式、探索式的自主学习过程中，提升学生的创新思维与解决实际问题的实践能力。此次"卓越新闻传播人才培养见习营"最大的特色在于"传统与未来的融合"，即"不忘初心，传承红色精神的传统与面向新时代、面向传媒智能化的未来相融合"。依托长三角智能研究院，组织开展各种类型丰富的实践活动，如劳模访谈、参观调研等，利用开放式的思维、模块化教学理念提升学生对前沿知识自主

学习的能力。

（二）跨学校、跨专业、跨地区融合

首先三所不同高校的合作本身就是一次融合创新，三校在学科规划、专业建设、人才培养、就业指导等方面进行了充分的交流，同时各高校都发挥出自身的独特优势，其中浙传的学生创意新、动手能力强、基本功扎实、实操能力强；社科大和人大的学生理论功底雄厚、逻辑严谨、思维缜密度高。三所高校的同学们各有各的优点，在活动中互相借鉴学习，相辅相成，共同成长，使卓越新闻传播人才培养质量提升到更高层次。经选拔，此次共有42位来自中国社会科学院大学、中国人民大学、浙江传媒学院的师生参与。其中许多学生不具备新闻专业知识的背景，以中国社会科学院大学为例，营员中有来自经济学专业、汉语国际教育专业的学生，既有本科生研究生又有博士生；浙江传媒学院也有来自广播电视编导专业、播音与主持艺术专业的学生。这些不同专业学科背景的学生在一起进行新闻实践活动更有利于打破学科藩篱、淡化专业边界，汲取不同学科的思维模式从而提升兼容性和融合性。在目前高校的人才培养模式中，跨界融合并未得到足够重视，许多地方院校的新闻传播学科依旧遵循传统的培养模式。例如学生大学期间基本在学校的课堂中学习新闻理论知识，部分学生有机会在学校党政部门的新媒体宣传中心从事一些实践实训活动，但缺乏系统性、技术性、专业性，甚至对部分媒体行业的新兴事物不了解不熟悉。最后是跨地区融合，中国社会科学院大学和中国人民大学位于北京，浙江传媒学院位于浙江，南北方不同的地域特色孕育着不同的文化，北京严谨务实、历史文化厚重，浙江开放包容、发展动力强劲，不同地区的交流合作也有利于促进区域间经济文化的交流，从而为地区和人才发展注入新动力。此次跨学校、跨专业、跨地区的横向交叉融合，不仅有利于不断改进教学方法、创新教学组织形式，更有利于实现全媒化的人才培养。

（三）全流程、融媒体新闻实践紧密结合

在新闻专业的学习中，实践是必不可少的重要环节，不仅有利于提高学生专业技能，也是让学生掌握更多知识的重要方法之一。在过去传统的新闻实践中，电台、电视台、报社等媒体单位习惯把实习生安排在新闻部、评论部、专题部、融媒部等部门进行实训锻炼，常采用"一带一""手把手教"的方式，即选题策划、新闻采访、撰稿写作、新闻拍摄、后期编辑等都由一个媒体资深从业者实行责任包干，直到让学生们熟练掌握为止，真正让他们得到锻炼成为名副其实的新闻人。而这次见习营活动也基本采取这种"全流程""手把手教""一带一"的方式，不同的是学生要主动进行选题策划，体会完整地完成新闻作品发布的流程。从选题策划开始，再到每天的采访和实践中挖掘新闻线索，基本由学生全面掌握，但在此过程中可以零距离地随时随地向老师咨询和请教，这样"全流程""手把手教"的培养方法，提高了师生互动的积极性，也使学生全面掌握了一名合格的新闻人所应具备的知识和技能。

如中国社会科学院大学郭正正同学和浙江传媒学院李玲同学共同撰写的文章《新春走基层|淡季不淡！红色旅游成春节出游新亮点》一文，经过两位同学前期的选题策划、实地采访、文稿撰写，再经过王凯山老师的点评润色，最终在业界导师王小龙的指导下，顺利在科技日报今日头条官方账号发布。从一个新闻作品到新闻产品，不仅是一个人的努力，学生们在整个过程中体会了团队合作的力量，这种全流程、融媒体实践紧密结合的培养方式，不仅实现了从课堂到媒体、从了解到动手的目标，也实现了新闻传播教育与创作全流程、全方位的人才锻造。

三、实践路径

（一）教师队伍庞大，学界与业界教师搭配指导

百年大计、教育为本。教育大计，教师为本。打造一支精通新闻理论、在学术方面有所贡献，又熟悉融媒体新闻采编技术、具有很强实际操作能力的新闻传播教师队伍是培养卓越新闻传播人才，办好新闻传播教育的关键所在。此次三校合办的"卓越新闻传播人才培养见习营"从两方面为教师队伍的打造注入了活力。

一是三所高校选派学院最优秀的青年教师跟随此次行程进行全方位的理论和实践指导。例如中国社会科学院大学新闻与传播学院派出了六名专业教师带队前往，其中有常务副院长、博士生导师漆亚林教授，漆老师是院学术委员会负责人，曾在《现代传播》《电视研究》等学术期刊上发表文章60多篇，在新闻传播学术研究方面有着卓越贡献。王凯山老师是新闻与传播学院优秀青年教师，中央台"全国两会"记者，"汶川地震"首批特派记者。曾有十三年记者生涯，采访过白岩松、崔永元、王健林、王石、俞敏洪等数百位知名人物，采写的新闻作品获得过国家、省部级新闻奖十余项。此外，浙江传媒学院新闻与传播学院党委书记崔波教授、戴冰洁副教授、中国人民大学新闻学院办公室主任张怡老师、新闻实验中心主任罗雪蕾博士也带队跟随前往。新闻专业具有很强的实践性，而传统的新闻传播教育往往是在课堂上进行案例教学，缺乏真实的实践环节。此次见习营把教师和学生带到了真实的新闻实践场景中，这种在实践中的学习实际上更接近于媒体从业者真实的工作状态，可谓是一次有力的新闻传播教学实践探索。

二是聘请业界导师在行程出发前到高校开展讲座进行全方位实践指导，并跟随队伍进行实训实践教学。以中国社会科学院大学为例，其中出

发前邀请四家主流媒体的导师结合此次浙江之行的特点，为学生们重点讲解新闻实操技巧。其中快手政务总监周亚梅分享了《快手短视频传播规律与内容策划技巧》，重点分享了新媒体政务传播的基本特点与规律；科技日报新媒体中心主任王小龙带来讲座《打造"爆款"的几点启示——以科技日报新媒体平台为例》，讲解媒体融合背景下打造抖音短视频爆款的底层逻辑；中国青年报新媒体中心副主任杨月在《打造新媒体正能量爆款产品的"六个力"》中详细阐释了新闻从业者要具备捕捉重大政治信号的敏锐力、抢夺转瞬即逝爆点的行动力、持续跟踪发掘深度的渗透力、以小博大引燃正能量爆点的策划力、塑造逆典型反程式化的品牌力以及舆论斗争中的绝杀力，鼓励学生以巧妙的构思、朴实的语言、独特的视角打造有温度的新闻作品，用新媒体技术手段讲好新时代的浙江故事；新华社中央新闻采访中心首席记者董峻从自己多年的新闻从业经历出发，分享了新闻采写的关键要素，给学生展示并讲解了获奖新闻采编作品的文章建构与特点。在见习营出发前夕，复旦大学社会发展与公共政策学院副院长张乐天教授从社会学研究视角出发为三校学生分享劳模访谈的技巧和主题提炼的要点，对此次新闻传播业务实践具有重要指导作用。

此次"卓越新闻传播人才培养见习营"在教师队伍打造方面，一方面既有理论扎实的专业教师，又有业务精湛的行业导师。他们在实践过程中言传身教，一路上不厌其烦地为学生解答遇到的各种问题，这支强有力的教学队伍从理论教学水平和业务实践能力两方面给学生带来了全面提升。

（二）短期高强度实训、学生融媒体实践技能提升迅速

为期一周的浙江大学生寻访活动，学生们分为"嘉兴—安吉"和"义乌—诸暨"两条线路进行实地走访调研，通过考察南湖革命纪念馆、县级融媒体示范中心——安吉新闻广电集团、两山重要思想的诞生地"余村"、天荒坪潮汐发电站、桐乡新凤鸣5G智慧车间、陈望道故居、义乌国际商贸城等具有浙江特色的地标，试图展现一个更加立体真实全面的浙江

图景。时间紧、任务重是这次见习营最大的特点。由于每天都有不同的任务，在半天之内就要前往不止一个地点进行参观调研和采访，为了防止积压的内容过多，影响时效性，见习营的学生们经常选择牺牲自己的休息时间来保质保量地完成新闻作品。在这种高压的工作状态下，激发了学生的潜能，不仅树立了融媒体采访理念，融媒体采访技能也快速提升，还培养了爱国主义情怀，锻炼了专业能力，提升了践行社会主义核心价值观的意识。"后来行程结束时大家在总结反思的时候有提到，会不会行程安排的时间点太多了。"浙江传媒学院17级新闻学1班的周晶同学说道："但是我现在觉得其实都是相互的，目标点多我们才有机会了解一个真实、完整的义乌。"短短一周的时间，共计产出新闻作品60余件，其中20件作品被评为优秀作品。视频类一等奖作品《义乌商贸百元大挑战》《买全球货 过中国年》在科技日报、中国青年报等新媒体平台上播出，播放量已过万。图文类一等奖作品《"美丽乡村"官方摄影师：高家堂村村主任潘小众》《浙沪两山塘：一体化的畅和阻》以独特的观察视角，描绘出了新时代浙江的发展变迁，被光明网、新华社等主流媒体转载，阅读量已破15万。经历了七天见习营后，科技日报记者王小龙指出了学生们的进步之处："对选题的把握能力更强，对新闻点的把握更准；视频的拍摄加工制作上更成熟老练；经过和不同学校学生老师的交流，视野更开阔了，对自身的特点定位也更准确。"沉重的任务和紧迫的时间让学生们在此次见习营期间承受了巨大的压力，可经过这次磨炼，学生们对新闻价值的含义更加清晰、挖掘新闻的能力和判定新闻的能力都得到了极大提升。

（三）中央媒体、主流媒体、商业媒体全方位传播

为了保证卓越新闻传播人才培养的质量，新闻传播专业教育要保障充足的实践资源和多层次的教学平台。比如充分利用中央及地方媒体资源，打造覆盖传统媒体与新媒体的多元化校内外实践平台，其中报纸、期刊、

广播、电视等传统媒体，网站、微信、微博等新媒体平台都是很好的实践平台，学生不仅可以参与传统媒体的新闻运作，而且还能够感受跨媒体的新闻制作，学习的同时能获得丰富的实践经验。

此次见习营的新闻实践成果受到了中央媒体、主流媒体、商业媒体的高度关注，其中科技日报社、中国青年网、浙江卫视、新蓝网、中国蓝新闻客户端、凤凰网、新华网、中国广电新闻出版报、快手等数十家新闻媒体和平台上主动发布了学生的优秀新闻实践作品。其中中国青年报新媒体中心副主任杨月老师充分肯定了此次活动的意义："见习营是三个学校通力合作的结果，给学生提供了良好的实践平台，为媒体发现新闻人才提供了良好的基础。"

四、价值意蕴

（一）以实践育人为基础培养学生家国情怀与责任担当

新闻教育的理念应当是立德树人，在此次专业实践中，学生们充分发扬了吃苦耐劳、团队合作、精益求精的精神，达到了课程思政思想引领和价值塑造的根本目的。学生通过在浙江的寻根调研和实地走访等活动，加深了对国情社情和我国新闻事业发展情况的了解，拓展所思、检验所学。

当下，中国社会正处于重要的转型期，在中国走向高质量发展的过程中，新闻从业者有责任记录当下正在发生的中国故事。这种强烈的责任心来自对国家和人民深切的了解和热爱，只有热爱，才能真正做到用心观察、用心思考、用心讲话、用心做文章，用新闻的力量推动整个社会的进步。在媒介融合时代新闻教育要始终坚持以内容为王、技术为辅的导向要求，培养学生深厚的人文底蕴、责任心和家国情怀。"无论技术如何进步，新闻传播的一些基本精神，例如公共服务、人文关怀等需要坚守，逻辑思维、反思批判、理论创新等是不变的"①。

（二）以学术研究为支撑带动人才高质量培养

一流高校的人才培养离不开一流的学术研究，新文科背景下青年卓越新闻传播人才的培养也不例外。新闻传播学的学术研究将为人才培养发挥关键的支撑和带动作用。所有学生和教师在见习营结束后，每人从学术角度出发对当今浙江的发展变迁进行深入思考并撰写了5000字的学术论文。如中国人民大学江竞达撰写论文《知识鸿沟理论下基层图书建设》、张文骁同学《义乌在中美经贸摩擦中的损失及应对探析》；中国社会科学院大学颜钰杰《从城市文化看城市建构：关于义乌精神的思考》、王珩瑾《直播带货热潮下的冷思考——以义乌市北下朱村为例》；浙江传媒学院苏莉同学撰写《大学生眼中的红船精神》等优秀论文即将被发表。在中国从站起来、富起来走向强起来的过程中，作为新闻学子，既拥有见证历史、记录历史、创造历史的难得机遇，也有讲好中国故事、让世界听到中国声音的历史责任。通过学术论文的形式引导学生深度思考历史使命和责任担当，不仅有利于带动新闻教育的学术研究和学科建设，也有利于进一步强化新闻传播能力教育、履行使命。

（三）以新闻产品为导向培养全媒体传播人才

新闻是一门实践性很强的学科。范敬宜老先生曾将新闻比作"游泳"，"你在岸边上讲多少要领，如果不到水里，永远学不会游泳"。全媒化卓越新闻传播人才培养，不仅要加强学生的新媒体表达能力和内容统筹能力，更重要的是培养新闻采编播一体化等业务能力，增强学生的新闻传播史论、业务知识积淀，坚守马克思主义新闻观对新闻人才的核心要求，提升新闻敏感性和准确判断能力、信息获取甄别和分析能力，新闻采写编评的

---

① 石磊.全媒化新闻传播人才的培养：卓越新闻传播人才培养从1.0到2.0［J］.青年记者，2019（1）：59-61.

能力。

习近平总书记在十九大报告中曾提出:"要高度重视传播手段的建设和创新,提高新闻舆论传播力、引导力、影响力、公信力。"此次活动以大学生新闻人的视角,采用数据新闻、短视频、沙画、动画短片、H5、新媒体直播、MV等多种媒介传播形态进行报道,在一定程度上创新了作品的表达形式,使学生具备了更强的技术发展感知能力、技术体系对话能力,更好地掌控传播。

结语

目前,新闻传播教育学界在全媒化、复合型人才培养方面已形成了一定的基本理念和模式,也展现了多元探索的丰富性。希望通过本次实践项目的探索与研究,能够为媒体融合时代新闻传播后备人才的培养提供可借鉴的经验。

身处变革、懂得坚守!不仅是新闻人秉持的理念,也应当是所有新闻学子铭记在心的价值观。周恩来先生曾在写给同学的信中说,"愿相会于中华腾飞世界之时",笔者在这里也写给所有参与此次见习营的老师和同学们:愿我们相会于为未来中国奋斗之时!

建设性新闻的媒体融合路径探索

——以"中国青年网—中国社会科学院大学建设性新闻工作坊"为例

作者：颜钰杰 *

2014年8月18日，中央全面深化改革领导小组审议通过《关于推动传统媒体和新兴媒体融合发展的指导意见》，媒体融合上升到国家战略层面。[①] 2019年1月25日，习近平总书记在中共中央政治局第十二次集体学习时强调"推动媒体融合向纵深发展，巩固全党全国人民共同思想基础"[②]。媒体融合发展对于提升国家传播能力和媒体业态转型升级具有重要意义。建设性新闻作为中国特色新闻学，同样需要顺应媒体融合趋势，积极探索融合发展路径，提升传播效能。

随着传播渠道的迭代和信息技术的赋权，传统媒体的新闻生产和信息传播面临着信任危机和市场挑战。为了回应公众对于媒体日渐式微的唱衰和重塑新闻业的社会形象，以解决社会问题为导向的建设性新闻应运

---

* 钰杰，中国社会科学院大学新闻传播学院2018级本科生，清华大学新闻与传播学院2022级硕士研究生。

① 共产党员网.中央全面深化改革领导小组第四次会议审议通过《关于推动传统媒体和新兴媒体融合发展的指导意见》[EB/OL].（2014-08-20）[2021-06-20]. http://news.12371.cn/2014/08/20/VIDE1408534807182577.shtml.

② 人民网.推动媒体融合向纵深发展 巩固全党全国人民共同思想基础[EB/OL].（2019-01-26）[2021-06-20].http://politics.people.com.cn/n1/2019/0126/c1024-30591056.html.

而生。海格拉普（Ulrich Haagerup）于2008年提出了"建设性新闻"的概念，期望建立适应智媒时代的新闻价值理念和评判标准。① 凯伦·麦金泰尔认为，建设性新闻是在坚持新闻核心功能的同时将积极心理学和其他行为科学的技巧运用到新闻流程和产品，致力于创作卓有成效、引人入胜的报道。② 就中国实践而言，唐绪军将建设性新闻理解为"媒体着眼于解决社会问题而进行的新闻报道，传统媒体在公共传播时代重塑自身社会角色的一种新闻实践或新闻理念"③。

近年来，我国学界积极将"建设性新闻"引入中国，主张开创具有"中国特色"的建设性新闻实践。周然毅认为，中国文化和中国特色新闻理论与实践为"建设性新闻"的中国化提供了理论与实践基础。④ 漆亚林认为，建设性新闻的中国范式是以中国传统文化为滋养、以马克思主义新闻观为核心、以社会责任与功能导向为目标的协同主义范式。⑤ 通过学者的研究可以认为，建设性新闻的本土化具有可行性和发展潜力。一方面，建设性新闻的引入顺应了媒体的发展趋势和社会角色嬗变；另一方面，建设性新闻的中国化发展需要结合媒体融合的时代语境，进行积极的媒体融合探索，以实现传播内容、传播渠道和传播效果的优化。

史安斌等认为，建设性新闻的核心理念为"问题解决导向、面向未来的视野、包容与多元、赋权、提供语境和协同创新"⑥。超脱于传统新闻

---

① 史安斌，王沛楠. 建设性新闻：历史溯源、理念演进与全球实践［J］. 新闻记者，2019（9）：32-39+82.
② 晏青，麦金泰尔. 建设性新闻：一种正在崛起的新闻形式——对凯伦·麦金泰尔的学术访谈［J］. 编辑之友，2017（8）：5-8.
③ 唐绪军. 建设性新闻与新闻的建设性［J］. 新闻与传播研究，2019，26（S1）：9-14.
④ 周然毅. "建设性新闻"的中国化思考［J］. 新闻与传播研究，2019，26（S1）：71-75.
⑤ 漆亚林. 建设性新闻的中国范式：基于中国媒体实践路向的考察［J］. 编辑之友，2020（3）：12-21.
⑥ 史安斌，王沛楠. 建设性新闻：历史溯源、理念演进与全球实践［J］. 新闻记者，2019（9）：32-39+82.

的信息发布和服务功能，建设性新闻致力于为社会积极提供建议并解决问题，因此建设性新闻更加关注新闻的可达性和感染力，而媒体融合即推动建设性新闻生产和传播的关键思路。媒体融合对于建设性新闻如何成为必要和可行；建设性新闻如何推进媒体融合发展，正是文章研究分析的逻辑起点。基于这个问题，文章以"中国青年网—中国社会科学院大学建设性新闻工作坊"为例，尝试分析探讨建设性新闻的媒体融合路径。

一、必要与可行：建设性新闻的媒体融合图景

建设性新闻作为起源于西方的概念，在中国化的过程中被赋予了新的理解和内涵，民生新闻、公共新闻、参与式新闻和暖新闻在以正面宣传为主、坚持党性原则的中国特色宣传思想之下，成为典型的建设性新闻中国样本。[①]

近年来，随着社会环境和媒体技术变化更迭，建设性新闻投入新闻实践具有重要意义。建设性新闻有助于补充传统新闻价值，重塑新闻业角色；有助于改善社会关系，促进社会进步；有助于全球"向上向善"发展。[②]事实上，国内媒体早在数年前就开始了以暖新闻为典型的建设性新闻探索：2015年4月，凤凰网创立《暖新闻》新闻专题栏目，通过报道暖新闻弘扬正能量，推出两个月内访问人数突破一亿人次；2015年6月，凤凰网与新华社新媒体中心共建暖新闻栏目；同年7月，中国青年报在纸质刊物上推出了首期《暖闻周刊》。

近年来，移动互联网的充分普及和新媒体平台的蓬勃发展为建设性新闻的发展提供新的思路，建设性新闻的生产方式也需要随着传统新闻采集生产流程和新闻内容分发方式的创新而变化。

---

① 漆亚林.建设性新闻的中国范式：基于中国媒体实践路向的考察[J].编辑之友，2020（3）：12-21.
② 蔡雯，凌昱."建设性新闻"的主要实践特征及社会影响[J].新闻与写作，2020（2）：5-12.

首先就新闻生产组织和生产者而言，在中央级媒体以"中央厨房"为代表，地方媒体以"县级融媒体中心"为代表的内容生产模式驱动下，建设性新闻的生产注定要在组织融合的系统下进行。同时，建设性新闻的"公民赋权""包容与多元""协同创新"等特征强调了社会公众作为新闻生产参与者的作用。一方面，记者在建设性新闻报道中并非单一观察者，而民众的呼声、专业人士的观点都能成为建设性新闻的组成成分。无论是重大社会议题还是基层民生新闻，通过为民众"赋权"，运用建设性新闻的寻求共识和解决方案才成为可能。另一方面，习近平总书记在主持中央政治局第十二次集体学习时提出了"四全媒体"的概念，而"全员媒体"反映了在手机等智能终端广泛普及后，社会公众获得媒介可供性（affordance）赋权，人人都成为新闻素材的采集者和新闻信息的发布者。媒体组织则需要在新闻生产过程中同社会公众达成合作，实现媒介内容生产者层面的融合。

其次从建设性新闻的内容创作和呈现形式出发，建设性新闻报道的基本逻辑为"反映问题，呈现多方意见和公共协商，推进问题解决"。面对当前媒体技术发达和网络信息过载的情况，建设性新闻的生产创作要求记者在文字、图片、音视频等媒介的基础上结合H5、AR和VR等技术，充分体现报道主体的矛盾所在和可能解决之道，以建设性的话语推动问题的解决。

再次，移动互联网和社交媒体的发展拓宽了用户接入的渠道，建设性新闻的传播与分发需要通过全方位和多维度的路径展开。建设性新闻的分发不再仅仅依赖于纸质刊物和"两微一端"，主流用户使用的直播、短视频和5G技术等场景媒介的普及为建设性新闻分发渠道的融合提供了技术支撑。

最后，建设性新闻在生产传播过程中，需要充分体现人的主体性。媒体融合立足于"以用户为核心"的思路，用户需求同样是建设性新闻媒体融合的助推剂。一方面，传统媒体在融合中常常会陷入"技术优先"的认知误区，认为在新闻采编和传播、舆情数据监测等方面进行资金和技术投入，建设出技术超前的融媒体中心就大功告成。实际上，媒体融合是为了优化用户体验，提高传播效能。另一方面，不同媒介平台的特征导向了用户的多样化需求。纸媒关注新闻报道和信息传达，新媒体强调用户体验和信息服务，建设性新闻生产如果不在用户端进行融合探索，推动问题解决就无从谈起。

综上所述，建设性新闻的媒体融合在生产组织、内容创作、分发渠道和用户体验四个维度上充分展现出了必要性和可行性。建设性新闻作为新闻报道中一类独特的典型范式，不但同一般新闻生产一样面临着媒体融合的时代趋势，而且基于自身特征的考量，更加强调了媒介融合探索的重要性和紧迫性。

二、理论与实践：建设性新闻的媒体融合形态

媒体融合的本质是技术融合、人人融合、媒介与社会融合。[①]作为"积极""参与"的建设性新闻，同媒体融合"传播主流意识形态和主流价值观"的主要任务和"强信心、聚民心、暖人心、筑同心"的核心价值相互适应。[②]建设性新闻作为近年来新闻传播学研究的热点问题，目前尚未成熟。建设性新闻的实践也各有特色和差异。基于此，文章以"中国青年网—中国社会科学院大学建设性新闻工作坊"为例，分析在"以内容建设为根本、先进技术为支撑、创新管理为保障"[③]思路下建设性新闻在机制、内容、形态、渠道和主体方面的融合路径。

---

① 廖祥忠. 从媒体融合到融合媒体：电视人的抉择与进路［J］. 现代传播（中国传媒大学学报），2020，42（1）：1-7.

② 唐绪军，黄楚新，王丹. "5G+"：中国新媒体发展的新起点——2019-2020年中国新媒体发展现状及展望［J］. 新闻与写作，2020（7）：43-49.

③ 共产党员网. 中共中央关于坚持和完善中国特色社会主义制度 推进国家治理体系和治理能力现代化若干重大问题的决定［EB/OL］.（2019-10-31）［2021-06-20］. https://www.12371.cn/2019/11/05/ARTI1572948516253457.shtml.

（一）创新机制：产学研融合前进

"中国青年网—中国社会科学院大学建设性新闻工作坊"是由中国青年网同中国社会科学院大学新闻传播学院于2020年2月联合共建的建设性新闻产学研平台，在建设性新闻的组织结构和机制创新方面具有借鉴意义。

首先，中国青年网立足于青年群体，是共青团吸引青年的新载体和引导青年的新途径。中国青年网的独特定位决定了其新闻报道和内容生产将围绕青年群体展开。所谓"用户在哪媒体融合就在哪"，中国青年网以工作坊的形式，让青年大学生作为建设性新闻创作的参与者，从新闻生产的源头就富有青春气息。其次，建设性新闻工作坊为新传专业学生提供了实务锻炼的平台，以青年视角创作青年报道，将创作者和接受者融为一体，有利于提高建设性新闻的心理接近。再次，建设性新闻无论是视为"解决之道新闻"抑或是"正能量新闻"，在中国新闻实践的本土化研究中尚未深入，中国青年网作为业界媒体通过中国社会科学院大学及中国社会科学院新闻与传播研究所的学术研究资源融合，对于中国青年网的建设性新闻实践具有学术层面的指导意义。通过建设性新闻工作坊产学研融合，建设性新闻的本土化实践才能实现理论上有章可循，实践上有计可施，创作上有人可用的目标。

（二）融合内容：于平凡中见未来

新闻选题方面。建设性新闻工作坊的作品创作立足于建设性新闻"包容与多元"和"公民赋权"的特征。以"中国人的故事""榜样家书"系列为例，作品在选题过程中结合重大节日策划和新闻热点，将报道面向平凡人的故事，通过讲述来自社会中不同群体的经历和故事，传递正能量，为青年一代面临的迷茫与困顿提供应对思路。包容与多元的特征要求建设性新闻在融合报道的过程中涵盖多元的声音，呈现多元的故事，体现了建设性新闻选题重大背景和平凡视角，主流议题和多元声音的深度融合。

新闻采集方面。建设性新闻内容采集也体现了媒体的合作融合。同时，在"四全媒体"的时代背景下，每个人都被赋予了采集和生产新闻内容的可能。无论是媒体与媒体之间的合作，抑或是媒体与公众之间的融合，都体现了建设性新闻内容采集的融合特征。以《中国人的故事|暖镜头：七夕，你是我最好的礼物》为例①，工作坊通过中国青年报、人民日报和央视网等媒体，选取了"军嫂登上5418米的哨卡，只为看丈夫一眼"等一系列平凡人之间的爱情故事作为新闻素材；而关于暖新闻的网友评论则选自新浪微博、人民日报客户端和央视网等平台的用户发言。整体而言，建设性新闻的生产创作积极跨越媒介组织与平台之间的隔阂，以积极的态度选用优质新闻内容，实现媒体的合作融合和未来导向。

（三）整合形式：以抵达人心为纲

不同于消息、通讯，建设性新闻致力于推动问题受到社会关注和解决，所以建设性新闻如何得到用户的关注，如何抵达人心成为新闻创作过程中需要考虑的问题。建设性新闻工作坊在作品的表现形式上，做了一系列的尝试冀望受众能够在阅读过程中获得更好的体验。

首先是长图文的设计。"中国人的故事|暖镜头"系列长图打破传统的新闻报道范式，也不同于微信推送文章的制作模式。通过选取素材，确定建设性新闻作品文案和图片，将每一则新闻按照新闻标题、新闻内容、新闻图片和青年说（网友评论）的框架进行整合，再通过制图工具进行视觉设计。其次是音频和视频内容创作。以建设性新闻工作坊"榜样家书"系列为例，记者在深入采访受访者的故事后，以受访者的口吻将自己的经历

---

① 中国青年网.中国人的故事|暖镜头：七夕，你是我最好的礼物［EB/OL］.（2020-08-25）［2021-06-23］. https://mp.weixin.qq.com/s/jz2SA4SgcKpkTb-FiLxqww.

创作一封家书并邀请受访者录制朗读家书的音频，最终以家书音频和图文故事的形式呈现在微信上。"榜样家书"让记者跳出原有的客观立场，从受访者的角度出发，将自己的故事用音频、图片和文字的方式娓娓道来，一步步地走进受众的心中，充分体现了建设性新闻"积极""参与"的特点。此外，工作坊成员参与视频脚本策划和制作，在面临重大热点策划时结合视频进行新闻报道，给受众以场景感。再次是H5、漫画、动图和沙画等形式的融合尝试。2020年5月4日，建设性新闻工作坊在中国青年网微博客户端发布了《中国人的故事 | 不怕难，我是中国青年》漫画长图[1]，以一株蒲公英的形象串联起了各个暖故事，通过漫画的形式鼓舞中国青年迎难而上，逆风飞翔。作品选择青年一代广泛接受的漫画风格，采用对话式的语言，润物无声地传递了建设性的理念，达到了良好的传播效果，微博阅读量达一千余万，点赞数近十万。同时，建设性新闻工作坊通过H5、动图、沙画等方式创作了一系列作品，体现了建设性新闻呈现形式的多样与融合。

（四）拓宽渠道：建构全媒体矩阵

媒体融合背景下，建设性新闻的传播同样需要多个渠道的支撑。目前，建设性新闻工作坊的作品在《中国青年作家报》纸质刊物、中国青年网微博微信端、中国青年报客户端和喜马拉雅客户端等多个平台均有发布。同时，工作坊依托媒体合作融合关系，一系列优质建设性新闻作品在全网推广发布并受到国家网信办微信公众号"网信中国"的转载发布。

通过拓宽各个媒介渠道，建设性新闻得以更好地到达受众端。以作品《中国人的故事 | 钟扬野外考察帽的"自述"》为例[2]，文章在《中国青年作

---

[1] 中国青年网.中国人的故事 | 不怕难，我是中国青年［EB/OL］.（2020-05-04）［2021-06-24］.https://weibo.com/2748597475/J0kJWlHju?filter=hot&root_comment_id=0&type=comment#_rnd1624796703093.

[2] 中国青年网.中国人的故事 | 钟扬野外考察帽的"自述"［EB/OL］.（2020-09-10）［2021-06-24］.http://news.youth.cn/gn/202009/t20200910_12489179.htm.

家报》纸质刊上发表了中规中矩的人物报道，讲述了钟扬的人生故事；同时，"两微一端"推出了图文结合+青年评论的新闻稿件。"榜样家书"系列的音频作品则同步上传至喜马拉雅客户端，向听众提供音频形式的建设性新闻作品。纸质刊物面向报纸读者，两微一端面向互联网用户，喜马拉雅面向播客听众，多媒体渠道的融合与全媒体矩阵的建构，才能够尽可能全面地到达受众，提升传播效果。

三、总结与反思：建设性新闻的媒体融合路径

（一）深化产学研合作，实现组织融合

新闻传播学作为理论与实践并重的学科，需要在研究和实践中互为补充。中国的建设性新闻范式尚处于发展和探索阶段。基于此，建设性新闻媒体可以尝试通过"媒体+高校""媒体+科研机构"等方式推动媒体融合。一方面，媒体方可以充分发挥实践效果，为作为理论研究的高校和科研机构提供案例范本和数据资料；另一方面，发挥学术特长的高校和科研机构能为媒体建设性新闻的生产创作提供学术支持，帮助媒体提升传播效能。同时，学生介于媒体和高校之间，扮演了新闻实习生和建设性新闻创作者和接受者的角色，为建设性新闻的媒体融合发展提供了新的路径。不同于传统媒体的组织内部架构重新形塑式的融合，建设性新闻作为学界业界的前沿议题需要在已有的组织内部融合基础上进行深度融合，以碰撞出中国特色新闻的融合路径。

（二）探索新媒体潜力，实现技术融合

通过分析发现，"中国青年网—中国社会科学院大学建设性新闻工作坊"在建设性新闻的内容创作、表现形式和分发渠道方面进行了一定的媒体融合探索。同时，不足之处也在分析中渐渐浮现。首先就内容创作而

言,建设性新闻工作坊的内容主要集中于暖新闻,而缺乏诸如民生新闻、公共新闻领域的涉及与融合;且内容融合倾向于对新闻资源的整合,缺乏融入如数据挖掘、图标说明等多样化的新闻元素。其次,作品的表现形式上尽管出现了融合趋势,但在5G、VR和直播等领域的技术尝试稍显滞后。试想,如果能够通过VR技术将用户代入建设性新闻的报道场景之中,用户的临场感将优于传统的图文阅读体验。基于此,建设性新闻的生产创作需要进一步探索新媒体和新技术的潜力,从高维实现技术融合,最大化地实现建设性新闻"解决问题"的理想目标。分发渠道方面,建设性新闻工作坊的作品发布渠道存在进一步拓宽的空间,需要结合青年受众群体的上网习惯和偏好,主动尝试知乎、即刻等多样化媒体平台,全方位地进行建设性新闻分发。

(三)发挥主体能动性,实现范式融合

建设性新闻的概念自提出和付诸实践以来,就受到部分学者关于建设性新闻融入新闻从业者主观因素的批判。实践证明,建设性新闻的中国化实践具有合理性和可行性。面对传播技术的颠覆性发展,新闻业面临着社会舆论和新兴业态的挑战。建设性新闻正是一种基于积极心理学原理重视参与的新闻理念,认同新闻工作者与社会其他成员在建构现实中所发挥的主体作用,强调媒体要对新闻给个人和整个社会福祉带来的影响负责。[①] 基于此,无论是学界研究者还是媒体从业者,都需要充分发挥主体能动性,尝试和探索建设性新闻在新时代下新闻实践的可行性和规范性,实现建设性新闻报道框架同传统新闻报道范式的融合与创新。

---

① 唐绪军.一个健康的社会离不开新闻的建设性[J].当代传播,2020(2):1.

附录：

"卓越新闻传播人才培养见习营"与我：
一场珍贵的遇见

——写在"卓越新闻传播人才培养见习营"结束后的第673天

2020年1月10日，怀揣着忐忑而期待的心情，我和学校的老师和同学们乘坐着北京开往杭州东的高铁，踏上了"卓越新闻传播人才培养见习营"（简称见习营）的征途。7天时间，忙碌而充实的实地走访和采写活动，负责而热心的带队老师和团队伙伴，见习营的点点滴滴给我留下了深刻的印象。当我写下这段文字时，是见习营活动结束后的第673天，往事历历在目。关于浙江见习营带给我的收获，想来或许是一场珍贵的遇见。

一、遇见烟火，洞察世间百态

从范长江先生的《中国的西北角》到埃德加·斯诺的《红星照耀中国》，前人生动的新闻实践指引着我们扎根大地，走进烟火，做时代风云的记录者，见习营亦然。我们走出了新闻采写的课堂，走出了学习生活的校园，真正来到一个新的城市，用脚步、镜头和文字对这样一个新的世界进行洞察和丈量。

参观义乌国际商贸城，眼前6万余家商铺的背后是宏大的世界小商品贸易；寻访北下朱、青岩刘，电商直播的真实生活在镜头前一览无余；重温陈望道翻译《共产党宣言》的燃情岁月，"真理味道"的历史之声在耳畔回响；走访七一村和枫桥经验起源地，乡村振兴和基层治理的实践经验在生动书写。参加见习营给我带来的是视野的拓宽和格局的提升，让我看到了外面的世界和人间的烟火。所谓读万卷书，行万里路，于未来的新闻人、媒体人而言，见习营带给我们的正是一种视野和格局的改变，正是一种走出舒适区，走进新天地的尝试。

二、遇见师友，结下深厚情谊

新的旅程，新的相遇。见习营带给我的远不止视野和格局的提升，新的师友亦是一场珍贵的遇见。见习营，让来自中国社会科学院大学、中国人民大学、浙江传媒学院、中国青年网和科技日报社的老师和同学们相聚在一起，为了一个共同的目标而奋斗和努力。

令我印象最为深刻的，想来许是义乌线第三组的老师和同学们。无论是社会调查经验丰富、"向导式"带队的戴冰洁老师，还是媒体从业经验丰富、内容创作全程把关指导的杨月老师，抑或是贴心到人、为集体生活提供充分保障的王景萍老师，都给我们以无私的关心和帮助。来自浙江传媒学院的胡姐，来自中国人民大学的皓仔、张叔，来自中国社会科学院大学的淑敏，技术大佬、采写大佬和"倚马可待er"在见习营里各显神通，充分运用所学，高水平高质量完成了各种各样的作品。国际商贸城外的肯德基、加班工作的奶茶和彻夜长谈的无话不说，见证了我们宝贵的"革命友谊"。尽管见习营一周的时间飞速掠过，但"一次浙江行，一生浙江情"的深厚情谊在往后的生活中仍在书写。无论是2020年在西安和张叔因"第五届中国数据新闻大赛"相见，还是和皓仔在中国人民大学的学子居相聚，还是2021年1月10日的"成团一周年庆"视频通话，每个人都在为自己的目标奋斗着，而每个人也将这段记忆珍藏着。

一路风景一路歌，一路花香一路唱，见习营也让我认识了来自三所高校的老师和同学们，认识了我们的采访对象如党的十九大代表、义乌七一村党委书记何德兴、诸暨市广播电视台康伟老师等。我想，见习营的重要意义之一，就是彼此的相遇。

三、遇见自我，实践创造改变

见习营作为一次新闻采写实践和锻炼，7天的实地体验给我带来的成长和启发同样意义深刻。如果说学校内的课程学习和作品创作是模拟练习，见习营就是一场实战演练。面对新闻选题和采访对象，无论面临什么样的困难，都需要我们迎难而上。7天的时间里，我们不是奔赴在采访的路上，就是奔跑在作品创作的一线，可能是加班加点准备资料，可能是席地而坐编写稿件，可能是马不停蹄编辑视频……见习营于我，恰恰是学习新闻职业精神的生动一课。正是通过见习营，我理解了新闻生产的时度效，明白了新闻创作的特点和技巧。通过见习营的锻炼，我也愈发敢于同外界打交道，真正地洞察社会、思考问题。

回望短短一周的见习营生活，每一天的经历都难忘而珍贵。曾经有这样一群人，他们来自不同城市、不同学校，但他们因见习营结缘，实现了自我改变，结下了不解之缘。记忆珍贵，遇见真好，愿美好常在，愿这段情长存。

建设性新闻如何做"出彩"
——以"卓越新闻传播人才培养见习营"实践为例

作者：李沐芸*

引言

教育部、中宣部发布的《关于提高高校新闻传播人才培养能力实施卓越新闻传播人才教育培养计划2.0的意见》[1]中明确提出，全面落实立德树人的根本任务，坚持马克思主义新闻观，用中国特色社会主义新闻理论教书育人，培养造就一大批具有家国情怀、国际视野的高素质、全媒化、复合型、专家型新闻传播后备人才。在这一意见的号召下，2018年，"卓越新闻传播人才培养见习营"去四川内江——范长江故乡调研访谈；2020年，"卓越新闻传播人才培养见习营"的师生一行分兵两路前往浙江嘉兴、安吉、义乌等地，探访新时代的浙江。

本文以见习营在"今日头条"和微博客户端发布的建设性新闻实践作品的文本资料为依托，以建设性新闻如何做"出彩"为探讨的核心切入点，探究建设性新闻在实践过程中的着力点和新思路。

---

* 李沐芸，中国社会科学院大学新闻传播学院2019级本科生。

[1] 中华人民共和国教育部.教育部 中共中央宣传部关于提高高校新闻传播人才培养能力实施卓越新闻传播人才教育培养计划2.0的意见[EB/OL].（2018-10-08）[2021-03-04].http://www.moe.gov.cn/srcsite/A08/s7056/201810/t20181017_351893.html.

一、理论视角和问题的提出

从历史的角度来看，建设性新闻是西方新闻界的学术和实践产物，但这并不意味着我国在发展建设性新闻的道路上要照搬照抄西方标准，应当放在中国的语境下去理解和实践建设性新闻。中国的建设性新闻建构者在面对建设性新闻不同的理论源头时，有必要结合马克思主义新闻观的内涵去做重要的扬弃工作，而非不假思索地全盘接收。没有这一过程，建设性新闻在中国语境中的合法性与合理性就会"踩空"。

为进一步窥探目前学界对于建设性新闻的研究，笔者收集了知网、读秀等多个学术平台上的以"建设性新闻"或"Constructive Journalism"为关键词的文献共计60篇，统计出其中出现的高频词，制作词频云图如图1所示。笔者基于词频云图中的"积极新闻""参与""情感"等关键词，展开讨论，结合"卓越新闻传播人才培养见习营"的现实案例，探讨建设性做"出彩"的实现路径。

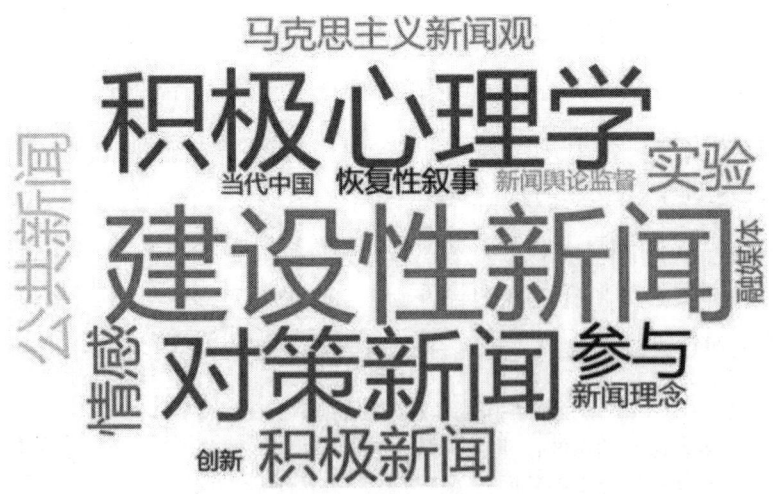

图1　高频词制作的词频云图（作者供图）

二、研究方法

（一）研究对象

本文的研究总体是"卓越新闻传播人才培养见习营"的全部媒介生产内容。在文本分析时，出于对样本可得性的考虑，最终将研究对象选定为"卓越新闻传播人才培养见习营"在"今日头条"客户端发布的28篇文章的全文本数据，包括标题和内容。在样本的时间范围确定上，文本分析的数据主要选取了2020年"卓越新闻传播人才培养见习营"浙江行的全文本数据，案例分析的数据横跨2018年的四川行至2020年的浙江行。

（二）数据分析

本文利用SPSS和Openrefine等工具对爬取的数据进行清洗，利用Python中的Gensim库实现LDA模型。Gensim用于主题建模、文档索引和大型语料库的相似性检索。目标受众是自然语言处理和信息检索（IR）社区。研究使用LDA主题模型算法，将爬取的"卓越新闻传播人才培养见习营"在"今日头条"客户端发布的28篇文章的文本建模，提取主题分类。为降低常用词对语料库的干扰，研究在构建LDA主题模型时采用了TF-IDF算法。经过运算，每条文本都被划入对应的主题之中每个主题由若干关键词表示，数据按照"主题—关键词"的形式加以记录。

在对文本进行情感倾向分析时，本文调用了PaddleHub获取了百度"飞桨"（PaddlePaddle）生态下的自然语言处理部中面向工业应用的中文NLP开源工具——情感倾向分析（Sentiment Classification）工具构建双向长短期记忆网络（Bidirectional LSTM）模型进行情感预测。利用上述模型，对每篇新闻报道的情感倾向进行预测分析。

三、建设性新闻做"出彩"的实现路径

（一）"双管齐下"：加强内容和传播手段创新

习近平总书记在党的新闻舆论工作座谈会上强调：新时代的新闻舆论工作要坚持正确方向，创新方法手段，提高新闻舆论传播力与引导力。可见，在建设性新闻生产实践中，要重视新闻传播的内容形式、体制机制、传播手段的创新。只有在保障新闻内容质量的前提下，不断创新新闻样式，才能达到更好的传播效果，充分发挥建设性新闻在丰富人民精神世界，增强人民精神力量，推动社会生活积极健康发展上的作用。

笔者观察到，"卓越新闻传播人才培养见习营"在微博和"今日头条"两个平台上发布的作品中，取得较高的阅读量和点赞量的作品，除了其内容本身具有很高的社会价值和讨论价值外，往往都是采用了比较新颖的传播形式，比如选用特殊的艺术创作形式，运用丰富的配图或者采用短视频的形式等。

于是笔者提出假设，认为除内容本身以外，不同的新闻样式对受众的阅读兴趣也会产生影响。为了使假设更严谨，更具有说服力，笔者进行了关于"不同新闻样式的受众喜好度"的问卷调查，将受众的喜好度分为"喜欢""一般""不喜欢"三个等级。本次问卷调查共收集到101个有效样本，图2为受众对不同新闻样式喜好度的数据统计。

从数据中我们不难发现，不同的新闻样式对受众的阅读兴趣会产生影响，受众更倾向于有短文字和丰富配图的新闻，对长文字的喜好程度最低。

为进一步发现不同新闻样式对阅读量的影响，笔者选取"卓越新闻传播人才培养见习营"在微博和"今日头条"客户端的作品共50篇作为研究对象，记录每篇文章的阅读量。同时，笔者根据之前的统计数据对不同样式的受欢迎程度进行排序并赋值如表1所示，然后分析选取的50篇新闻推送作品，找出每个作品中所采用的不同样式，为每篇新闻推送作品计算出

一个分值。例如，2020年1月15日"卓越新闻传播人才培养见习营"联合科技日报共同推送的一篇新闻作品《从京张铁路到京张高铁，一起来感受中国速度》如图3所示：这篇新闻推送就是采用了"短文字＋短视频"两种样式相结合的方式，故计分为6+4=10分。

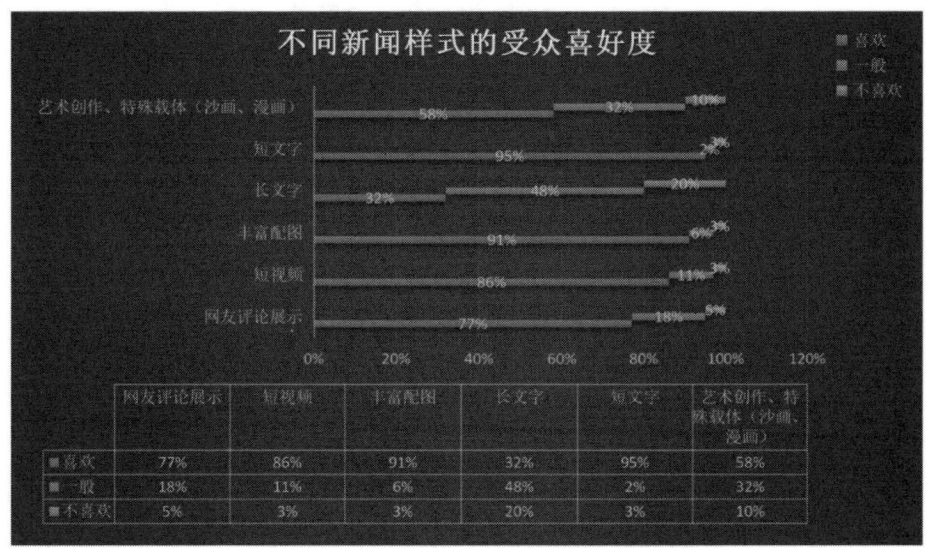

图2 不同新闻样式的受众喜好度（作者供图）

表1 样式计分（作者供表）

排名	样式	赋值
1	短文字	6
2	丰富配图	5
3	短视频	4
4	网友评论展示	3
5	艺术创作	2
6	长文字	1

图3 作品截图（作者供图）

笔者将50篇新闻推送的阅读量与样式计分一一对应，然后将数据录入SPSS进行分析，录入的数据如图4所示。运用一元线性回归的方法进行分析，并绘制出阅读量与样式计分的散点图如图5所示，阅读量与样式分析的相关性关系如表2所示。

文章编号	阅读量	样式计分
1	15	4
2	20	6
3	14	3
4	26	8
5	67	10
6	35	5
7	13	3
8	22	5
9	95	13
10	11	2

图4 统计数据的部分展示（作者供图）

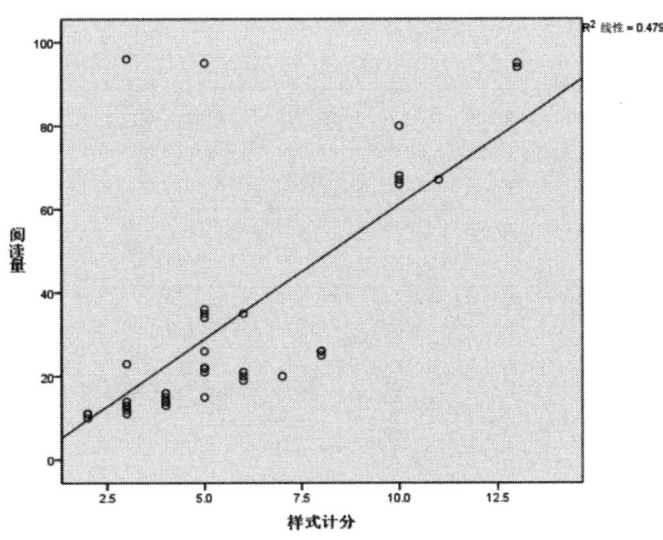

图5 绘制的散点图（作者供图）

表2 相关性分析结果（作者供表）

相关性

		阅读量	样式计分
阅读量	Pearson 相关性	1	.807**
	显著性（双侧）		.000
	N	50	50
样式计分	Pearson 相关性	.807**	1
	显著性（双侧）	.000	
	N	50	50

**.在.01水平（双侧）上显著相关。

输入/移去的变量[b]

模型	输入的变量	移去的变量	方法
1	样式计分[a]	.	输入

a.已输入所有请求的变量。
b.因变量：阅读量

模型汇总

模型	R	R方	调整R方	标准估计的误差
1	.807a	.652	.645	1303.350

a.预测变量：(常量)，样式计分。

Anova^b

模型		平方和	df	均方	F	Sig.
1	回归	1.527E8	1	1.527E8	89.884	.000a
	残差	81538641.85	48	1698721.705		
	总计	2.342E8	49			

a.预测变量：(常量)，样式计分。
b.因变量：阅读量

系数^a

模型		非标准化系数		标准系数	t	Sig.
		B	标准误差	试用版		
1	(常量)	−3057.710	1043.312		−2.931	.005
	样式计分	619.323	65.324	.807	9.481	.000

a.因变量：阅读量

由数据分析可知，原假设H0：阅读量与样式计分无相关性；备择假设H1：阅读量与样式计分有相关性。由SPSS计算可知，Pearson相关性为0.807，R方为0.652，sig=0为小概率事件，因此否定原假设H0，接受备择假设H1，有证据表明阅读量与样式计分有相关性，且为高度相关。因此我们可以得出结论：不同样式会对新闻的阅读量产生影响，样式越新颖、易读性越强，新闻的受欢迎程度就越高，传播效果就越好。

这一量化研究的结果启示我们：在新时代，建设性新闻的生产要适应媒体格局和广大用户接受心理和方式的新变化，与时俱进，创新表达，全媒体、立体化，用人民群众喜闻乐见的形式和大众聚集的平台载体，进行影响广泛、润物无声、实效显著的正面引导。

在"卓越新闻传播人才培养见习营"的建设性新闻实践中,也有意识地注重传播内容和传播手段的"双重创新"。举例来说,"卓越新闻传播人才培养见习营"的微博客户端发布的《印象四方村》的新闻报道,以"四川地区出现徽派建筑的风格"为切入,以"原来徽派建筑从建筑风格来讲是有语言的?""就地取材?"和"为了决定建筑风格,县里还组织了投票?"的三个"不简单"的疑问句为线索串联起作品。表现形式上采用了短文字和短视频相结合的方式,形式更加活泼接地气,达到了很好的传播效果。

(二)情感共鸣、价值共振:积极引导,发挥正能量

积极新闻的概念主要来自积极心理学,"积极心理学"是宾夕法尼亚大学教授 Martin E.Seligman 于1998年出任美国心理学会主席时倡议及定位的。积极新闻学认为,新闻舆论活动应该成为社会进步的参与者、推动者、建设者,而不是旁观者、嘲讽者、反对者,新闻舆论工作者不仅是"无冕之王",也应是"有责之人"。①

建设性新闻的一个重要特质就是"积极",即以正面报道为主,给人以"向上向善"的信念和力量。②现代新闻传播所谓人文关怀,就是强调在报道中以人为本,既是指对报道主体的尊重与关注,包括关注人的生存状态与社会权益,也意味着"受众本位"的回归,及时了解受众需求变化,让受众从报道中体会到人性的温暖、人的价值与尊严。

笔者利用情感倾向分析工具模型,对"卓越新闻传播人才培养见习营"发布在"今日头条"的28篇新闻作品的情感倾向进行预测分析。情感得分分布在0到1之间,得分越高证明情感越积极。新闻报道的平均感情倾向得分为0.7809,有78.09%的报道为积极情感。在图7新闻的情感得分分布情况箱线图和分布图中,可以看出情感得分分布呈偏锋式、单侧聚集

---

① 胡钰.新时代的积极新闻学[J].新闻与写作,2017(12):74.
② 唐绪军.建设性新闻:社会治理的媒体担当[J].新闻与写作,2020(2):1.

性分布，表明绝大多数报道的感情倾向很明确，且大部分为积极报道。这一结果也可以进一步佐证"卓越新闻传播人才培养见习营"在建设性新闻报道实践中更愿意传播积极正向的新闻，给社会传递正能量。

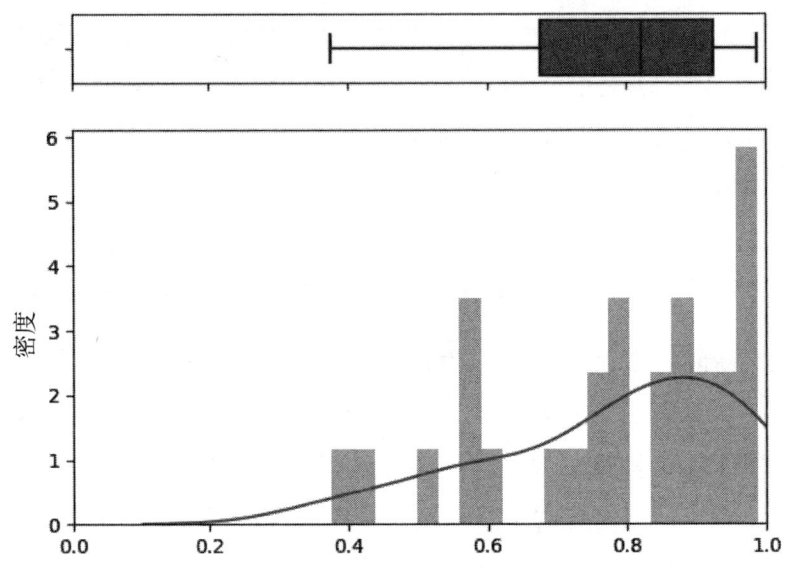

图6 情感倾向分析（作者供图）

比较有代表性的如《外来青年的"义乌精神"》《种田：一辈子的热爱》《嘉兴生态环境成效显著，环境好了百姓也幸福了》，全面展现嘉兴的生态环境治理成效，展现义乌人砥砺奋进、永不放弃、一诺千金、自强不息的精神品格。在艰苦卓绝的烽火岁月、在百废待兴的建设年代、在风雷激荡的改革开放时期，尽管历史赋予了不同使命，呈现出不同风貌，但义乌精神的价值主线贯穿如一。

建设性新闻有机结合积极心理学，在不违背中立客观的新闻专业主义的前提下，加强正面报道的力度，减少新闻报道给民众带来的负面情绪影响，给予读者积极的心理暗示，传播正能量，提高民众幸福感。

新闻特写《每当风起时——一个女人的创业史，也是一个小城的发家史》，报道中有这样一段话："二十年，她的公司从单纯进行出口贸易到成为浙江物产供应链上的关键一环，从年收益额几万元人民币变为几十个亿美元。二十年，她的义乌从小商品小贩的聚集地到成为世界小商品集散中心。每天，来自全球100多个国家和地区的境外客商，超过55万人次，在400余万平方米的义乌国际商贸城中进行着挑选、订购、交易。中美贸易战愈演愈烈的大背景下，义乌仍以惊人的生命力蓬勃生长。"记者以全国进口商会联盟首任会长、女企业家黄媛丽的创业经历为切入点，以点带面、以小见大地展现她背后代表的义乌这座城市"敢闯敢试""敢破敢立"的奋斗基因。

"卓越新闻传播人才培养见习营"的建设性新闻报道实践，通过一系列对电商公司创始人、全国劳模、"美丽乡村"官方摄影师，疫情发生前坚守一线、为民服务的出租车司机，以及许许多多平凡却又不平凡的人物报道，展现中国人的奋斗故事，体现出昂扬向上的国民形象和民族精神。这些求真务实、乐于奉献、干在当下、干在实处的精神，也通过"卓越新闻传播人才培养见习营"的建设性新闻传播实践，传递到每一个普通人的身上，使之产生情感共鸣。建设性新闻对于每个普通个体的关注，体现出其在进行报道时的人文关怀，形成健康向上的舆论氛围。同时，更多地报道正向、积极的新闻，也有助于激发起人们昂扬向上的斗志，构建和谐稳定的社会。

（三）重视"参与感"：构筑公共议题，发挥社会整合能力

建设性新闻的另一个重要特质就是"参与"，这意味着媒体和记者不再是局外人，而是社会的一部分，参与解决社会问题，动员人们共同建设美好生活。[①]那么记者该如何参与到社会治理过程中去呢？构建公共议题，形成社会合力，发挥出建设性新闻的社会整合能力或许是一条很好的思路。

---

① 唐绪军.建设性新闻：社会治理的媒体担当［J］.新闻与写作，2020（2）：1.

笔者选取了"卓越新闻传播人才培养见习营"在"今日头条"客户端发布的28篇全文本数据进行分析,利用LDA模型,输出结果如表3所示,"卓越新闻传播人才培养见习营"在"今日头条"客户端中发布的新闻报道主题可划分为精神引领、经济发展、社会民生这三类内容。

在分析其建设性新闻报道实践中构筑的公共议题时不难发现,报道的重点在于对民众进行积极正向的思想引领,高举旗帜,引领导向。同时,"卓越新闻传播人才培养见习营"的第二站浙江义乌,作为全球最大的小商品集散中心,经济发展也是该地域不可或缺的关键词之一。2020年,面对严峻复杂的国际国内形势尤其是突如其来的新冠肺炎疫情,义乌全市上下共同努力,实干抢干快干,各项工作取得突破性进展,区域带动引领作用更加凸显,经济社会保持增长的良好态势。见习营在进行建设性新闻报道时,同样关注了经济发展状况,通过构筑公共议题,体现建设性新闻的"参与感"。此外,"社会民生"领域也是建设性新闻关注的重点议题领域之一。例如报道《嘉兴生态环境成效显著,环境好了百姓也幸福了》,就是关注了生态环境保护的议题。"卓越新闻传播人才培养见习营"的师生乘坐大巴抵达嘉兴市南湖区新丰镇竹林村,调研嘉兴市生态环境保护和治理。记者通过亲身的实地调研,在建设性新闻报道中对问题提出解决方法,对成功经验进行宣传。

由此可以看出"卓越新闻传播人才培养见习营"在进行建设性新闻实践时,在新闻报道中注重公共议题的构成,体现"参与感",尽力做好社会舆论的引导,凸显出我国社会主义制度的优越性,增强制度自信、文化自信,建构人民的国家认同感。

表3 LDA模型输出结果

主题名称	主题构成
精神引领	0.009*"纪念馆" + 0.009*"革命" + 0.008*"南湖" + 0.006*"嘉兴" + 0.006*"春节" + 0.006*"旅游"

续表

主题名称	主题构成
经济发展	0.020*"改革" + 0.017*"体验" + 0.012*"义乌" + 0.011*"企业" + 0.011*"发展" + 0.010*"创业"
社会民生	0.013*"山塘" + 0.010*"环境" + 0.009*"嘉兴市" + 0.007*"改革" + 0.006*"发展" + 0.006*"体验"

结语

建设性新闻是当下思考和调整新闻界与社会各界关系的新范式，是着眼于解决社会问题而进行的新闻报道和新媒体时代立足于公共生活的一种新闻实践或新闻理念。①想要考察建设性新闻的理论与实践价值，就必须将分析的框架带入具体的中国的新闻实践的场景中。"卓越新闻传播人才培养见习营"的建设性新闻实践，从内容手段创新、情感共鸣和重视"参与感"三个方面对于建设性新闻的本土化实践提出了新的思路和启发。

---

① 唐绪军，殷乐.建设性新闻实践：欧美案例[M].北京：社会科学文献出版社，2019.

全媒体报道实践
——"卓越新闻传播人才培养见习营"随团所感

作者：王景萍*

教育部、中宣部发布的《关于提高高校新闻传播人才培养能力实施卓越新闻传播人才教育培养计划2.0的意见》中明确提出，全面落实立德树人的根本任务，坚持马克思主义新闻观，用中国特色社会主义新闻理论教书育人，培养造就一大批具有家国情怀、国际视野的高素质、全媒化、复合型、专家型新闻传播后备人才。

2020年1月11日至2020年1月17日，中国社会科学院大学媒体学院与浙江传媒学院新闻与传播学院联合举办了"卓越新闻传播人才培养见习营"，关于思政导向下如何培养新闻传播人才我有一些小小的想法，并有幸作为其中的带队老师之一加入此次活动。此活动目的是在新文科背景下进行实践教学改革，将"不忘初心，牢记使命"的主题教育与专业实践教学相结合，将国情调研与提高技能相结合，让来自不同学校、不同专业、不同学历的师生在交互融合中取长补短、增进友谊；通过下基层、深访问，观察社会现实，听典型人物的叙述，感受和观察社会生活和问题，学生通过多种传播形态、话语方式和传播平台进行报道。

---

* 王景萍，时任中国社会科学院大学新闻传播学院老师，现在北京林业大学研究生在读。

一、全媒体内涵及时代特征

"全媒体"指媒介信息传播采用文字、声音、影像、动画、网页等多种媒体表现手段(多媒体),利用广播、电视、音像、电影、出版、报纸、杂志、网站等不同媒介形态(业务融合),通过融合的广电网络、电信网络以及互联网络进行传播(三网融合),最终实现用户以电视、电脑、手机等多种终端均可完成信息的融合接收(三屏合一),实现任何人、任何时间、任何地点、以任何终端获得任何想要的信息(5W)。①

随着5G、物联网、大数据、云计算与人工智能等新技术、新业务和新生态的快速发展,我们已经进入到"互联网+"快速发展的时代,全媒体融合推动了信息传播方式的跨越性变革。

全媒体具有形式新颖、内容丰富、互动快捷、传播广泛的优势,可以大大增强信息的流动性,正日益走进大学生日常生活学习中。当代大学生利用移动互联网每天都能迅速了解到新鲜的国内外新闻,能够随时随地通过微信、微博客户端等形式与其他人进行互动交流,学校的大屏幕以及各种新型宣传栏每时每刻都在影响着大学生的日常生活。在思想政治教育导向下,通过全媒体可以开辟多元化宣传渠道,迅速占领意识形态主阵地,作为新传专业的学生,更是可以通过多参与实践活动,在活动中感受真实、振奋的场景,在老师和一些优秀人物的带动下,撰写新闻稿、发布正能量的新闻作品。一方面对学生本身是一种思想引领,也对学生树立正确的世界观、人生观、价值观起到积极作用。②

---

① 张大勇.共赢高清全媒体运营新时代[J].广播与电视术,2010,37(4):56+58-62+15.
② 丁建国,焦小炜."互联网+"背景下全媒体提升高校思想政治教育实效性的途径研究[J].工业技术与职业教育,2021,19(3):82-85.

二、卓越新闻传播人才培养的必要性

内容建设是高校思想政治教育的主战场和主力军，是提高思政课教学效果的重要因素。高校思想政治教育的内容建设，应该既坚守马克思主义意识形态基本理论内容，又要顺应时代发展要求对内容进行创新拓展，做到既继承发扬"基础盘"，又优化创新"增量盘"，实现教育资源的丰富和活化。高校应充分利用全媒体的融合功能，始终坚持"内容为王"，充分挖掘全媒体资源，深入开发具有时代性、正能量、主流意识形态的教学素材，引导大学生自觉运用马克思主义基本原理来分析、鉴别和解决实际问题，从而加强思想政治教育内容建设。

2019年1月25日，中共中央政治局就全媒体时代和媒体融合发展举行第十二次集体学习，习近平总书记发表重要讲话指出，推动媒体融合发展、建设全媒体成为我们面临的一项紧迫课题。2020年6月30日，中央全面深化改革委员会第十四次会议审议通过《关于加快推进媒体深度融合发展的指导意见》。从强调紧迫性和重要性到发布具体的推进意见，媒体融合发展可以说到了全面决胜的关键阶段。而这其中，"加大全媒体人才培养力度"被提到重要位置，可谓切中肯綮，是在对互联网环境下传媒事业发展历史规律的深刻洞察基础上做出的精准判断。①

随着全媒体时代推进媒体深度融合发展进入关键期，由"人"引发的观念和行动能力问题成为媒体融合向纵深发展的重要制约因素，因此，全媒体人才培养成为推进媒体融合发展的重要一环，也是当下新闻与传播学界着力探索的方向。我认为为了确保全媒体时代地方高校新闻与传播专业人才的培养效果，需要结合全媒体时代新闻传播的实际特点对高校相关课程进行优化设计。而此次新闻见习营活动，老师在课堂上将新闻传播理论

---

① 周勇，郝君怡. 全媒体时代的卓越新闻传播人才培养[J]. 出版广角，2021（7）：6-8+25.

知识讲授给学生,在课后也积极地通过实践活动,让学生在全媒体时代新闻传播的相关理论知识背景下,参加实践技能课程,从而完善学生的知识结构,以达到良好教学效果,这是值得借鉴的。

三、卓越新闻传播人才培养的路线

2020年5月28日,教育部印发《高等学校课程思政建设指导纲要》指出课程思政建设工作要围绕全面提高人才培养能力这个核心点,在全国所有高校、所有学科专业全面推进,促使课程思政的理念形成广泛共识,广大教师开展课程思政建设的意识和能力全面提升,协同推进课程思政建设的体制机制基本健全,高校立德树人成效进一步提高。①

种树者必培其根,种德者必养其心。加强全媒体时代大学生思想政治教育问题的研究,不仅是落实党的教育方针、落实立德树人根本任务的必然要求,也是推进马克思主义大众化的必然趋势,顺应了高校思想政治教育工作创新性发展的时代要求。②思政教育为大学生人才培养提供有效指导,牢牢把握社会主义先进文化前进方向,紧跟时事,引导学生关注国家大事,新闻传播学首先要培养具有深厚的爱国情怀、坚定的文化自信的后备人才。

在学生专业学习与日常生活中,高校要有意识地培养学生的思考能力、交往能力、表达能力,以及运用各种媒介形式,以各种呈现方式传播准确信息的能力,传递正确的价值导向的能力。例如运用新媒体技术宣传红色文化。红色文化的宣传方法还可以借用新兴的互联网交互模式,创建订阅号或公众号,将红色文化宣传日常化。在公众号的编辑过程中,要考

---

① 中华人民共和国教育部.教育部关于印发《高等学校课程思政建设指导纲要》的通知[EB/OL].[2020-06-01].http://www.moe.gov.cn/srcsite/A08/s7056/202006/t20200603_462437.html.

② 付云燕.全媒体时代大学生思想政治教育传播模式构建研究:评《大学生思想政治教育传播有效性研究》[J].中国广播电视学刊,2021(6):136.

虑到学生对文章的内容有自己的价值和偏好，应该将红色文化和当代表达模式充分结合，让学生能够更容易接受红色文化所表达的内容，营造出浓厚的红色文化氛围。

而在此次"卓越新闻传播人才培养见习营"活动过程中，目的之一便是通过实践让学生亲身感受和感悟，培养学生的使命感和责任心。在全国高校思想政治工作会议中，习近平总书记重点强调，要始终将立德树人作为高校的根本任务，并且着力推进思想政治教育工作，融入整个教学过程，构建教育的常态化机制，真正实现思想政治工作的全方位渗透。进而形成由党委部门统一领导，各部门相互协调配合，全员积极参与的大思政育人格局。

四、卓越新闻传播人才培养实践

借助全媒体技术丰富思想政治教育途径。在全媒体时代信息传播模式发生了巨大变化，信息传播者和受众者更加多元化，双方地位更加平等也更加模糊。在信息传播模式转变的背景下，大学生不仅是信息的接收者也是信息的传播者。因此，高校可以将新媒体技术运用于思想政治教学实践中，将部分理论性较强的知识体系以及价值表达转化为大学生更易接受的可视化信息，在潜移默化中引导大学生形成正确的价值理念。[①]

新媒体时代在高速行进，高校应当加快推进创新课堂的融媒体教学改革，全面推进高校教学课程思政改革，利用融媒体资源挖掘思想政治素材，建立全科育人体系，贯穿人才培养的各个环节，为国家培养高素质的全面人才。[②]在2020年1月份，我参加了中国社会科学院大学媒体学院与浙江传媒学院新闻与传播学院联合举办的"卓越新闻传播人才培养见习营"活动，我认为这是一场探索思政教育导向下的卓越新闻传播人才的教

---

① 付云燕.全媒体时代大学生思想政治教育传播模式构建研究：评《大学生思想政治教育传播有效性研究》[J].中国广播电视学刊，2021（6）：136.

② 杨亚辉，张瀚心.全媒体时代思政元素融入高校专业课程的探索[J].新闻研究导刊，2021，12（14）：254-256.

学改革创新活动。

浙江是中国革命红船起航地、改革开放先行地、习近平新时代中国特色社会主义思想重要萌发地。① 此次活动是以"回望改革开放40年浙江轨迹，寻访中国特色社会主义伟大实践的浙江样本"为主题，选择了嘉兴、安吉、义乌、绍兴等6个具有新时代特征的浙江省的市、区、县、镇作为寻访和对话地。见习营队伍分为两路，第一路赴嘉兴、湖州安吉，第二路赴金华义乌和绍兴诸暨。大学生们将奔赴各地，与当地政府工作人员、企业家和各行各业的建设者们进行对话交流。②

此次见习营活动行程很满，第一天是开营仪式，我所在的队伍是第二路。第二天队伍分为三组分别前往义乌文化用品行业协会、义乌书画行业协会、义乌画框行业协会进行采访座谈。③ 在各大行业协会内，学生和随行的指导老师分别对三大行业协会会长进行了座谈采访，以便更加了解义乌小商品市场的样貌。在分别走访完三大协会之后，又于下午分头进入义乌小商品市场进行走访调研。浙江的冬天非常冷，即使我们穿着羽绒服，但仍敌不过寒风凛冽，学生和老师们扛着摄像机、话筒等设备筋疲力尽地回到住所后继续撰写新闻稿，并在微信公众号、抖音、快手等平台发布新闻作品，小组讨论明天的采访任务，记得小组讨论结束已经接近凌晨了，但是学生却非常兴奋地分享着今天的所学所感。④ 今天，学生们化身小记者采访调研，我们意识到在采访过程中需要准确把握不同群体的心理，新闻稿呈现出来的时候需要传达正确的政治态度和立场，准确认识新闻事实与记者立场的辩证关系，真实是新闻的生命。

---

① 李华岩，张琳晶，王征. 利用全媒体开展红色文化对高校思政教育的应用研究与实践路径［J］. 中外企业文化，2021（4）：147-148.
② 我校师生赴浙参加青年卓越新闻传播人才见习营，中国社会科学院大学微信公众号，2020-01-14。
③ 三校合作！首届"卓越新闻传播人才教育培养长三角见习营"今日开营，浙江传媒学院新闻与传播学院，2020-01-11。
④ 见习营第二天 | 遇见义乌，共盼解密义乌发展之路，新蓝网·浙江网络广播电视台，2020-02-27，21:12:22。

第三天队伍划分为三个小组分别前往乌镇、洲泉镇以及桐乡市经济开发区进行调研。晚上八点钟，全体营员集中召开选题会。令我印象最深刻的是会议上有位同学提出"采访时容易被采访对象的思路带着走，这时候应该怎么办？"的问题。这确实是新闻工作者在采访时会经常遇到的问题，而且对采访效果影响很大。过了一会，有位老师给出了一个示范性解答，她表示：如果遇到这样的情况可以选择转移采访对象的注意力来"拿回"主动权。说罢，她为在场的各位做了一个"转笔掉地，弯腰拾笔"的示范。我认为在这样的教学模式下，学生出现的问题可以得到及时解答，并在第二天的实践中得以应用，将理论性知识转换为学生更易理解的故事，使学生高效学习。选题会持续了一个半小时左右，同学们报选题、老师评选题，不少同学表示选题会带着他们走向更清楚的方向，进而在结束之后能更清晰地完成作品。[1]

接下来的几天，学生们还前往鸡鸣山社区（联合国社区）、"义新欧"中欧班列始发地、改革体验官等地了解义乌发展创新的密码；又在采访全国劳模的过程中，深入了解劳模故事里的浙江精神。学生们在采访七一村党支部书记、全国劳动模范、十九大代表何德兴先生时，何书记与学生们交流了关于乡村治理、组织建设的经验和建议，让同学们深受启发。[2]无论在何时何地，我们都要以人民优先，以全心全意为人民服务为宗旨，新闻工作者更应利用新闻报道表达政治立场，在全媒体时代，新闻报道更是新闻媒体引领正确舆论的重要渠道和手段。

习近平总书记说："要讲好思政课，现实永远是最好的题材。"此次见习营活动把思政理论课的基本原理同现实生活结合起来，把思政课小课堂同社会大课堂结合起来，让学生采访调研发生在身边的有内涵、有创新的思政课素材，既反映现实生活又倡导时代精神，既"接地气"又"有高

---

[1] 见习营第三天 | 兵分三路出采访，夜晚汇合话选题，新蓝网·浙江网络广播电视台，2020-02-27，21:01:23。

[2] 见习营第四天 | 寒风凛凛挡不住新闻营学子求知热情，新蓝网·浙江网络广播电视台，2020-02-27，21:24:18。

度"，既落实了立德树人的根本任务又提高了思想政治教育的亲和力。新闻是用脚板跑出来的。所以我认为高校思政教育的同时，学生只有走出教学楼，到达现场，真心去感受、去观察、去记录那些真实、温暖、动人的场景，才能更好地换位思考，将共鸣、共情落实到采访实践中，才能发现和挖掘独特、闪光的典型人物，获得沾泥土、带露珠的第一手材料；只有走得距报道对象足够近，离典型环境足够近，才能发现别人没有发现的典型事迹。在全媒体时代背景下，新闻传播专业的老师应充分利用全媒体的融合功能，充分挖掘全媒体资源，开发具有时代性、正能量、红色精神的教学素材，带领学生讲好中国故事，将新闻事迹展现在读者面前。学生在学习和实践中自觉运用马克思主义基本原理来分析、鉴别和解决实际问题，成为一批具有家国情怀、兼具全球化视野的高素质全媒化复合型新闻传播后备人才。

致谢

非常感谢中国社会科学院大学新闻传播学院（原媒体学院）、浙江传媒学院新闻与传播学院、中国人民大学新闻学院以及长三角智能传播研究院的领导和老师们，让我有机会参加此次新闻见习营活动，作为一名非新传专业的随队老师，我在负责学生日常生活的同时，本次活动过程中老师们、同学们以及典型人物的事迹让我深受鼓舞和启发，让我这"门外汉"在和大家一起学习的过程中，再一次感受到国家、高校对新传人才教育事业的支持，新传老师们敬业、创新，学生们不怕吃苦、勤奋好学，让我对新闻工作者的责任和使命有了进一步了解，典型人物的事迹更是值得我学习和弘扬。以上内容是我对此次全媒体报道实践——思政教育导向下的卓越新闻传播人才培养见习营活动的一些思考，如有不妥，请各位专家老师学生读者批评指正，非常感谢。